W0387533

AU
CŒUR
DU SECRET

OUVRAGES DE JEAN GUISNEL

Services secrets. Le pouvoir et les services de renseignement sous François Mitterrand, La Découverte, 1988 (avec Bernard Violet).

Les Généraux. Enquête sur le pouvoir militaire en France, La Découverte, 1990.

Charles Hernu, ou la République au cœur, Fayard, 1993.

Claude Silberzahn
avec Jean Guisnel

AU CŒUR DU SECRET

1 500 jours aux commandes
de la DGSE
(1989-1993)

Fayard

© Librairie Arthème Fayard, 1995.

L'homme n'a pas la capacité d'imaginer. Il peut juste combiner entre elles ses expériences. C'est ce que certains appellent vision.

Rheinhold Messner

Prologue

J'ai quitté la DGSE le 7 juin 1993. Le ministre de la Défense – avec lequel, la semaine précédente, j'avais parlé d'avenir – m'a expliqué, très gentiment d'ailleurs et trois jours avant le Conseil des ministres qui devait me démettre, que « ce départ n'était pas de son fait et encore moins de sa faute ». Je n'en doutais pas. Je lui confirmai toutefois qu'il me paraissait opportun pour la conduite de l'État que le Premier ministre eût une idée précise de ce que sont aujourd'hui les Services spéciaux de la République, de ce qui constitue l'essentiel de leur action et le sens de la mutation dans laquelle ils sont engagés depuis un peu plus de quatre ans. Je lui demandai donc d'appuyer une demande d'entrevue que j'avais directement sollicitée par ailleurs. Mais il devait être écrit quelque part que cette rencontre n'aurait pas lieu.

D'une certaine manière, cette indifférence me réjouit : j'y vis la preuve que le pouvoir politique ne considérait plus aujourd'hui la DGSE, avec suspicion sinon crainte, comme le vecteur d'une possible déstabilisation politique. Et que j'avais donc rempli au moins une partie de ma mission. C'est en évoquant les circonstances de ce départ avec le fin connaisseur du monde du renseignement qu'est mon ami Jean Guisnel, que nous apparut l'intérêt de transmettre à ceux qui sont aujourd'hui en charge de l'État, à ceux qui le seront demain, ma conviction de ce que doivent être les Services spéciaux d'une démocratie dans un contexte international marqué par une rupture majeure avec celui qui a prévalu durant les dernières décennies.

Cet ouvrage n'est pas un livre de souvenirs. Ni une défense et illustration de l'un de ses auteurs, lequel n'eut qu'un souci au fil de ces années : refonder un grand Service dans ses missions, ses structures et ses méthodes. Lui donner la place qu'il doit avoir au sein des institutions de la République, et cela, au terme d'un travail obstiné et volontairement mené dans l'ombre, aucune institution de la République et aucun de ses responsables n'ayant été moins médiatisés durant cette période. Si cet ouvrage use parfois de la première personne, c'est qu'il a voulu échapper au genre « Traité sur... » qui en aurait rendu la lecture par trop aride. Et s'il évoque des faits réels, c'est à l'appui d'une illustration et d'une théorie sur la fonction nouvelle et la place des Services spéciaux dans un État démocratique. Des événements qui ont marqué ces années ne sont révélés que ceux – ou partie de ceux – dont l'évocation n'entame ni le devoir de secret ni l'obligation de réserve. N'est donc dévoilée aucune information susceptible de nuire à la Nation, au fonctionnement des institutions de l'État ou au Service. Simplement, les éléments pouvant venir à l'appui d'une idée, celle que les Services spéciaux sont une part consubstantielle d'un pouvoir démocratique. Ce qui suppose que celui-ci en soit convaincu et en assume les conséquences en termes de structures, d'hommes et de moyens, mais aussi de reconnaissance institutionnelle et morale.

Ce livre est dédié aux agents du Service qui, de Bangkok à Mortier, du Caire à Quelern, avec foi et bonheur, font simplement leur métier, un métier que j'ai partagé avec eux dans l'allégresse.

PREMIÈRE PARTIE

1

Un préfet à Mortier

Une nomination désirée. – Un vrai problème d'État. – Un monde inconnu. – Irremplaçable réseau civil. – Entreprendre une action de fond.

Le président de la République lui-même a voulu cette étape du fort de Joux, lors de son voyage en Franche-Comté. Il fait un froid de loup. Tombant des pierres disjointes du plafond, des stalactites de glace descendent presque jusqu'au sol. Traversant la cour d'entrée qui s'ouvre après le passage sous les voûtes, le chemin d'accès a été dégagé. Il permet à deux personnes de progresser côte à côte entre deux murs de neige jusqu'à la cellule où vécut François Toussaint Louverture, avant qu'il y soit trouvé mort, assis sur sa chaise de détenu, le 7 avril 1803. Cette visite est le seul ajout que le chef de l'État a fait au programme que j'avais proposé. Un hommage muet à ce petit homme noir de Saint-Domingue, surnommé Fatras-Bâton, esclave affranchi devenu général de l'armée du roi avant de se rallier à la République, puis de s'élever contre Bonaparte en proclamant l'indépendance de l'île qui abrite aujourd'hui deux États : Saint-Domingue et Haïti.

Voyage présidentiel périlleux pour le préfet que je suis en ce mois de février 1987. Car, lorsque au début de cette année François Mitterrand a décidé de reprendre l'initiative politique, son intuition lui a commandé d'aller « tâter » le terrain en province. La Franche-Comté lui paraît la plus propice, sans doute parce que, dans cette région, exerce un préfet qui joue l'alternance sans états d'âme, mais qui ne renie pas pour autant le lustre initial du septennat.

Charles Pasqua, ministre de l'Intérieur, m'a fait répondre « Débrouillez-vous ! » quand j'ai sollicité ses instructions après avoir été prévenu de l'intention élyséenne. Matignon a fait de même.

François Mitterrand parcourt ainsi l'attachante et méconnue Franche-Comté, visite dans le Jura l'entreprise Smoby, l'un des plus importants fabricants de jouets de France, découvre les usines Peugeot de Sochaux, s'attarde dans une scierie de chênes au cœur des forêts de Haute-Saône, et part à la rencontre du petit peuple de Besançon après avoir visité les seigneurs des grandes fermes de la montagne. Il est flanqué d'un Charles Pasqua peu à l'aise, qui décrochera vite, et porté par une liesse populaire qui marquera le début de la remontée de sa cote de popularité.

À Besançon, les mânes de Proudhon et de Fourier, natifs de la capitale régionale, attendent le premier président socialiste de France. Assis côte à côte, nous évoquons le destin extraordinaire de Louverture, fils d'un esclave enlevé à sa mère Afrique, lui-même arraché à l'île haïtienne par le corps expéditionnaire français avant d'être embarqué avec toute sa famille sur *Le Héros* en juillet 1802, puis embastillé au fort de Joux, et mourir neuf mois plus tard de froid, de brimades et de désespoir, au grand regret de Napoléon qui aura compris un peu tard qu'il aurait dû s'en faire un allié au lieu de le réduire...

Retour aux réalités de l'instant. Le président doit rencontrer, au cours d'un déjeuner, de jeunes paysans hostiles à la politique agricole commune. Ils lui réservent un cadeau d'un genre particulier : un chameau, symbole à leurs yeux de ce qu'ils appellent la « désertification de la Franche-Comté », résultat de la politique bruxelloise voulue et organisée par le pouvoir... Le débat sera, je le sais, difficile. Mais également courtois : les agriculteurs tiendront les engagements qu'ils ont pris envers le représentant local de l'État – le travail d'un préfet, c'est aussi ce genre de pari (risqué !) fondé sur les liens de confiance noués avec ses interlocuteurs de chaque jour. En traversant la forêt de la Joux, noire profondeur d'épicéas, je raconte au président pourquoi ces arbres sont à ce point recherchés par des luthiers venus de toute l'Europe : leur espèce, leur âge, le versant sur lequel ils ont grandi, le sol qui les a nourris, l'exposition dont ils jouissent, autant d'éléments qui permettront ou non à leur âme – elle doit être à la fois légère et nerveuse – de chanter demain sous la main ou l'archet. Le président, passionné, ne me laisse même pas le temps de l'éclairer sur les délicats problèmes de quotas laitiers de montagne dont il va traiter dans un instant...

Est-ce l'évocation du bois dont on fait les violons qui a frappé l'oreille présidentielle ? Ou bien mes propositions pour la Nouvelle-Calédonie énoncées du temps où j'étais conseiller auprès de Laurent Fabius à Matignon en 1984-1985, qui ont scellé le partage géographique du pouvoir entre Canaques et Caldoches, et qui constituent aujourd'hui le socle de la paix civile retrouvée ? Pourquoi pas cette fascination commune pour un « nègre marron » qui paya de son exil et de sa vie le défi lancé à l'une des superpuissances de l'époque ? Toujours est-il qu'en juin 1988, quelques semaines après avoir été élu pour un second septennat, le président me demande de passer le voir ; il veut m'entendre lui faire part de mes souhaits personnels, dans la conjoncture nouvelle qui s'ouvre pour notre pays. Je l'écoute :

« Pendant les deux dernières années, vous avez été un peu mis à l'écart, maintenant on va réparer ça !

– Si vous voulez m'offrir une promotion dans le corps préfectoral, si prestigieuse soit-elle, je n'en vois pas l'intérêt, ni pour la République, ni pour moi. Car j'en suis à ma seconde préfecture de région. Si vous me nommez dans l'une des plus convoitées, à Marseille ou même à Paris, ça ne sera jamais qu'une de plus. Je n'ai passé que deux ans à Besançon, dans une région que j'aime ; autant que j'y reste. En revanche, je suis complètement ouvert et disponible pour quelque chose de neuf, qui représente un enjeu.

– À quoi pensez-vous ?

– À deux choses : un média, radio ou télévision. Et aussi la DGSE.

– Pourquoi ceci et cela ?

– Parce que les médias sont un pouvoir que je n'ai pas pratiqué ; on dira, je le sais, que je n'ai aucun titre pour m'en occuper, mais cette absence de titre en est justement un en soi. Quant à la DGSE, je considère simplement qu'avec Laurent Fabius nous avions bien travaillé. L'équipe de Matignon était bonne et, à mon avis, celle du gouvernement une des meilleures qui aient jamais existé. Et nous avons été complètement ébranlés par l'affaire du *Rainbow Warrior*, dont l'échec technique aurait dû être géré par la DGSE elle-même. N'a-t-elle pas voulu ou n'a-t-elle pas su ? Je n'en sais rien aujourd'hui. Vous y avez nommé un directeur général il y a un an. Peut-être fait-il l'affaire, je n'en suis pas juge. Je vous signale simplement que je suis candidat si vous estimez un jour que cela peut être utile. »

Quand on change de fonction, c'est pour tendre vers un nouvel horizon. Sans doute aussi, la plupart du temps, pour progresser dans la carrière ; mais un préfet de région, au sommet de la fonction publique, ne peut plus bénéficier de promotion. Je fais donc part à mon interlocuteur de ma propre interrogation : où pourrai-je être bon et utile à la fois, tout en renouvelant le plaisir que j'éprouve à servir l'État ?

C'est le matin du 12 juillet 1985 que se produit l'attentat contre le navire de Greenpeace, le *Rainbow Warrior*, dans le port néo-zélandais d'Auckland. Le conseiller auprès du Premier ministre que je suis alors est, le jour même, convaincu que l'opération a été menée par la DGSE. Je n'en ai pas la preuve, mais les éléments nombreux et forts que m'apportent, au fil des jours, mes contacts avec le ministère de l'Intérieur et la Nouvelle-Calédonie convergent tous et me confortent dans mon opinion. J'essaierai durant des jours et des jours d'en persuader Laurent Fabius. Mais pendant ce temps, d'autres, y compris le chef du cabinet militaire à Matignon en charge du dossier Défense (et donc de la DGSE), plaident en sens contraire et affirment que les Français ne sont pour rien dans cet attentat. Et je ne fais, dans un premier temps, que semer le doute avant de, finalement, contribuer à convaincre...

Le Premier ministre gère alors un dossier dans lequel il n'a eu, au départ, aucune responsabilité. Il le fait au milieu de l'opacité et des mensonges de l'appareil militaro-politique. Cette affaire soulève encore une fois la question récurrente du contrôle des Services spéciaux par l'État et de leur positionnement vis-à-vis du Premier ministre. Comment ne pas se souvenir alors du problème similaire qui s'était posé lors de l'affaire Ben Barka ? Pour ma part, je suis totalement ignorant des tenants et des aboutissants de l'affaire du *Rainbow Warrior* lorsqu'elle survient, le suivi de la DGSE n'entrant pas dans mes attributions. Pour autant, et par la force des choses puisque ce dossier peut difficilement être traité par le cabinet militaire, il m'échoit et je participe à la fin de l'été 1985 à la gestion de ce cataclysme à Matignon, et notamment à la mise à mort politique d'un ministre de la Défense dont le moins que l'on puisse dire est qu'il ne pouvait lui-même trouver cela inéquitable... Je prête également la main, mais accessoirement, au limogeage du directeur général du Service : un officier général, seul dans un tel rang à avoir dû, depuis la guerre d'Algérie, assumer ainsi les défaillances de l'appareil dont il avait la charge. Notons au passage que de nos jours, c'est uniquement lorsqu'il est titulaire d'un poste civil qu'un officier général peut voir sa responsabilité mise en jeu...

Je conserve de cette affaire l'idée que le fonctionnement de la DGSE constitue un vrai problème d'État. La gestion politique désastreuse d'un échec technique, banal en soi, a démontré de façon irréfutable un dysfonctionnement majeur : ceux qui en portaient la responsabilité ont fait passer l'intérêt général, en l'occurrence celui de l'État, au second plan. C'est-à-dire après ce qu'ils ont jugé être les intérêts combinés du Service et de l'institution militaire à laquelle il est lié, selon eux, par nature.

Les questions qui me préoccupent dès l'été 1985, et qui me conduiront à envisager de prendre un jour la tête de la DGSE, sont à la fois simples et complexes. À quoi servent les services spéciaux dans les démocraties ? Le fait que celles-ci en soient toutes pourvues est-il un argument suffisant pour justifier leur existence ? Et si la réponse est positive, ce qui me paraît d'emblée le cas, quelle doit être leur place dans les institutions ? Cela étant établi, quel est le contrôle que peut exercer sur eux le pouvoir politique ? Pourquoi, lorsqu'une difficulté les touche, celle-ci présente-t-elle une propension certaine à devenir une « affaire d'État », susceptible d'engendrer une grave crise de gouvernement et d'ébranler profondément l'État ?

Jean-Pierre Chevènement, le ministre de la Défense, n'a pas seulement donné son accord au président quand celui-ci a requis son avis sur mon éventuelle nomination : il l'a fortement appuyée. François Mitterrand entendait connaître l'opinion du ministre de tutelle de la DGSE, mais aussi de l'élu de la région Franche-Comté dont je suis alors le préfet. J'ai donc en main deux atouts très forts quand je suis nommé directeur général de la DGSE en Conseil des ministres, le 23 mars 1989 : le président m'a choisi *intuitu personae* et j'ai l'appui et la confiance du ministre de la Défense. Je n'appartiens pas à ce qu'il est convenu d'appeler le premier cercle des mitterrandiens, pas davantage au deuxième, ni même au troisième. Encore moins au parti socialiste, ou à un quelconque club de même sensibilité. Mais François Mitterrand a toujours su donner l'élan nécessaire aux carrières des hommes dont il pense qu'ils seront un jour là où il faut, au moment où il faut. Quoi qu'il en soit, me considérant comme politiquement inclassable, j'estime à cette époque que, sur ce poste non moins inclassable, le choix du président se justifie.

Au début de ma carrière, et après avoir été élève-administrateur de la France d'outre-mer en Guinée (encore française alors), j'ai effectué vingt-sept mois de service militaire comme officier des Sections administratives spéciales (SAS) en Algérie, puis planifié durant deux ans l'économie tunisienne. Je suis ensuite passé par une administration centrale avant de gravir les échelons de la carrière préfectorale : sous-préfet d'arrondissement, secrétaire général, préfet de département, puis de région ; plusieurs cabinets ministériels m'ont accueilli. À chacune de ces fonctions a correspondu une période d'exploration immanquablement engagée dans le bonheur de la découverte, car je n'ai jamais négligé l'aspect ludique des choses : chaque fois que je suis allé quelque part, c'est avec une certaine jubilation.

Franchissant le portail métallique de la DGSE, boulevard Mortier à Paris, j'éprouve pour la première fois un sentiment nouveau, celui d'entrer dans un monde où m'attend l'inconnu, et peut-être la solitude. Pour la « Maison » qui me guette derrière ce portail, avec un brin d'anxiété que je devine et comprends, je suis le sixième directeur depuis 1981[1]. C'est beaucoup... J'ignore encore ce que sont ses

1. Alexandre de Marenches, 1970-17 juin 1981 ; Pierre Marion, 17 juin 1981-10 novembre 1982 ; amiral Pierre Lacoste, 10 novembre 1982-20 septembre 1985 ; général d'armée René Imbot, 20 septembre 1985-2 décembre 1987 ; général d'armée aérienne François Mermet, 2 décembre 1987-23 mars 1989 ; préfet Claude Silberzahn, 23 mars 1989-7 juin 1993.

structures, ses hommes, ses moyens, ses missions exactes, les affaires dans lesquelles elle est engagée. Le secret des Services spéciaux prend sa pleine signification pour moi, mais, en ce jour, je ne possède pas encore les clés de déchiffrement qui me permettront de lire dans l'institution et de la prendre en main.

Ma méconnaissance a bien sûr des limites. Le haut fonctionnaire que je suis n'ignore pas que la vie des administrations, fussent-elles secrètes, recèle davantage de points communs que de différences. Certes, l'opacité de l'institution, la dissimulation de ses activités, ses budgets secrets et autres spécificités sont des données auxquelles je n'ai jamais été confronté. Mais pour devenir, au sens propre du terme, un hors-la-loi, pour savoir comment, pourquoi et à quel moment l'on transgresse les règles communes, il est nécessaire de les connaître parfaitement.

Je sais en outre qu'aussitôt franchi le mur d'enceinte de Mortier, je deviens responsable de la moindre des actions de la DGSE : des faits et gestes de son homme de New York avant qu'il se couche, et, au même moment, de ceux de son agent à Bangkok qui se lève. Je suis pleinement conscient que jamais plus il ne se passera une seule heure où, quelque part dans le monde, un homme du Service ne sera pas précisément en train de mener une mission dont je suis garant, et qu'il faudra donc assumer. Immédiatement, sans délai ni limite. Sans avoir eu droit au minimum de temps pour examiner, comprendre, décider et imposer. Mais j'apprendrai aussi très vite que celui qui dirige ce Service bénéficie d'une indépendance et de moyens d'action uniques dans la conduite des affaires de l'État. Relever le défi qui m'est proposé me paraît d'autant plus jouable.

Premier contact avec la Défense, mon administration de tutelle : le ministre. Nous nous apprécions depuis longtemps. Je crois pouvoir mériter sa confiance ; il me le confirme. Nous n'aurons aucun différend concernant les activités du

Service. Le premier que je verrai après lui, c'est son directeur de cabinet, Louis Gallois. Je sens que je n'aurai pas davantage de problèmes avec lui. Puis je rends de nombreuses autres visites : aux quatre chefs d'état-major, c'est-à-dire le chef d'état-major des armées, le général Maurice Schmitt, ceux de l'air, Jean Fleury, de la terre, Gilbert Forray, et de la marine, l'amiral Bernard Louzeau. Puis le délégué général pour l'Armement, Yves Sillard, et enfin le directeur général de la gendarmerie, Régis Mourier. J'ai travaillé mes dossiers avant de les rencontrer pour me faire une idée de la nature des rapports que j'aurai avec chacun d'eux. Je suis parfaitement bien reçu par tout le monde. Chacun me fait bonne mine. Maurice Schmitt est même assez chaleureux. Je m'entendrai bien avec lui : ainsi, ultérieurement, nous signerons un protocole d'accord armée-DGSE qu'il n'aura pas été facile de mettre au point, mais auquel nous sommes parvenus lui et moi en hommes de bonne volonté.

Chacun m'explique qu'il n'est pas en mesure de me fournir les techniciens dont la DGSE a un besoin croissant, et que chaque état-major est, de son côté, victime de la fuite des cerveaux et des spécialistes... Je comprends que je ne dois me faire aucune illusion sur l'aide qu'ils m'apporteront pour renforcer le Service.

Quand je suis reçu par le président pour la deuxième fois, quelques semaines après mon entrée en fonction, il me demande ce que je pense de la Maison. Je lui livre mes premières impressions avant de m'enquérir à mon tour de la manière dont nous travaillerons ensemble. Je le verrai régulièrement, m'explique-t-il, et si un fait d'importance me paraît devoir lui être signalé, je lui écrirai un mot personnel : il m'indique comment il lui parviendra sans intermédiaire. Et il ajoute : « Votre correspondant permanent à l'Élysée sera Gilles Ménage, le directeur de cabinet, et vous veillerez à garder un contact permanent avec Jean-Louis Bianco. » En sortant du bureau présidentiel, je passe chez le secrétaire général de l'Élysée, Jean-Louis Bianco, puis chez Gilles Ménage, et leur rapporte à chacun cette conversation. Des propos présidentiels, j'ai retenu une inflexion anodine au premier abord, mais qui indique une profonde mutation, puisque sont désormais « hors circuit » François de Grossouvre, déjà en partie éloigné du suivi de ces affaires, et surtout le chef d'état-major particulier (CEMP)[1].

Le président a été récemment réélu, et la donne a changé. Il ne me l'a pas dit, mais je sais que la signification de ma nomination est la suivante : il ne s'agit pas seulement d'installer Claude Silberzahn à la tête de la DGSE, mais de « civiliser » l'ensemble de la chaîne. Il est probable que l'on tire alors, et seulement alors, les conséquences pratiques de la gestion malheureuse de l'affaire du *Rainbow Warrior*. Et peut-être aussi d'un événement qui a ulcéré le président-candidat entre les deux tours de la présidentielle : l'appel à voter contre lui lancé par quarante-cinq officiers généraux du cadre de réserve qui lui devaient dans la plupart des cas leurs étoiles et qui l'avaient attaqué dans sa fonction, affirmant qu'il avait affaibli la défense de la France au cours de son premier septennat.

Rendant visite ultérieurement à l'amiral Jacques Lanxade, je lui raconte benoîtement ma conversation avec le président. À partir de cet instant, tout benoît que je sois, je sais que le conflit est ouvert. Ce qui, sans revêtir une importance majeure, ne facilitera pas mon travail pendant les années qui suivront. Seuls les papiers intéressant fonctionnellement l'EMP lui parviendront désormais, tandis que jusqu'alors tout transitait par lui. Le chef d'état-major particulier n'est plus le destinataire et dispensateur des informations venant de la Maison, alors qu'il était auparavant le premier à en prendre connaissance. Dans ce monde, une « info » exclu-

1. À l'époque Jacques Lanxade, qui occupe ce poste depuis le mois d'avril 1989, et deviendra chef d'état-major des armées en avril 1991.

sive est une source de pouvoir inappréciable. Il ne peut y renoncer sans amertume, mais il n'a pas d'autre choix que celui de s'incliner devant la décision du président. Autres temps, autres mœurs : je mets en place une organisation qui suppose des interlocuteurs nombreux. Toute la production de la DGSE ira désormais chez Gilles Ménage, destinataire prioritaire. Certes, d'autres éléments, quand je le jugerai utile, partiront en parallèle chez le chef de l'état-major particulier, le conseiller diplomatique ou le conseiller financier. De même, je verrai et aurai des contacts réguliers avec Jean-Louis Bianco sur les sujets importants. Mais Gilles Ménage, lui, a tout : à aucun moment personne ne pourra aller voir le président muni d'un papier de la DGSE sans qu'il en ait eu connaissance au préalable. Il est le seul, au sein de l'appareil d'État, à connaître l'ensemble de la production de la DGSE. Et le CEMP, qui n'est pas tombé de la dernière pluie, comprend qu'une ère nouvelle commence.

En 1981, le premier essai de François Mitterrand pour civiliser la DGSE s'était soldé par un échec. Très vite, sous l'influence de Charles Hernu, on en était revenu à la formule militaire, et trois officiers généraux s'étaient succédé rapidement, issus de la marine, puis de l'armée de terre et enfin de l'armée de l'air, selon la règle – imposée de fait par l'armée – du partage des postes les plus prestigieux... Lorsque François Mitterrand est réélu en 1988, il rompt avec cette pratique et nomme un préfet à la DGSE, et un autre, Guy Fougier, au secrétariat général de la Défense nationale (SGDN). En cette circonstance, il ne s'est pas seulement agi de confier à des préfets des charges occupées jusque-là par des officiers généraux, mais de nommer des hommes connaissant à la fois, du fait de leur itinéraire professionnel, l'ensemble de l'appareil de l'État et le monde politique, et, plus important encore, la charnière entre les deux. Le poste de directeur général de la DGSE suppose, en effet, que son titulaire appartienne au sérail de l'administration, et dispose d'un fort réseau de relations. Car on ne saurait garantir la spécificité de la DGSE qu'en connaissant les liens qu'entretiennent les hommes entre eux, leurs appartenances intellectuelles, leur parentèle, leurs affections et leurs inimitiés... Un officier général, quel qu'il soit, est étranger à cet univers parce qu'il a vécu dans un monde à part. Or, celui qui n'est pas à l'interface de ce monde de la haute fonction publique et du monde politique, qui n'a pas travaillé en cabinet, en administration centrale et territoriale, qui n'a pas connu ce profond brassage, ne peut pas occuper une telle fonction. L'un des grands problèmes rencontrés dans la gestion de l'échec du *Rainbow Warrior*, c'est que le directeur général de l'époque, l'amiral Lacoste, s'était retrouvé isolé, avec ses seuls pairs, sans lien véritable avec l'appareil politique, la technostructure, les médias. On l'a laissé se débattre seul.

Je perçois immédiatement une caractéristique de la Maison, mais sans en mesurer tout de suite l'importance : personne ne passe jamais à la DGSE. D'abord parce que le bord du périphérique, c'est bien loin du VIIe arrondissement, ensuite parce qu'on n'y entre pas sans se soumettre à une procédure un peu lourde. Ces deux facteurs se conjuguent pour isoler la DGSE. C'est donc moi qui bougerai, fréquenterai les ministères à la brune, quand les bureaux sont déserts et les responsables disponibles. Au moins un soir sur deux, je ne rentre pas directement à mon domicile. Je vais prendre un verre avec l'un ou l'autre, avec Daniel Bernard, directeur de cabinet du ministre des Affaires étrangères Roland Dumas, avec Paul Dijoud, directeur d'Afrique du même Quai d'Orsay, ou avec Pierre Joxe, lorsqu'il sera devenu ministre de la Défense après la démission de Jean-Pierre Chevènement le 29 janvier 1991. Quand je passe vers 20 heures, mes interlocuteurs sont détendus et décontractés. Là se trouve la clé d'un système complexe. Très souvent, j'appelle Daniel Bernard : « Je passe ce soir. » Il répond invariablement : « Je mets le whisky à chauffer. » On fait ensemble un tour du monde un peu particulier, qui commence par le Tchad, se poursuit en Yougoslavie, avant de filer vers l'Ukraine ; et si on a oublié la Libye, on y revient. Je perçois ainsi où, dans l'appareil d'État, chacun se situe ; quelles sont ses idées sur chacun de ces sujets. Sans réunion, sans protocole, sans arrière-pensée ni tractation au profit de telle ou telle chapelle ou groupe de pression. Rien. Seulement des mises en commun de faits et d'idées, et une volonté de faire avancer les dossiers. Les autres soirs, quand je ne traîne pas de cette façon dans Paris, ce sont les directeurs de la DGSE qui passent dans mon bureau. Ou ceux qui, à un moment donné, ont en charge une mission délicate. Quelle que soit leur position hiérarchique, ma porte est ouverte, au grand étonnement, dans un premier temps, de la Maison. Car un système militaire ne fonctionne pas ainsi : un général à trois étoiles prend un verre avec d'autres trois-étoiles, mais pas avec un capitaine. Et le capitaine n'appelle pas le général en lui disant : « Je passe tout à l'heure, j'aimerais vous parler de la Moldavie ! »

Dans les affaires extérieures, il n'est pas évident de savoir qui décide quoi. Quand des événements « lourds » se produisent, tout le monde agit en temps réel, sans le moindre temps mort. L'ambassadeur envoie aussitôt la dépêche qu'il vient de rédiger, les attachés militaires expédient les leurs, tous les circuits fonctionnent en parallèle. Ça roule à toute allure. De telles expériences m'apprennent que la Maison ne saurait demeurer dans son splendide isolement : insensiblement, elle est parvenue au point où les seuls événements sur lesquels elle a véritablement prise sont ceux dont elle est elle-même l'instigatrice...

C'est l'évidence même : la DGSE, toute secrète qu'elle soit, doit être parfaitement insérée dans le système décisionnel. C'est très exactement ce qu'a voulu le président en me nommant à sa tête : replacer la Maison dans l'appareil d'État. Évidemment, dès que l'alternance se produira aux élections législatives de 1993, le nouveau pouvoir n'aura rien de plus urgent à faire que de replacer à la tête du SGDN un général, ancien élève de l'École de l'Air de Salon, et, à celle de la DGSE, un ancien élève de Saint-Cyr-Coëtquidan, ce qui, sans que soit mise en cause la qualité des hommes, indique clairement une volonté de remettre le Service dans le giron des armées... Juste retour des choses. Ou faux. Car la France est la seule grande nation occidentale dans ce cas : la CIA aux États-Unis, le MI6 en Grande-Bretagne et le Bundesnachrichtendienst (BND) en Allemagne sont des services civils.

Je suis très frappé par l'ambiance qui règne à la DGSE. D'abord, et paradoxalement s'agissant d'une maison imprégnée de culture militaire, elle se révèle constituée d'une juxtaposition de communautés : la structure n'est ni intégrée ni homogène. L'histoire a déposé des strates, la nécessité du secret a cloisonné : on ouvre une porte pour en trouver une autre devant soi, tout aussi verrouillée que la première. Tout contribue à un éclatement des responsabilités, des solidarités : les problèmes de sécurité interne – avec, pendant des décennies, la hantise du traître –, mais aussi les échecs opérationnels, dont le dernier à avoir été fortement médiatisé, celui du *Rainbow Warrior*, est celui du service Action qui subit encore l'opprobre du coup porté au Service. Aucun des patrons qui se sont succédé depuis 1981 n'a eu le temps de véritablement connaître la Maison et, *a fortiori,* à supposer que l'un ou l'autre en ait eu envie, d'y mener une politique et de recréer un esprit collectif. En 1989, le Service est écorché, les coups portés par les politiques, les médias, les responsables de l'État à tous les niveaux ont eu pour conséquence de donner à chacun le sentiment que sa fonction et celle du Service tout entier sont contestées. Que de toute manière, et quelles que soient ses performances, la Maison, dont le sentiment de déréliction n'a jamais été aussi fort, ne peut compter sur aucun appui. Son existence n'avait-elle pas d'ailleurs été barrée d'un trait de plume dans le « programme commun » de la gauche signé en juin 1972 ? Ainsi les conflits sont-ils exacerbés et les difficultés, les déboires et les échecs presque toujours rejetés sur l'autre, sur fond de sentiment d'obsidionalité. Enfin, sous-jacente, la tension militaires/civils. Les premiers sont largement minoritaires en effectifs, mais occupent la majorité des postes d'encadrement. Les seconds jugent que le système ne leur fait pas une juste place et qu'aucun signe d'évolution n'est perceptible depuis des années.

Il faudra, je le comprends au bout de quelques semaines, entreprendre une action de fond. En souplesse, avec du temps et une obstination têtue. Pas à coups d'oukases, car les coquilles, au lieu de s'ouvrir, se verrouilleraient encore davantage. Et le discours sceptique l'emporterait : « Ne bougeons pas, “il” changera ou “il” partira ! », discours dont les dix années précédentes justifient le bien-fondé !

Le bouleversement des structures auquel il faut procéder, ne serait-ce que pour créer le choc psychologique nécessaire, suppose de bien déceler les courants de surface et de profondeur. D'utiliser leur force tout en modifiant leur direction. Et de jouer de la durée pour étaler le projet dans le temps. Il m'apparaîtra très vite que le projet de rééquilibrer, décloisonner, solidariser est parfaitement réaliste : la qualité individuelle de la majorité de ceux que je rencontrerai jour après jour m'en aura convaincu.

Une condition me semble déjà incontournable pour négocier et réussir la mutation que je proposerai au Service : transférer la Centrale dans des locaux modernes et adaptés aux fonctions et à l'ambition d'une nouvelle culture. Le Service a erré dans Paris à la Libération pour, finalement, se fixer dans l'ancienne caserne Mortier, ensemble sans grâce dans lequel, au cours des années, il s'est tassé, construisant une tour ici, un sous-sol technique là, plantant sur chaque espace qui le permettait une baraque préfabriquée, colonisant même l'autre côté du boulevard.

Le tour complet des bureaux, effectué dans le premier mois de mon arrivée, m'amène à juger qu'il n'y aura pas de rénovation morale du Service dans des locaux aussi vétustes, inadaptés et tristes. Il faut donc nourrir un projet ambitieux et doter la Centrale d'un bâtiment digne du Service. Notre choix, après plusieurs mois de visites et de discussions, se portera sur le fort de Noisy, dont le Service est affectataire et où il a déconcentré un certain nombre de ses activités.

Une équipe sera alors affectée au projet « Fort 2000 », dont l'ambition est de réaliser un nouveau siège par tranches fonctionnelles et de libérer Mortier en cinq ans à compter du début des travaux. Ultérieurement, le projet mis au point permettra, avec ce qu'il faut de force de conviction dans ce type d'opération, d'emporter l'adhésion du personnel associé dès l'origine à la conception de son futur lieu de travail, celle du ministre de la Défense et celle du Premier ministre, venu lui-même annoncer à la Centrale son intention de financer les études et la première tranche de réalisation. Si tous n'avaient pas saisi qu'à travers cette entreprise c'est à une conception renouvelée de leur mission qu'ils étaient invités, chacun comprit ce jour-là que l'État était réconcilié avec son Service.

2

À quoi sert un agent secret aujourd'hui ?

Khiber Pass. – Spéciaux ? Secrets ? Un peu de sémantique. – Information ou renseignement, ne pas confondre. – Réorganisation indispensable. – Direction de la stratégie. – Direction du renseignement. – Direction des opérations. – Direction de l'administration.

Dans la Jeep qui nous précède, les soldats de l'escorte militaire ont le doigt sur la détente de leur Kalachnikov. Les grands lacets de la route montent à l'assaut d'un des lieux mythiques de la planète : le Khiber Pass, frontière entre l'Afghanistan et le Pakistan. Point magique où le Moyen-Orient se fait définitivement Orient et dont l'évocation a bercé mes nuits d'adolescent. Marco Polo est passé là. Nous sommes sur la route de la soie, des grandes invasions, de la drogue, au bout de laquelle l'Armée rouge est venue carillonner l'heure de l'effondrement de l'empire communiste. À mes côtés, mon accompagnateur s'est tu. La réalité est pourtant très éloignée des rêves du montagnard passionné que je suis, faits d'escapades étranges dans des montagnes arides et blanches, car le Pakistan, en cette année 1992, c'est d'abord ce que j'ai vu la veille : sous les pales de l'hélicoptère, les camps de réfugiés de la frontière. J'y ai entendu leur porte-parole plaider, avec passion et violence, le droit des Kaschmiris à faire sécession de l'Inde et à rejoindre leurs frères en islam du Pakistan...

Face à face, en état de guerre pour la première fois dans l'histoire, deux puissances dotées du feu nucléaire. Celle où nous sommes, le Pakistan, se trouve à la charnière de mondes contradictoires et parfois hostiles. L'éclatement de l'empire soviétique a rendu caduc son ancien positionnement stratégique. La dérive fondamentaliste islamiste, qui structure de plus en plus sa vie sociale et intellectuelle, ronge sa dynamique moderniste et laïque en l'éloignant chaque jour davantage des nations démocratiques et libérales auxquelles le lient son économie de marché et son système politique parlementaire. Un danger supplémentaire le menace : l'intégrisme hindouiste, aussi virulent que l'islamiste, qui peut entraîner demain l'une des plus grandes migrations de l'histoire : celle qui conduirait vers l'ouest les 150 millions de musulmans de l'Inde... Le « syndrome algérien » se dessine, qui voit les classes possédantes et corrompues creuser lentement le lit d'un fondamentalisme islamique dans lequel pourra se couler la majorité encore silencieuse des exclus. Dans ce contexte, le problème du Cachemire n'a qu'une solution : l'indépendance. Elle tiendrait à égale distance l'Inde et le Pakistan. Mais elle pourrait aussi, demain, être le détonateur d'un conflit majeur.

Cette visite illustre bien ce que peuvent être les tâches du Service et de son chef dans une région stratégique : des séances de travail avec un service étranger, des contacts avec les responsables politiques de haut niveau, une approche physique, même rapide, du terrain. Autant de démarches qui permettent de faire le point des problèmes dont l'éventail recouvre pratiquement, dans ce cas précis, toutes les facettes de son activité : suivi des deux crises majeures d'Afghanistan et du face à face Inde/Pakistan, fondamentalisme islamiste au Pakistan et hindouiste en Inde, prolifération nucléaire et balistique pakistanaise et indienne, point sur la situation politique dans les deux pays et sur les rapports qu'ils entretiennent chacun avec la Russie, la Chine et les

États-Unis. Sans compter – et ce n'est pas le moindre bénéfice de telles missions – le resserrement du contact avec un service ami et la faculté de nouer avec ses responsables des liens personnels au cours de visites sur le terrain et de repas partagés...

Telles apparaissent, clairement lisibles dans leur quotidien, les missions du Service. Elles doivent pourtant sembler souvent obscures, puisque la terminologie elle-même ne s'est jamais fixée. Services de renseignement ? Services secrets ? Services spéciaux ? Si aucune dénomination ne s'est imposée, c'est qu'il n'en est pas de bonne. Sans aucun doute, la DGSE est un service de renseignement. Entre autres. Et parmi d'autres. Elle est certes le service de renseignement de l'extérieur, tâche qui, à l'intérieur du territoire national, relève de la police nationale – Renseignements généraux (RG) et Direction de la sûreté du territoire (DST) – et de la gendarmerie. Mais elle est aussi bien autre chose.

Service secret ? L'expression est ambiguë, car ce n'est pas le service qui est secret, non plus que sa mission – définie par un décret, assurément elliptique, mais tout à fait réel. De fait, ce sont seulement ses voies et moyens qui le sont. En ce sens, la DST agit quelquefois aussi comme un service secret, car les siens ne sont pas toujours transparents non plus. Et si son budget s'établit à l'intérieur de celui, limpide, de la Direction générale de la police nationale (DGPN), dont, à l'égal des Renseignements généraux ou de la Police judiciaire (PJ), elle n'est qu'une direction sans personnalité morale, sa façon de le dépenser est parfois fort opaque aux yeux de l'observateur extérieur... Des différences de fond la distinguent cependant de la DGSE. D'une part, ses agents sont des policiers en mission officielle, assurés de ce fait de la protection de l'appareil d'État français et de la Justice. Et surtout, ils travaillent dans un cadre légal à l'intérieur des frontières de la France, État de droit.

À l'inverse donc des policiers de la DST et des RG, les agents de la DGSE sont secrets ! Personne, dans aucune administration, ne les protégera à l'étranger : seule la Maison les connaît et viendra à leur secours en cas d'« accident », car même si la mythologie a parfois la vie dure, le Service n'abandonne jamais les siens. Il déploie même tous ses moyens lorsque ses agents, où que ce soit dans le monde, sont en difficulté. En outre, ce qui le caractérise surtout par rapport à toute autre institution de la République, c'est son indépendance et, corollaire, sa solitude. C'est ainsi qu'il est privé de tout appui politique : que serait-il arrivé à son directeur général si la DGSE avait fabriqué pour un délinquant un « vrai-faux passeport » dans un cadre totalement étranger à son activité et pour des objectifs de politique politicienne ?

Le problème de terminologie se complique encore lorsqu'on sait que la gendarmerie est, de toute évidence, un service de renseignement sans que jamais cela ne soit mentionné...

Tout compte fait, c'est l'expression « services spéciaux » qui paraît la mieux adaptée pour définir un service comme la DGSE et ses équivalents étrangers. « Spéciaux » en raison de leur rattachement fonctionnel à l'autorité publique, « spéciaux » par leurs moyens humains et matériels, « spéciaux » encore dans leurs missions, « spéciaux » enfin par leurs méthodes. S'il est difficile au citoyen d'identifier leurs agents, eux se reconnaissent fort bien entre eux... Et leur Maison, ils l'appellent « le » Service, « la » Boîte ou, plus simplement, « Mortier »... Tordons ici le cou à une idée fausse : jamais les agents de la DGSE n'appellent leur service « la Piscine » sous prétexte qu'elle est à deux pas de la piscine des Tourelles, installée boulevard Mortier. Mais il est vrai que journalistes et romanciers affectionnent l'expression.

La Maison a reçu un manteau neuf en 1982 : changement de sigle (DGSE et non plus SDECE), nouveau décret (aussi peu explicite que celui de 1945) pour définir sa mission. Ce texte d'avril 1982 confirme le rattachement du Service au ministère de la Défense et fixe ses objectifs qui sont, au profit du gouvernement et en relation étroite avec les autres organismes concernés, de rechercher et d'exploiter les renseignements intéressant la sécurité de la France ainsi que de détecter et d'entraver hors du territoire national les activités d'espionnage dirigées contre les intérêts de la France afin d'en prévenir les conséquences. Ces lignes sont bien elliptiques. Précisons donc ici les tâches que la DGSE doit assumer, puisque à ce jour elles ne figurent dans aucun texte officiel, ni dans aucun document faisant foi.

Le Service remplit trois missions essentielles. La première est à caractère défensif : il décèle à l'extérieur des frontières nationales les menaces à l'encontre de notre pays, de ses citoyens, de ses intérêts, et s'oppose à leur matérialisation éventuelle. Il concourt par là à la sécurité de la France. La deuxième mission est « d'initiative » : il recueille du renseignement politique, économique, militaire, pour éclairer les choix du pouvoir. La troisième est offensive et recouvre ses activités les plus secrètes – paradoxalement les plus médiatisées ! Le Service y est acteur et remplit, pour la nation, des missions qu'elle ne peut revendiquer officiellement.

Le renseignement, à savoir sa collecte et son traitement, constitue une constante de l'exercice de ces missions. Contrairement à une idée reçue, il n'existe pas plusieurs sortes de renseignement : ouvert, semi-ouvert, confidentiel ou fermé ; ou, comme l'ont écrit certains, « positif » ou « stratégique ».

Le recueil des sources « ouvertes » est certes indispensable qui consiste à recenser, mettre en mémoire et exploiter l'ensemble de l'information disponible dans le monde sur tel ou tel sujet intéressant un appareil décisionnel, qu'il soit public ou privé. Les informations ouvertes, celles que l'on trouve dans la presse, les revues spécialisées, les comptes rendus de missions de toutes sortes, les actes de colloques ou de congrès, sont absolument nécessaires : elles contribuent, en particulier, à cadrer les recherches, à identifier précisément les zones grises ou noires dans lesquelles devront fouiller les hommes du Service avec les moyens et les techniques qui leur sont propres. Mais elles ne sont en rien du renseignement, qui, par nature, porte sur ce qui est « fermé ». L'objectif des Services spéciaux est limpide : connaître ce qu'on veut leur cacher ! La quête du renseignement est difficile, coûteuse et souvent dangereuse. Et comme si ce n'était pas assez, le renseignement, une fois recueilli, est « biodégradable ». Car il se comporte comme un matériau vivant, avec pour vocation de se transformer en information en quelques heures, jours, mois ou années. Dès qu'il tombe dans le domaine public, il perd tout attrait pour le pouvoir.

L'interface information/renseignement est la clé du métier. Le « fermé » se déduit de l'« ouvert ». Il faut donc connaître l'« ouvert », tout l'« ouvert », et aussi, en permanence, tout ce qui s'ouvre.

Pour le Service, le renseignement est un moyen ou une fin, selon les missions qu'il mène. En matière défensive, comme dans tous les domaines de l'action clandestine, il est un moyen. Ainsi, dans ses luttes contre le terrorisme, le Service a besoin de connaître la constellation des mouvements qui, dans le monde islamique et ailleurs, ont adopté le terrorisme comme moyen d'action : leurs hommes, leurs capacités d'action, leurs moyens matériels, l'origine de leur financement, les rapports qu'ils entretiennent avec les États de la zone dans laquelle ils gravitent, leurs relations réciproques, leur vision du monde. Seule une parfaite connaissance de cette nébuleuse permettra de prévoir les coups qu'ils peuvent porter, de les enrayer lorsque c'est possible, de les frapper en représailles si cela se révèle opportun. Il en va de même en matière de mission clandestine, où la difficulté (et l'échec quand il survient) est presque toujours liée à une connaissance incomplète du terrain. Notons, en incidente, que cette constatation d'évidence élimine d'emblée le débat que certains relancent à intervalles réguliers dans notre pays en prétendant que l'action clandestine pourrait être menée par les armées. En fait, celle-ci est consubstantielle à la mission générale des Services spéciaux. Ces derniers, en effet, sont les seuls à disposer d'une infrastructure sur le terrain, d'une connaissance complète de celui-ci, d'une pratique en quelque sorte ontologique du travail dans l'ombre.

Dans tous les domaines évoqués ci-dessus, le renseignement est un moyen et il reste interne au Service. Il n'est pas diffusé à l'extérieur, sauf nécessité opérationnelle, notamment de coordination interacteurs. Mais pour une large part des missions du Service, le renseignement est une fin en soi : politique, économique ou militaire, il prend la forme d'un produit fini, fourni comme tel aux destinataires et utilisable par eux.

Le renseignement parcourt une chaîne qui comprend obligatoirement trois phases : le recueil, l'exploitation, la diffusion. Il va de soi que la mission essentielle est celle du recueil : un service vaut d'abord par la quantité et la qualité des matériaux qu'il offre. Cette collecte constitue la partie la plus noble de la tâche des Services spéciaux. Curieusement, ce supplément de noblesse échappe à la plupart des interlocuteurs extérieurs du Service. Parmi eux, nombreux sont en effet les candidats à l'exploitation du renseignement qui souhaiteraient que la DGSE leur remette une matière première brute qu'ils se chargeraient de mettre eux-mêmes en valeur. Ils doivent sans doute considérer cette tâche comme plus gratifiante que la première... Et d'autant plus qu'elle est liée, en principe, à la troisième phase : la diffusion, qui permet de côtoyer au plus près les destinataires ! Il est vrai qu'exploitation et diffusion peuvent s'opérer sans risque et dans le confort du périmètre sacré constitué par les

VIe, VIIe et VIIIe arrondissements de Paris. N'est-ce pas toujours de cet emplacement stratégique que s'élèvent les grandes idées sur le renseignement, ou, tout au moins, son exploitation et sa coordination ? Pour le recueil, il faut le constater, il y a moins de candidats et encore moins d'idées... Les esprits fins ne sauraient s'intéresser à cette besogne vulgaire – et dangereuse de surcroît –, ingrate parfois et en tout état de cause éloignée des lieux de pouvoir et d'influence.

J'arrive à Mortier le 23 mars 1989, et m'installe dans mon nouveau bureau. Je ne verrai mon prédécesseur que deux ou trois jours plus tard. Pour l'instant, j'appelle un à un les principaux responsables de la Maison et leur dis de ne rien changer au mode de fonctionnement antérieur. Pendant trois mois, je ne donne pas d'instructions. J'essaie simplement de comprendre comment fonctionne la Maison. J'observe, je demande à des gens de venir me voir, de me parler de ce qu'ils font, de la façon dont ils le font. Puis, de juin à septembre, j'amorce deux opérations : la préparation d'une nouvelle organisation interne et la recherche d'hommes nouveaux. En septembre, je restructure la DGSE. Tout ça m'aura pris six mois.

J'hérite d'un service imprégné de culture militaire. Or, je comprends vite qu'une maison comme la DGSE ne saurait obéir à une structure, et encore moins à une culture, de type militaire. La première réunion de direction que j'organise est consacrée à la situation en Yougoslavie. La veille, j'ai demandé que tous ceux qui forment les maillons de la chaîne, y compris l'exploitant de base qui traite au jour le jour les événements et les connaît parfaitement, soient présents. Lors du tour de table, je me rends compte que cet exploitant de base n'a jamais assisté à une réunion de ce type : il est manifestement pris au dépourvu quand je m'adresse à lui. C'est un officier, et avant de me répondre il se tourne vers son supérieur. Il juge qu'il n'a pas le droit de s'exprimer puisqu'il y a quelqu'un au-dessus de lui plus gradé, donc plus compétent. Je mettrai des années à faire comprendre au Service que, sur chaque dossier pris séparément, l'homme le moins compétent du Service n'est autre que le directeur général. Sa fonction est différente : savoir trier entre les compétences, opérer les choix, prendre les risques. Certainement pas d'avoir une vraie connaissance de l'histoire, des problèmes et des états d'âme des minorités hongroises de Serbie, ou des schismes de l'islam !

Les missions du Service sont très diverses, très éclatées, intellectuellement et physiquement. C'est pourquoi, à mes yeux, le maître mot de l'organisation doit être déconcentration. Un agent à Luanda, un autre à Singapour constituent chacun, à la limite, un centre de décision. La plupart du temps, en effet, les communications ne sont pas faciles. Elles ne sont jamais sûres à cent pour cent. Par ailleurs, la nature même du métier suppose de l'instantanéité dans la décision. Le Service doit donc être réorganisé et repensé en fonction de la déconcentration de la décision, ou, plus exactement, de la *délégation contrôlée*. Soit le contraire du système militaire où la décision doit monter, puis descendre le long de la chaîne hiérarchique.

J'édicte ensuite le principe selon lequel la direction générale ne doit traiter aucun dossier en direct. Comme directeur de cabinet, je prends un de mes anciens et remarquables collaborateurs de Besançon, André Boix, commissaire divisionnaire des Renseignements généraux : sa connaissance des hommes, sa finesse, son sens du contact humain feront merveille à ce poste essentiel au bon fonctionnement du Service. Il choisira un homme de la Maison, fonctionnaire civil, comme directeur-adjoint. Contrairement à ce qui se passait auparavant, aucun dossier de fond, quel qu'il soit, ne sera plus traité au niveau de la direction générale. Il s'agit là d'un changement assez considérable par rapport aux pratiques antérieures, notamment celles des années soixante-dix.

Lors de ma nomination, la liberté de choisir les directeurs m'a été accordée. C'était ma seule « exigence » : je sais que diriger, c'est avant tout choisir les hommes. Les chercher, les trouver, les recruter a donc constitué pour moi une tâche prioritaire, et j'ai eu par la suite une totale confiance en eux.

Si les nouvelles structures ont été correctement pensées, chaque dossier doit pouvoir être traité à l'intérieur d'une direction. Et, pendant ces années, ce sera le cas. Par voie de conséquence, le cabinet est léger ; il s'occupe des tâches normales d'une telle structure, et devient en outre le lieu de résolution des conflits entre les directions et entre les hommes. Une maison comme la DGSE ne connaît pas davantage de conflits internes qu'une autre, mais ceux-ci peuvent avoir des conséquences infiniment plus graves qu'ailleurs. Il faut donc en permanence mettre de l'huile dans les rouages. L'art du cabinet, c'est de détecter les conflits, de signaler au directeur ceux qui couvent pour qu'il tente de les faire avorter et, s'ils éclatent, d'y faire face. Le cabinet a entièrement répondu à cette attente. À toutes les autres également.

Au-delà du cabinet, c'est l'ensemble des structures qu'il convient de changer pour pouvoir atteindre les objectifs qui ont été fixés : refonder un grand Service en symbiose avec l'appareil de l'État. Il est tout d'abord impensable que, aussi secret qu'il soit, le Service ne dispose pas d'une partie émergée et visible. La création de cette structure, la direction de la Stratégie, illustre alors la volonté de plonger le Service dans l'État : elle se voit confier la responsabilité des contacts et des échanges avec les institutions et organismes pour lesquels la DGSE travaille. Elle veille à l'adéquation de l'information prodiguée aux besoins de ses interlocuteurs, et à celle de sa recherche avec les axes de la politique extérieure de la France. En ce sens, elle est en charge d'entretenir un lien privilégié avec le ministère des Affaires étrangères, de nourrir avec lui un dialogue permanent, d'éviter et de vider les abcès de fixation. Il fallait naturellement placer à sa tête un diplomate, et de la « meilleure eau ». Jean-Claude Cousseran est de ceux-là : arabisant et subtil connaisseur du Moyen-Orient, parfaitement inséré au Quai d'Orsay, il sera un collaborateur de la plus grande efficacité et le vrai « développeur » du concept de « stratégie ». Patrick Gautrat sera un digne successeur quand Jean-Claude Cousseran deviendra le conseiller diplomatique du Premier ministre Pierre Bérégovoy.

La deuxième idée consiste à recentrer la direction du Renseignement sur ses missions essentielles : la recherche par moyens humains et l'exploitation du renseignement quelle qu'en soit l'origine – humaine, technique, opérationnelle. Sans oublier le renseignement en provenance des services amis, sources d'informations considérables, mais particulièrement délicates à manier, car potentiellement périlleuses. En effet, les rapports qu'entretient la DGSE avec ses homologues sont faits de collaboration et de rivalité. Parfois de guerre. Nous faisons très attention, bien entendu, à ce qu'ils soient équilibrés ; c'est-à-dire que lorsque nous apportons 10 à un partenaire, nous voulons en retour obtenir 10 – au moins. Bien entendu, chacun essaie de gagner 12, et si possible 20...

Mais les échanges ne se font pas seulement avec les grands services amis. Souvent, ils se révèlent aussi fructueux avec de petits services bien placés, susceptibles d'éclairer un coin du monde dont la DGSE est absente. En quarante-huit heures, il est ainsi possible d'actualiser une fiche ancienne touchant par exemple au problème du Timor oriental, en sachant que celui-ci n'intéresse le pouvoir politique français que deux ou trois fois par décennie !

Ces rapports doivent être gérés avec soin : la nature de l'échange, son moment, son destinataire, revêtent une grande importance. Lorsque les armées (par Direction du renseignement militaire interposée ou directement par les états-majors) ou le SGDN tentent de court-circuiter la DGSE dans ses rapports avec la CIA ou la National Security Agency (NSA) par exemple, ils troublent le jeu. Pourquoi ? Parce que quand la DGSE donne quelque chose à un service étranger, elle attend un retour, on l'a dit, au moins équivalent en qualité ou en quantité. Si l'interlocuteur parvient à trouver un partenaire qui n'a pas ce calcul en tête et qui ne connaît pas les termes globaux de l'échange, l'ensemble du système « marchand » est faussé. Or les armées françaises, hantées en permanence par le souci de leur autonomie et particulièrement sensibles à l'affection américaine, ont toujours eu la tentation, en y succombant plusieurs fois, d'établir des liens directs avec les organes de renseignement étrangers et notamment ceux des États-Unis. Non seulement avec la Defense Intelligence Agency (DIA), ce qui pourrait paraître logique, mais également avec la CIA, la NSA, etc. On comprend que cela pose un vrai problème : le Service est en principe, et de par les textes, le seul interlocuteur français de ces organismes ; or, trop souvent, il se voit contraint de guerroyer contre les uns et contre les autres pour s'opposer à leur désir d'autonomie.

Pratiquement tous les papiers qui sortent du Service sont l'œuvre de la direction du Renseignement, si l'on exclut certaines notes de « doctrine » dont l'objet est d'infléchir une politique générale ou de proposer des positions particulières dans tel ou tel domaine de la politique extérieure de la France. Celles-ci sont élaborées soit par le directeur général, soit par la direction de la Stratégie. Au total, plusieurs dizaines de papiers sortent chaque jour de la DGSE. Le directeur général ne les lit pas avant leur diffusion. Tout simplement parce que, dans les jours précédant leur diffusion, il se trouve peut-être à Amman, à Washington... ou quelque part dans Paris. Même quand il est présent, il n'en prend pas connaissance à cette étape. Car si le papier doit attendre d'avoir été lu par le numéro un de la Maison pour sortir, il prend du retard. Or, il n'a de valeur que dans le temps. Pour ma part, quand j'ai des corrections à apporter ou des choses à dire, je le fais après la diffusion.

Lentement les gens ont appris ce que j'entendais voir sortir de nos murs, en quels lieux et de quelle manière les choses devaient être exprimées.

Pour prendre la tête de cette direction, j'ai choisi un « grand flic », Michel Lacarrière, l'un des rares grands spécialistes du métier du renseignement. Aujourd'hui le plus qualifié de tous, puisque le seul à connaître les trois grandes maisons du renseignement : il vient en effet de la direction des Renseignements généraux de la préfecture de police, après plusieurs années passées à la DST, et il est sans conteste un exceptionnel professionnel.

Le troisième volet, lié au précédent, tire les conséquences des erreurs techniques de l'opération du *Rainbow Warrior*. Il prend acte de l'importance des dimensions médiatique et politique de l'opérationnel pour l'autonomiser et donc le responsabiliser pleinement. Jusqu'alors, la direction du Renseignement coiffait le secteur opérationnel. C'est donc à elle que l'on pourrait imputer le ratage technique de l'opération du *Rainbow Warrior*. Mais en fait à cette époque, il ne dépend que du directeur général. Il est même souvent arrivé dans le passé qu'il ait été directement activé par l'autorité politique court-circuitant la direction générale du Service...

Je confie la nouvelle direction des Opérations au patron du service Action. Nous avons, le général Jean Heinrich et moi-même, de communes racines alsaciennes et protestantes, mais cela n'aurait tout de même pas suffi si je n'avais pas apprécié les qualités rares qui sont les siennes. En le faisant plus tard nommer à la tête de la nouvelle Direction du renseignement militaire, je sacrifierai la Maison à l'intérêt général... Mais j'aurai pris la précaution de mettre en place un successeur auquel j'avais auparavant confié le service Action : le général Jacques Costedoat prendra à ce moment-là la responsabilité de la direction des Opérations et je n'aurai qu'à m'en féliciter.

À compter du changement de structures, le service Action est intégré dans un ensemble placé sous le commandement d'un officier général qui, outre l'action clandestine, est en charge de l'ensemble de la recherche du renseignement par voie opérationnelle ; sur ce dernier volet, il travaille donc sur « commande » de la direction du Renseignement, avec laquelle il entretient un dialogue permanent.

Rien ne sera changé dans la structure de la direction technique, où les problèmes qui se posent ne sont pas d'organisation mais de moyens : elle absorbera d'ailleurs avec bonheur leur spectaculaire montée en puissance. L'ingénieur général des Télécommunications, Jérôme Ventre, est le seul rescapé en 1989 des hauts responsables du Service : on transformera le service technique en direction, et j'obtiendrai bientôt la nomination au rang de directeur de son titulaire, qui gère avec beaucoup de rigueur et une extrême compétence le service le plus lourd en effectifs et qui consomme plus des trois quarts du budget d'investissement de la DGSE.

Enfin, tout au long de cette époque, je serai très attentif à l'intendance : je la confie en cette année 1989 à l'un de mes anciens collaborateurs devenu préfet, Jean-Claude Tressens. Je l'ai choisi pour ses grandes qualités d'administrateur, sa scrupuleuse honnêteté et son éloignement professionnel et intellectuel du microcosme parisien. Il reçoit ainsi la responsabilité d'un budget classique de fonctionnement et d'investissement d'un service de l'État. Mais aussi des « fonds spéciaux », attribués par le Premier ministre. Ces derniers sont, en matière financière, la force de frappe opérationnelle de la DGSE. Leur montant, même approximatif, demeure secret. Pour le patron de la DGSE, la discussion sur la dotation en « fonds spéciaux » est l'objet de préoccupations majeures. Leur volume est encore plus âprement négocié que le budget des « fonds normaux ».

La pratique des « fonds spéciaux » est indispensable au bon fonctionnement d'une institution comme la DGSE : la nature de certaines de ses activités interdit en effet de l'assujettir pour la totalité de ses dépenses aux règles budgétaires communes. Mais si l'intendance doit suivre, il faut encore qu'elle soit honnête, irréprochable, incorruptible. Les procédures internes d'autorisation de dépenses et de contrôle doivent donc être particulièrement rigoureuses. Originales de surcroît, dans la mesure où le Service n'est pas astreint pour les « fonds spéciaux » aux mêmes contrôles extérieurs que les autres administrations, mais à une procédure plus complexe qui le conduit à soumettre la régularité formelle de sa dépense à une commission spéciale de hauts magistrats de l'ordre administratif. Les garde-fous habituels n'existant pas, c'est donc un vrai et un grand problème de faire en sorte que les finances de la DGSE soient bonnes et intègres. *A contrario,* on ne saurait multiplier les précautions sans nuire rapidement aux avantages que doit précisément offrir ce mode de financement. Je me souviens de cet agent prétendant qu'il avait perdu la trace d'un terroriste à Beyrouth pour avoir trop attendu le ticket de caisse du serveur : depuis quelque temps, la Centrale était devenue plus exigeante pour les « pièces justificatives de dépense »...

La fonction financière revêt une importance majeure, et l'administrateur que je suis y attache un intérêt primordial. Les officiers généraux qui m'ont précédé appartenaient de ce point de vue à une autre école : le budget et les hommes étaient pour eux des éléments sur lesquels ils n'avaient pas coutume d'avoir prise. Dans ce domaine aussi, la culture militaire joue son rôle : la plupart des officiers supérieurs et généraux – à la notable exception des chefs d'état-major – ne se sont jamais battus pour un budget au cours de leur carrière.

La direction de l'Administration, en charge de la gestion du Service, est la seule qui soit totalement horizontale.

Toutes les directions ont affaire à elle, en permanence, pour leurs problèmes de personnel et d'équipement mobilier ou immobilier. Aussi bien pour un P-38 que pour une antenne que l'on s'apprête à installer en Équateur... ou une armoire métallique !

Toute cette restructuration est le fruit d'une logique de fonctions. Mais elle mène à un changement culturel profond, parce que d'un Service où deux officiers généraux étaient numéros un et deux, on passe à une structure collégiale dont le patron est un civil et dont un seul membre sur six est officier général.

La France fonctionne avec des corporations. Qui veut diriger une institution dans la République doit en tenir compte : aussi chacun des directeurs est-il en charge, en même temps que de sa direction, du rapport avec sa maison d'origine. L'un se débrouille avec la DST, l'autre prend langue avec les RG quand c'est nécessaire. Le troisième tient au chaud ses contacts dans les armées et avec leurs représentants. Le suivant, le directeur technique, assure les liens avec les polytechniciens... où qu'ils œuvrent : à France-Télécom ou à la Délégation générale pour l'armement ! On peut contester le poids de ces corporations, mais il n'en est pas moins vrai qu'à l'Élysée je parle plus facilement avec mon collègue préfet, directeur de cabinet, qu'avec l'amiral, chef d'état-major particulier.

Ainsi, Gilles Ménage et moi avons eu, jeunes gens, une vocation similaire, avons été en poste dans des préfectures, fait le même boulot, connu les mêmes problèmes. Et nous sommes tous deux à l'aise dans le système, celui de la technostructure et de la politique. Nous faisons fonctionner la machine avec un certain nombre de recettes qui nous sont communes. Et ce ne sont pas celles du chef d'état-major particulier. Le président le sait très bien, qui n'est plus désormais séparé du Service que par deux maillons homogènes.

3

Qui travaille à la DGSE et pourquoi ?

Recrutement des civils. – Recrutement des militaires. – La DGSE et les militaires. – Pour faire un bon agent. – Parano, mais presque. – Formation interne. – Gestion à la carte. – Droit de revendiquer. – Les honorables correspondants.

Accident ! Le 2 février 1994, un drame endeuille le Service. Quatre jeunes soldats du service Action trouvent la mort à l'entraînement, lors d'un accident nautique, à proximité de leur centre de Quelern. Ils étaient tous appelés du contingent, comme de nombreux jeunes gens effectuant chaque année leur service militaire à la DGSE.

La présence des appelés dans un système ultra-professionnalisé est peu connue. Cet accident a pourtant révélé que 390 d'entre eux étaient affectés à la DGSE à cette époque. Pendant la période privilégiée et relativement longue au cours de laquelle de jeunes civils quittent leur milieu habituel, le Service a tout le temps de les tester, de les voir à l'œuvre et de juger de l'intérêt qu'ils présentent pour lui, tandis qu'eux-mêmes ont le loisir d'en faire autant vis-à-vis de la Maison. Beaucoup souhaitent rester, notamment les jeunes « scientifiques du contingent » qui y remplissent leurs obligations militaires et décident souvent de prolonger leur séjour à la DGSE : un certain nombre d'entre eux y feront carrière, soit en passant un concours, soit, la plupart du temps, en devenant contractuel civil. Ce mode de recrutement est caractéristique de la situation de la DGSE, seule institution où sont mêlés autant de cadres civils et militaires, toutes les fonctions du Service pouvant être assurées, selon les opportunités, par les uns ou par les autres – à l'exception du service Action, entièrement militaire.

Les personnels de la DGSE sont constitués d'un tiers de militaires et de deux tiers de civils. On distingue deux catégories : les titulaires et les contractuels. Les premiers, fonctionnaires, appartiennent à des corps spécifiques, sans équivalent dans aucune administration, centrale ou territoriale. Généralement, on y est admis après avoir passé des concours qui ne font pas l'objet d'une publicité excessive, mais qui ne manquent pas de candidats. La seconde manière d'entrer à la DGSE, c'est le contrat temporaire. Les techniciens empruntent généralement cette voie, et beaucoup d'entre eux ne feront pas toute une carrière au Service. Ils sont recrutés de gré à gré, au vu de leurs compétences théoriques et pratiques, et viennent servir quelques années tout en perfectionnant leurs connaissances en mathématiques, informatique, chimie, physique, ou même serrurerie(!). Si leur fonction est pérennisée et s'ils le souhaitent, ils pourront ensuite être titularisés dans l'un des corps-maison.

Fonctionnaires ou contractuels, le Service ne connaît pas le moindre problème de vocations : elles ne font vraiment pas défaut, et le niveau général des candidats s'améliore constamment.

Pendant de très nombreuses années, on a recruté de façon tout à fait différente, principalement par peur de la pénétration de services étrangers. L'histoire des personnels de la DGSE montre que beaucoup parmi les anciens y sont entrés par relations. Ce n'est que depuis quelque temps, et surtout dans les toutes dernières années, que le concours est devenu la voie d'entrée naturelle à la DGSE. Le recrutement était jusqu'alors quasiment familial. Un agent disait : « Mon jeune cousin, ma petite sœur ou mon meilleur copain ont des compétences que nous pourrions utiliser. Je réponds de leur loyauté et de leur sûreté. » L'intéressé était alors testé avec un *a priori* beaucoup plus favorable que s'il avait sonné impromptu à la grille du boulevard Mortier et, s'il remplissait les conditions exigées, il entrait au Service. Le réseau de relations personnelles faisait qu'au fond chacun protégeait un peu l'autre et se trouvait protégé par lui ; en une époque aussi difficile que l'après-guerre, ce système a servi de filet protecteur. Mais il a aussi contribué à isoler la Maison. C'est ainsi qu'il y a encore quelques années, le fait de n'avoir jamais fréquenté certains pays constituait presque l'une des conditions pour qu'un fonctionnaire du Service en soit chargé ! Ce paradoxe s'expliquait par la hantise du retournement : les Services éprouvent toujours une sorte de terreur à l'idée de voir l'un de leurs agents entrer en connivence avec ceux contre lesquels il est censé travailler.

Un tel système présente, bien entendu, de considérables inconvénients, mais aussi quelques avantages. Il a par exemple certainement joué un rôle dans le fait qu'il n'y a jamais eu de grands traîtres repérés au sein de la DGSE, contrairement à ce qui s'est produit en Allemagne, en Grande-Bretagne ou aux États-Unis. Nous n'avons pas eu non plus de James Angleton qui, pendant dix ans de guerre froide, a dirigé la CIA en se croyant entouré de « taupes » et qui connaît aujourd'hui une bien sombre et tragique revanche avec l'affaire Aldrich Ames. Lorsqu'il a été arrêté en février 1994, ce haut responsable de la CIA était, à Langley, affecté au service de lutte contre les trafics de narcotiques, après avoir été longtemps chef de la section du contre-espionnage soviétique. L'enquête devait révéler qu'il avait trahi pendant plus de dix ans pour le compte de l'Union soviétique, puis de la Russie, et qu'il était directement responsable de la mort d'une dizaine d'agents russes des services américains et de l'arrestation de vingt-cinq autres, livrés pieds et poings liés aux autorités soviétiques. À l'occasion de cette affaire, un document anonyme a été envoyé au « House and Senate Intelligence Committee », accusant la hiérarchie d'avoir, au départ d'Angleton en 1974, délibérément négligé le risque de pénétration de la Compagnie... Il est vrai que la DGSE a également été frappée d'une sorte de paranoïa du retournement par les services étrangers, notamment ceux des pays communistes, qui a peut-être évité certains malheurs, mais qui a produit une culture et une morale négatives, et finalement affaibli le Service. Depuis plusieurs années, il n'y avait plus de raisons de perpétuer cet état de fait.

Avant 1990, et pour tous ces motifs, la DGSE n'avait pas de numéro dans l'annuaire téléphonique. Et un citoyen qui voulait la joindre ne pouvait le faire sans intermédiaire. Aujourd'hui, le Service reçoit chaque année des centaines de lettres et de coups de téléphone de gens qui souhaitent y entrer. Que les procédures soient lourdes et contraignantes, rien de plus normal : ceux qui veulent intégrer le Service doivent être fortement motivés. Et s'il n'est pas si difficile de trouver sa porte, c'est une autre paire de manches que de la pousser. N'exagérons d'ailleurs pas les difficultés : se porter candidat à la DGSE pour quelqu'un qui a vingt-cinq ans aujourd'hui n'est pas chose commune, et le candidat est toujours accueilli. À chaque demande d'informations, le Service répond en indiquant si le candidat a le profil requis et quelles sont les voies qu'il faut suivre pour rejoindre ses rangs. En 1993, dix candidats se sont présentés pour chaque place ouverte au concours. Une publicité discrète, mais bien réelle, a été mise au point avec l'aide de quelques universitaires amis du Service, qui a lui-même envoyé des « conférenciers » sur le terrain. Quand les gens écrivent, on leur répond : « Cher Monsieur (ou Madame), il existe un concours. Votre profil apparaît intéressant, vous pouvez vous présenter... Mais avant, bien entendu, vous devez venir nous voir. » Parce qu'il est inutile de laisser un candidat s'inscrire au concours si un élément de sa biographie pose problème. On procède donc à un premier examen, mais sans faire subir de tests ni d'enquête de sécurité : on perdrait dans ces opérations un temps considérable. Par ailleurs, les candidats qualifiés savent au départ que, s'ils sont reçus au concours, ils devront ensuite se soumettre à des tests, à des enquêtes de moralité, à des entretiens divers. L'ensemble du parcours est long et périlleux, mais ce métier exige une forte motivation, et celui qui n'en fait pas preuve pour chercher à entrer dans le Service ne l'aura pas davantage demain dans l'exercice de son métier. Les jeunes femmes sont reçues de la même manière que les hommes, bien que le renseignement soit un métier difficile pour elles, car il engendre un maximum de contraintes ; il ne leur est pas toujours facile, par exemple, de partir à l'étranger, entre autres parce qu'un certain nombre de pays leur sont interdits, particulièrement en terre d'islam. La DGSE a toutefois un besoin permanent d'agents féminins, ne serait-ce que pour tenir certains emplois spécifiques, ainsi que l'opinion s'en est aperçue à propos du *Rainbow Warrior*.

L'affectation d'un cadre militaire à la DGSE suit une procédure particulière. C'est le seul endroit où un officier ne peut être nommé qu'à la double condition qu'il soit volontaire et que la DGSE l'accepte. Celle-ci dispose d'un « droit de tirage » de quelques centaines d'officiers et de sous-officiers dans les trois armées. Les personnels concernés continuent d'être rétribués par leur arme d'origine, et le budget de la DGSE ne tient donc pas compte de leur coût salarial. Ce qui n'empêche pas le Service de « rallonger », à ses frais, la solde de ces personnels et de les payer quand ils sont en poste à l'extérieur de nos frontières. Comme pour les civils, il faut que le profil d'un militaire convienne et qu'il passe à travers des batteries de tests. La DGSE n'engage que ceux dont les motivations, le parcours professionnel, le caractère, les connaissances, correspondent à ses critères propres. Ses besoins concernent surtout les spécialistes, souvent des aviateurs ou des marins. On pourrait croire que moins il y a de bateaux, plus il y a de marins disponibles. Ce n'est pas exact. On ne sait pour quelles raisons. Pourtant, ce serait la vocation des armées que de fournir tous les techniciens dont le Service a besoin, les militaires étant en très bonne adéquation avec les postes techniques de la DGSE : c'est un enrichissement pour les états-majors d'y positionner des gens qui, pendant quelques années, utilisent des systèmes particulièrement performants. À l'heure actuelle, on se trouve au cœur d'un paradoxe : l'armée fournit assez facilement des généralistes, et très difficilement les spécialistes qui font le plus défaut.

En réalité, beaucoup de candidatures d'officiers ne parviennent pas jusqu'au Service, car elles sont bloquées en amont. Soit parce que la hiérarchie juge que ce n'est pas un bon parcours pour le candidat, soit parce qu'elle ne veut pas le lâcher, prétextant en avoir besoin ailleurs. Elle a donc tendance à proposer des postulants dont elle n'a pas un usage immédiat ou qui ne l'intéressent pas. Aussi la DGSE, de fait, constitue-t-elle un lieu où se retrouvent un certain nombre de marginaux des armées : ceux qui n'ont pas toujours su se plier à la discipline quotidienne du système, à sa hiérarchie ; ceux qui se sont rebellés contre les cursus imposés, les temps morts, les affectations cafardeuses ; ceux qui ont rêvé de coups et d'aventures. La majorité d'entre eux sont des hommes de caractère. Avec plusieurs, j'ai entretenu de vraies relations de confiance, et même de complicité. Puis-je écrire que j'ai aimé « mes » militaires ? Je n'oublierai pas ce jour du mois de juin 1993 où j'ai quitté le Service. Dans la cour de Mortier, il ne manquait que ceux qui étaient retenus au loin par les obligations de leur mission : la remise du drapeau du régiment fictif qui « héberge » administrativement les militaires de la DGSE, et qu'ils n'avaient offert à aucun de mes prédécesseurs, a représenté pour moi l'une des récompenses les plus fortes que le service public m'ait réservées.

Le directeur général du Service se trouve être le seul civil dans l'administration française à noter chaque année des centaines d'officiers. Expérience surprenante, car chacun d'entre eux est situé par son corps d'origine sur une sorte de courbe de carrière. S'il décroche à un moment quelconque de celle-ci, il se retrouve dans la situation du satellite quittant sa trajectoire avant d'avoir atteint son orbite, avec des chances infimes de la rejoindre par la suite. Détenteur d'un certain nombre de points de notation à distribuer, grande fut ma stupéfaction de m'entendre dire : « Monsieur le Directeur général, ça ne sert à rien que vous donniez ce plus au commandant X, mieux vaut le donner au commandant Y auquel ça profitera. Tandis qu'à X, qui est sans doute très bon ici et bien meilleur qu'Y, ça ne servira à rien... Il ne sera jamais colonel, de toute façon ! » Incroyable ! À trente ou trente-cinq ans, un officier est sur la bonne trajectoire ou n'existe déjà plus. Les dés en sont jetés. S'il n'a pas le brevet qui convient, s'il n'est pas passé par le cursus imposé, s'il n'a pas intégré l'École de guerre au moment où il le fallait, c'en est fini de sa carrière.

Un sous-préfet de vingt-cinq ans sortant de l'ENA sait qu'il pourra grimper, puis plafonner, redescendre même. Mais jusqu'au bout, il peut espérer être nommé préfet. Le système militaire, lui, démobilise beaucoup d'hommes de valeur. Car les besaces de la plupart des officiers sont rapidement soulagées du bâton de maréchal...

Nous avons évoqué plus haut la tension perceptible, en 1989, entre les civils et les militaires du Service, notamment parce que ces derniers, qui représentaient un tiers du personnel, détenaient alors les trois quarts des postes d'encadrement. En règle générale, lorsque le patron d'un service est un officier, les personnels civils jugent qu'ils n'y ont pas d'avenir car tous les postes de responsabilité seront progressivement occupés par des militaires. C'est logique : les militaires qui se trouvent à la tête d'un système choisissent d'autres militaires qu'ils connaissent, qui partagent leur culture, leurs méthodes de travail, et dont les références leur sont familières. Qui sont en outre soumis à des principes identiques de subordination.

Il fallait inverser cette tendance, et la réussite de la démarche entreprise à partir de 1989 consiste moins à avoir éteint le feu qui couvait en redistribuant peu à peu les postes de responsabilité, qu'à y être parvenu sans que les cadres militaires en souffrent trop. Parce qu'ils ont su que le moment du partage était arrivé et que ce mouvement n'était pas dirigé contre eux, ils ont accepté cette révolution silencieuse et y ont même découvert un espace nouveau de liberté. Cette opération ne fut pas facile. Avant mon arrivée à la DGSE, je n'avais aucune idée de l'efficacité militaire. Avoir été officier durant les vingt-sept mois de mon passage sous les drapeaux en Algérie n'avait pas fait naître chez moi une tendresse particulière pour l'institution. Mais les circonstances en étaient si extraordinaires que je me suis toujours refusé par la suite à porter un jugement à partir de cette expérience, qui m'a toutefois servi dans mes rapports avec les chefs militaires que j'ai fréquentés plus tard : car cette expérience de la guerre, la plupart d'entre eux ne l'ont pas connue.

L'armée est-elle un bon instrument au service de la République ? Je ne souhaite pas porter de jugement d'ensemble sur ce point. Mais dans la nation, elle vit à part. Avec la justice, elle est ainsi l'un des deux appareils les plus insulaires de l'État. 99 % de la haute fonction publique française ignore tout de son fonctionnement puisqu'elle vit en vase clos, en circuit fermé. De plus, comme la plupart des hauts fonctionnaires n'ont pas effectué un véritable service militaire, très peu d'entre eux savent d'expérience comment elle fonctionne. Et c'est un vrai problème, déjà frappant au moment de la guerre d'Algérie. Il est intéressant, à cet égard, d'étudier la nature du service militaire effectué par les élèves des promotions de l'ENA entre 1955 et 1961. On s'aperçoit que la très grande majorité des dirigeants actuels n'ont pas fait cette guerre sur le terrain, perdant ainsi une occasion d'accéder à une connaissance directe de l'institution militaire.

J'ai eu, certes, de nombreuses relations professionnelles avec des officiers. Chaque préfecture dispose d'ailleurs d'un délégué militaire départemental : à Rouen, lorsque j'y étais préfet, il était le seul officier de l'appareil d'État. En revanche, là où des garnisons sont cantonnées, des rapports obligés et parfois amicaux se nouent.

Quand j'arrive à Besançon en 1987, le général commandant la 7e division blindée n'est autre que Michel Roquejeoffre, qui sera ensuite placé à la tête de la Force d'action rapide avant de commander le corps expéditionnaire français pendant la guerre du Golfe. Je le rencontre « fonctionnellement », et nos relations, d'abord un peu mondaines, deviennent cordiales. Nous assistons ensemble aux cérémonies des 14 juillet et 11 novembre. Nous réglons d'un commun accord des problèmes de casernement, de voisinage de l'armée avec la population autour du camp d'entraînement de Valdahon, de passage des avions de la base de Luxeuil sur le lac de Saint-Point. La préfecture s'occupe du recensement militaire, gère le service national. Ces menues tâches ne permettent pas de porter un jugement sur l'institution elle-même, son fonctionnement ou son efficacité. De toute manière, personne ne se pose de questions, puisque l'armée est là « au cas où ». Dans une préfecture, la Direction départementale de l'équipement (DDE), celle de l'agriculture (DDA), la Direction de l'action sanitaire et sociale (DASS) ne sont pas là « au cas où ». Tous les matins, leurs responsables sont confrontés à la société et se frottent à leurs concitoyens : dans les salles d'attente, les dispensaires, avec les parents d'élèves, les étrangers à la préfecture, les permis de construire à la DDE. Pour eux, c'est tous les jours l'« état de guerre » : les « clients » sont là, les « politiques » surveillent... Le général commandant la place de Besançon ne connaît rien de semblable : il fait face à la préparation de l'état de guerre. Sans doute l'ambition de l'institution est-elle plus vaste, qui s'articule autour de la notion de « défense ». Et au cours d'un colloque, en octobre 1993, François Léotard, qui se fera en cette circonstance le porte-parole de ses troupes, n'hésitera pas à déclarer : « La notion de défense ne se réduit pas au seul aspect militaire des choses, mais s'étend naturellement à tous les aspects de la vie de la cité : politique et diplomatique, économique, mais aussi bien sûr industriel, scientifique, technologique et culturel... » En fait, dans le quotidien, la Défense n'est présente dans aucun de ces champs. Elle est là « au cas où »...

Et pourtant, lorsque le « cas » survient, celui de la guerre du Golfe par exemple, on s'aperçoit qu'il n'a pas été prévu. Les structures du système militaire cafouillent pour armer un porte-avions ou pour réunir un modeste corps expéditionnaire représentant 3 % de ses effectifs ! On n'entend cependant que peu de critiques, ou bien voilées, à l'égard d'une institution à laquelle la nation consacre 200 milliards de francs par an : ni dans l'appareil politique, ni dans l'opinion, ni dans les médias, ne serait-ce que pour s'étonner qu'une fois encore les états-majors soient prêts pour la guerre d'hier ou celle de demain, mais pas pour celle d'aujourd'hui ! Il est vrai qu'un système y fonctionne à merveille, celui des relations publiques auxquelles sont consacrés un nombre d'hommes et un budget sans commune mesure avec ceux de toute autre institution publique ou privée...

Quelques mois après ma prise de fonction, le président me demande ce que je pense du problème du rattachement de la DGSE au ministère de la Défense. Après lui en avoir énuméré tous les inconvénients, je conclus cependant en disant qu'à mon avis il ne faut pas y toucher. Pour une simple raison : l'argent ! En effet, trois mois seulement après que la nouvelle équipe du Service eut pris ses fonctions, un plan de montée en puissance sur cinq ans a été présenté au président de la République, au Premier ministre, au ministre de la Défense et à celui des Finances. Pour la première fois, le Service a projeté son action sur un terme pluriannuel et défini les moyens pour atteindre ses objectifs. Ceux-ci impliquent un accroissement considérable du personnel et des crédits de fonctionnement et d'investissement. Or la seule voie pour y parvenir, c'est de puiser des « recettes » dans l'énorme budget de la Défense : c'est ainsi que nous pourrons créer les quelques centaines de postes qui nous manquaient en redéployant ceux-ci au profit du Service à l'occasion de la déflation des effectifs des armées. D'ailleurs, le budget de la DGSE progressera infiniment plus pendant ces années que celui de toutes les autres institutions.

Pourtant, n'avons-nous pas commis une erreur en faisant ce choix ? Car l'occasion était belle de couper définitivement le Service de l'appareil des armées...

La DGSE ne recrute que des gens qu'elle juge irréprochables. Et pas seulement au regard du casier judiciaire. Pour faire un bon agent, il faut avoir d'abord du caractère et de la morale. Car on peut être bon Français, remarquablement intelligent, motivé et doué pour ce métier, et succomber aux attraits de la première jolie fille venue ou de la seconde liasse de billets. Et il ne sera pas toujours confortable d'entretenir plus tard ce qui, selon John Le Carré, est une constante de ce monde particulier, à savoir « une familiarité fatiguée avec la vie dans une société qui ne sollicite la confiance de personne autour d'elle »... Une partie importante des batteries de tests est donc consacrée au profil psychologique. Quelle est la force de caractère de l'homme ? Celle de ses convictions ? La constance dans ses choix ? Pour exercer ces métiers, ce sont des critères essentiels. Dans la Maison, on n'accorde pas aux tests une importance exclusive. J'ai cependant porté personnellement une très grande attention à leur orientation et à leur fiabilité. Quand on envoie quelqu'un à Sofia, Alger ou Bangkok, la décision est prise au cours d'une réunion présidée par le directeur général et à laquelle assiste le spécialiste médico-psychologique de la Maison. Celui-ci donne son avis sur l'adéquation de l'individu au poste. Il dira : « Celui-là, il ne sera pas bon en Bulgarie. » Mais il peut être bon à N'Djamena, s'il ne l'est pas à Sofia. C'est un avis parmi d'autres, qui sera recoupé avec d'autres.

Il vaut mieux que le postulant ne soit ni homosexuel ni toxicomane, non pas pour des raisons philosophiques ou morales, ou encore parce qu'on pense qu'il travaillera plus mal, mais pour la seule raison que ce sont là des facteurs de vulnérabilité. C'est toujours le même problème : jusqu'où prend-on le risque et à quel moment arrête-t-on ? La balance risque/intérêt doit être évaluée en permanence. L'homme peut parler persan, être marié à une Iranienne, avoir vécu en Iran, s'être peut-être même converti au chiisme : tout pour être un merveilleux agent là-bas ! Mais ces atouts sont autant de facteurs de vulnérabilité. Parce que, entre autres inconvénients éventuels, sa femme aura une famille là-bas qui peut être soumise à un chantage de la Savama, le service secret des mollahs qui a succédé à la sinistre Savak du chah, et qui emploie exactement les mêmes méthodes. Cet agent peut avoir, dans le passé, noué des liens avec les uns ou avec les autres ; sa fidélité à son second pays sera-t-elle plus forte que sa fidélité à son pays d'origine ? Et ne peut-il pas lui venir l'idée de régler lui-même, au couteau, les rapports entre la France et l'Iran ? Pourtant, cela même qui le rend vulnérable lui permet de pénétrer et d'être un bon agent. Il convient donc de peser chaque fois le pour et le contre, et il existe autant de réponses que de cas.

Discerner si le recrutement est satisfaisant se révèle extrêmement difficile. Telles que les choses se présentent aujourd'hui, on ne voit pas comment elles pourraient être notablement améliorées. Autre problème : la DGSE est une petite maison réunissant quelques milliers d'agents, et il n'est donc pas facile d'y construire des carrières complètes. C'est une question à laquelle le Service n'a pas encore su répondre : on ne peut pas offrir à quelqu'un qui y entre un profil de carrière. Une personnalité parisienne en vue, dont le fils travaille au Service, me fit demander par un de ses amis si son rejeton avait un avenir chez nous. Comment répondre à une telle question ? Grimper dans la hiérarchie de la Maison n'est pas impossible, mais néanmoins parfaitement aléatoire. Le généraliste aura un éventail plus vaste de possibilités que le technicien. Il fera cinq, six ou sept ans d'analyse d'un pays de l'Est et, un jour, dira au responsable du secteur : « Je ne veux plus m'occuper de la Bulgarie, j'aimerais bien passer quelque part en Afrique. » À moins qu'il ne soit nommé à Sofia, ou à Tirana, ou dans tout autre pays dont il aura éventuellement étudié la langue. C'est ce que l'on s'efforce de faire. Lentement, surtout s'il est bon, il se spécialisera. Ainsi, on peut considérer qu'aujourd'hui la DGSE est l'une des rares administrations françaises disposant encore de vrais africanistes. Au Quai d'Orsay, la direction des Affaires africaines et malgaches voit passer des gens qui arrivent des directions d'Europe ou d'Asie, qui tournent sans cesse et seraient bien en peine de distinguer un Bamiléké d'un Peul. Il n'y a pratiquement plus d'africanistes dignes de ce nom au Quai. La Coopération compte surtout des administrateurs et des financiers. En matière de politique africaine, de sociologie et même d'ethnologie africaine, la DGSE constitue donc le meilleur vivier. Ce n'est d'ailleurs pas un hasard si sa section africaine est celle qui possède la plus forte identité.

Ma nomination est intervenue quelques mois avant la pulvérisation du rideau de fer. Nous avons passé l'été 1989 à observer, incrédules, l'extraordinaire mouvement de fuite des Allemands de l'Est vers les pays voisins qui avaient déjà rompu avec le communisme ou étaient en train de le faire. Le moment précis de ce renversement, comme toutes les accélérations fulgurantes qui font l'histoire, n'avait été annoncé par personne. Mais en cette circonstance, heureusement, il n'est venu à personne l'idée d'accuser les services de renseignement de n'avoir pas prévu l'heure des bouleversements. Occupé, comme ses homologues, à disséquer les structures des appareils communistes et à prévenir leurs assauts, le Service aurait été bien en peine de distinguer plus vite qu'eux la rapidité avec laquelle le ciel allait leur tomber sur la tête ! Il faut bien admettre cependant que l'obsession de la DGSE pour les appareils des partis et des États totalitaires lui avait, à elle aussi, fait perdre un peu de vue les réalités nationales, sociales et ethniques des pays concernés. Fascinés par le communisme polonais, les Services en avaient oublié les Polonais. Et l'action des services polonais était considérée comme un sujet beaucoup plus important que la situation économique, l'Église, la paysannerie polonaise, ou même Solidarnosc. La DGSE a été, pendant ces années, davantage préoccupée par le grand voile noir du communisme que par ce qu'il cachait : la réalité profonde de ces peuples et de ces sociétés qui, sous la chape, continuaient tant bien que mal de vivre. Le trait est ici un peu forcé, car il y eut de notables exceptions : tel spécialiste de la Bulgarie par exemple, installé dans un bureau anonyme, parlant la langue, capable de tout raconter sur le pays, ses coutumes et ses affres, ses minorités nationales et les sous-courants du parti communiste, l'infrastructure médicale d'une ville de province et l'approvisionnement en viande du marché de Sofia. Connaissance purement spéculative pendant vingt ou trente ans, jusqu'au jour où le Mur s'est écroulé ! Et en ces occasions, le directeur général découvre des spécialistes qu'il ignorait : celui des minorités hongroises, celui du Kosovo, etc.

Pour tous les emplois techniques, les formations très spécialisées sont dispensées à l'extérieur. Quand arrive à la DGSE un informaticien, un mathématicien, un géographe ou un interprétateur de photos satellitaires, il utilise à plein les compétences qu'il a acquises dans le circuit universitaire (souvent) ou militaire (parfois). Les généralistes proprement dits reçoivent des formations complémentaires leur permettant d'appréhender assez rapidement les métiers de la DGSE. Les diplômés de Sciences-Po ou de l'enseignement supérieur en histoire, en géographie, en sociologie, en finances publiques et privées, ont suivi des études qui leur permettent aisément de postuler aux métiers du renseignement.

Mais, dans la Maison, ils devront encore apprendre ce qui ne s'enseigne pas au-dehors. Cette formation interne est assez longue : plusieurs mois. Tous ceux qui intègrent le Service y sont contraints, et s'y livrent d'ailleurs de bonne grâce. Les « niveaux B », qui sont essentiellement des techniciens, reçoivent une instruction plus courte, puisqu'ils sont engagés en raison d'une compétence acquise à l'extérieur. Pourtant, ceux qui entrent à la DGSE en tant que cadres devront suivre une formation générale d'agents, très classique mais assez excitante. Ils vont ainsi apprendre toutes les ficelles du métier : « ouvrir » et « fermer » des contacts, travailler dans la confidentialité, vivre la vie des agents secrets que les livres et les films ont banalisée ! Appelés à devenir « officiers traitants » – expression rappelant l'origine militaire de l'espionnage et indiquant que les agents en question sont capables de diriger l'action d'un ou de plusieurs agents –, ils s'initieront ainsi aux rudiments de la pratique : les techniques d'« infiltration », le recrutement des « sources » et leur « manipulation », fonction qui est au cœur du métier. Recruter les meilleures et les plus nombreuses sources possible est une tâche délicate qui suppose le repérage, l'approche et le choix du moment où l'on décide d'abattre ses cartes... Cette formation possède un tronc commun à toutes les spécialités, avant d'être différenciée au bout d'un certain temps pour tenir compte des contraintes et des besoins du secteur où l'on va débuter.

On s'est beaucoup gaussé, dans la presse parisienne, d'un incident survenu à la gare du Nord au cours duquel un stagiaire du Service – parmi une vingtaine effectuant le même entraînement chaque année – s'était fait prendre par des policiers alors que, dans le cadre d'un exercice, il était en train de poser une bombe sous une voiture. Pourquoi s'en offusquer ? La DGSE a besoin de disposer en permanence de personnels qui savent exécuter de telles opérations. Si l'agent doit poser la bombe, fût-elle factice, dans la cour d'une gare où il court le risque de se faire arrêter par la police, alors l'exercice portera ses fruits. C'est pourquoi la formation opérationnelle s'achève toujours à la DGSE par une pratique « en grandeur nature » et en temps réel : il n'est pas de formation opérationnelle qui ne soit finalisée sur le terrain.

Tous les apprentissages ne sont pas aussi exotiques, ni aussi spécifiques. La DGSE est ainsi grande consommatrice de formations en langues étrangères. Pour les langues « banales », elle dispose de ses propres professeurs et de très beaux équipements audiovisuels et autres laboratoires de langues. L'anglais est obligatoire et, quand quelqu'un doit apprendre en outre la langue du secteur auquel il est affecté, on l'envoie dans un institut de formation spécialisé. C'est un gros investissement, et l'on sait qu'un agent seulement sur trois ou quatre y mordra. Par la suite, on risque bien sûr de vouloir rentabiliser l'investissement, et cela se fera au détriment de la nécessaire mobilité des agents.

La DGSE est difficile à gérer, car elle a été conçue comme une structure centrale extrêmement forte, qui enferme ses agents dans un système contraignant et relativement hiérarchisé. Mais, parallèlement, cette structure envoie à l'extérieur des agents qui vivront leur mission dans une très grande solitude, et qui donc, du jour au lendemain, perdront la coquille protectrice que leur offrait la Centrale. Ils vont ainsi se trouver à Bangkok, à Cotonou, à Alger, à Vienne, dans un milieu où ils sont intellectuellement et moralement très isolés. Puisque tout le système de la DGSE consiste à faire alterner les séjours à la Centrale et dans les postes, il est indispensable de recruter des gens qui parviendront à jouer en solitaire à l'étranger, mais aussi à vivre en France une vie collective dans une structure ordonnée, très solide et, avouons-le, parfois bureaucratique. C'est si vrai qu'un certain nombre d'agents, et parmi les meilleurs, ne viennent à la Centrale que contraints et forcés, avec le sentiment qu'ils y seront bridés et dévalorisés.

Entre les agents et la Centrale existe un rapport subtil, un lien fait d'amour et de haine. John Le Carré disait à propos des services soviétiques : « Le Centre, c'est l'image du père. Et l'envie de tuer le père... » Ce qu'aiment les agents de la DGSE, c'est être à l'extérieur ou en mission, et nombre d'entre eux tentent pour cette raison de prolonger ou de passer directement d'un pays à l'autre, en évitant l'étape réglementaire de Paris. Il peut arriver que l'on n'ait pas le choix, comme ce fut le cas pour cet agent en poste au Soudan, en charge de l'observation de la rébellion tchadienne et qui s'était trouvé en contact permanent avec elle. Une fois installé au pouvoir, le chef de cette rébellion et nouveau président du Tchad, Idriss Deby, me confia : « Je tiens absolument à garder cet homme, détachez-le auprès de moi. » Et il devint ainsi notre homme au Tchad. Il sera donc passé directement du Soudan (où il avait séjourné quatre ans) au Tchad (où il vivra encore trois ans). Soit sept ans en tout dans le même coin d'Afrique, alors que la règle veut qu'à quatre années en poste à l'extérieur succède un séjour parisien.

Les officiers qui servent au Service, nous l'avons écrit plus haut, se sont portés volontaires. Revenir à Lunéville, à

Sarrebourg ou au camp de Mailly ne fait pas précisément partie de leur imaginaire. Ils auront donc envie de prolonger leur séjour au Service. Et cela constituera un véritable handicap pour la poursuite d'une vraie carrière militaire. Notamment depuis quelques années, où la « civilisation » de la culture Maison a rendu particulièrement délicat le retour au système militaire, à cet univers où l'autorité intellectuelle, morale et physique de la hiérarchie est infiniment pesante : certains d'entre eux n'envisagent même plus d'accepter ces contraintes. J'ai discuté avec nombre d'officiers qui m'ont affirmé ne plus pouvoir concevoir de répondre : « Oui, mon général », « Oui, mon colonel », pour s'être habitués à pouvoir dire au directeur général : « Mais non, je pense que vous faites erreur, ce n'est pas du tout comme ça que les choses se présentent. » C'est ainsi que, même quand ils ne sont pas marginaux au départ, la DGSE les marginalise.

Les agents de la DGSE pensent souvent que les problèmes qui les touchent, qu'il s'agisse de traitement, d'indemnités, de carrière, de fonction, d'emploi, de hiérarchie, sont spécifiques. Une sorte de nombrilisme leur fait imaginer que leurs difficultés professionnelles seraient mieux résolues ailleurs. Il est vrai qu'il n'existe pas de syndicat à la DGSE, car la revendication collective n'y a pas cours. Cependant, une association du personnel en tient pratiquement lieu, qui a été confortée à partir de 1989 et qui s'est révélée un interlocuteur très utile pour faire avancer les choses et les esprits. En réalité, le principal problème résidait dans le fait que la Maison n'avait aucun contact avec les autres institutions de la République. C'est pourquoi elle imaginait et parfois fantasmait. Elle a cessé de le faire aujourd'hui, et l'état d'esprit a notablement évolué : on n'y pense plus systématiquement qu'ailleurs la hiérarchie est moins pesante et les indemnités plus lourdes... Dès 1990, une commission avait été mise en place, où les agents étaient largement représentés. Elle a proposé un changement profond de la gestion des personnels de la DGSE, impliquant une dissociation complète entre le grade et la fonction. En 1993, cette réforme n'était pas encore en application, mais le dossier était depuis plusieurs mois en discussion sur ses aspects normatifs et financiers avec les ministères intéressés. Prévue pour entrer progressivement en vigueur, la gestion par fonction aurait fondu les distinctions de statuts, notamment civils et militaires, et privilégié l'expertise, le commandement n'en constituant qu'une parmi d'autres. C'est un échec majeur que de l'avoir laissée non seulement inachevée, mais encore réversible : elle devait en effet, en découplant le grade et la fonction, permettre au Service d'adapter en permanence ses dispositifs aux mutations de ses champs de recherche ; en outre, elle devait mettre en œuvre la fusion opérationnelle d'agents de toutes origines et de tous métiers. Ses délais de préparation conceptuelle, technique et psychologique se sont révélés incompatibles avec ceux des échéances politiques. Il aurait fallu pousser les feux pour passer en force. Prendre, en somme, des risques supplémentaires et ne pas surestimer ses propres chances de durer...

Pour être complet, il convient d'évoquer les « bénévoles ». Ils constituent la grande cohorte des « honorables correspondants » (les « HC ») qui travaillent gratuitement, « pour l'honneur ». La différence entre un HC et ce qu'on appelle une « source », c'est non seulement que cette dernière peut ignorer qu'elle travaille pour le Service, mais surtout qu'elle est payée. Pas toujours en argent, mais d'une manière ou d'une autre : la source recherche ou attend une retombée pour elle ou sa cause, une rémunération du renseignement qu'elle donne, de l'aide qu'elle fournit. Un HC, au contraire, c'est quelqu'un qui travaille gratis, non point *pro deo*, mais pour la DGSE, en toute connaissance de cause. Et qui le fait par patriotisme, par sens du devoir national ou par goût de l'aventure – le plus souvent en en concevant une certaine fierté, bien légitime.

Les HC ont été approchés lentement, contactés avec des précautions de chanoines, et ont librement choisi de rendre les services qu'on leur demande. « Gratuitement » ne veut pas dire que tel Français qui travaille pour le Service à Beyrouth ou à Conakry ne se verra pas offrir un voyage, un séjour ici, ou une autre récompense d'ordre symbolique... On peut avoir besoin de le voir à Paris, et la DGSE sera heureuse de lui offrir le billet. Mais il ne s'agit ni d'un dû, ni d'une rémunération. Entre une source payée et lui, la différence est considérable. Le HC va rendre des services : transmettre une lettre ou aider à faire franchir une frontière à un char d'assaut dernier modèle, passer des renseignements ou des documents. Il peut être aussi bien ouvrier manutentionnaire que professeur d'université ou journaliste. La source, elle, touche une indemnité mensuelle ou une rémunération à la prestation ; elle peut aussi recevoir un avantage en nature. Elle peut avoir été approchée par une entité sans rapport évident avec le Service. Imaginons qu'elle travaille dans le domaine financier : elle aura peut-être été contactée par une firme financière ayant des liens avec nous, et croira travailler pour une société privée. Si quelqu'un repère une indiscrétion, si son auteur est démasqué un jour ou l'autre, ce n'est pas au Service qu'on remonte. Tel n'est évidemment pas le cas de l'honorable correspondant, qui assume tous les risques.

Enfin, le Service utilise, hors structure, des gens d'un certain profil, qui travaillent en régie pour lui – parfois sans le savoir. Ils pénétreront par exemple un milieu de truands par des structures intermédiaires étanches, introduiront plusieurs coupe-circuit, monteront une opération, sans que ceux qui l'exécutent sachent que c'est pour la DGSE qu'ils la mènent.

Il arrive que des personnes qui travaillent pour la DGSE, à l'étranger et sans le savoir, soient arrêtées, mises en prison et qu'elles y séjournent un certain temps. On ne peut rien pour elles. De toute façon, à ce niveau, elles ont travaillé pour de l'argent et pris leurs risques. Personne n'a de devoir envers elles. Certes, les dangers sont sérieux quand on sous-traite une opération. Il faut notamment avoir affaire aux structures et aux gens adéquats. Ce n'est pas toujours évident, surtout quand les événements se déroulent aux antipodes. Le risque se situe alors à la charnière entre le Service et la structure intermédiaire.

Comment évoquer ces modalités opérationnelles sans dire un mot de Bob Denard, cet homme que les médias ont popularisé en insistant sur ses liens privilégiés avec le Service ? En fait, un petit nombre d'opérations seulement dans lesquelles Bob Denard s'est lancé le concernent vraiment. Car le SDECE n'eut rien à voir (en d'autres temps) avec ses aventures au Katanga, ni avec l'éviction du président Ahmed Abdallah en 1975 aux Comores, ni avec les péripéties angolaises ou béninoises. Entre autres... Mais le Service a suivi de près l'action de cet homme qui chassait sur ses terres, parfois pour son propre compte, rabattant le cas échéant le gibier, mais trop souvent sans pouvoir s'empêcher de braconner... Un beau jour, il fallut prendre la décision de le sortir définitivement du circuit. En liaison avec les autorités sud-africaines, la situation aux Comores fut donc normalisée, et Bob Denard jouit depuis des joies paisibles de la retraite, non sans avoir rendu des comptes à la justice de son pays.

« Nachrichtendienst ist ein Herrendienst », dit-on en allemand. « Le renseignement est un métier de seigneurs. » Certes, « métier de seigneurs » au sens propre du terme, si l'on veut dire par là que la vie d'un agent est faite de batailles... Mais l'expression ne convient pas si ceux qui l'emploient cherchent à laisser entendre que la tâche des services de renseignement est d'une noblesse particulière : elle ne l'est ni plus ni moins que toutes celles qui sont accomplies au service de l'État. Avec cette nuance toutefois qu'elle exige une somme d'oubli de soi et de risques acceptés plus

forte que partout ailleurs. Et que l'ombre qui recouvre ces services y est plus épaisse.

Une nouvelle morale tend à se substituer aujourd'hui à la culture d'origine militaire de la DGSE. L'ouverture du recrutement, l'afflux de spécialistes, la mixité civilo-militaire de l'encadrement ont fait considérablement évoluer la Maison, qui ne correspond plus à l'idée que s'en font les observateurs extérieurs. Une culture originale se met en place, plus ouverte sur le monde, vivant sereinement sa solidarité naturelle avec la société qu'elle a pour mission de protéger. C'est pourquoi, précisément, la référence au « métier de seigneurs » apparaît aujourd'hui comme frappée d'obsolescence. Ce monde à part n'est plus rejeté aux frontières du système. Il n'a donc plus besoin de se défendre en hypertrophiant son moi et en fabriquant sa propre légende.

4

Comment mettre fin à la guerre des services ?

L'attentat contre le DC 10 d'UTA. – L'hypothèse libyenne. – Émulation DGSE-DST. – La Direction du renseignement militaire. – Une autonomisation ratée.

Le 19 septembre 1989, on apprend successivement la disparition du DC 10 d'UTA lors de son vol N'Djamena-Paris, puis la confirmation de sa désintégration, à 12 h 59, causant la mort de 170 personnes. L'enquête technique méticuleuse qui sera menée, essentiellement à partir des débris recueillis dans le désert par les militaires français, révélera que l'explosif, contenu dans une valise de marque Samsonite, a explosé dans l'un des conteneurs de la soute à bagages, embarqué dès le départ de l'avion à Brazzaville. Il ne fait alors aucun doute que les terroristes ont bénéficié d'une logistique sophistiquée, et que les fournisseurs du système de mise à feu appartiennent à la corporation très fermée des professionnels du terrorisme capables de maîtriser un détonateur altimétrique, c'est-à-dire qui explose en fonction de l'altitude atteinte par l'avion – dans ce cas précis, 10 000 mètres. Autre preuve de cette sophistication : le détonateur était conçu pour exploser lors de la seconde ascension de l'appareil, après son décollage de l'escale de N'Djamena. Il s'agit là, indiscutablement, de l'œuvre meurtrière de sinistres artificiers qui avaient choisi de s'en prendre précisément à cet avion français assurant régulièrement la liaison avec l'Afrique.

Qui était visé en l'occurrence ? Notre pays, pris comme cible dans on ne sait quelle querelle ? Certains passagers de ce vol ? À l'heure où ces mots sont écrits, plus de quatre ans après l'attentat, personne n'est capable de répondre avec certitude à cette question. Et puisque n'importe quel « crash » d'avion peut être l'occasion d'un inventaire haut en couleur, celui-ci ne fait pas exception à la règle : un ministre, une crapule de haut vol, une épouse d'ambassadeur, une valise bourrée de billets de banque (pour un montant de deux millions de francs que personne n'a réclamés), un passager voyageant sous une fausse identité, la collaboratrice d'un ancien du Service établi depuis à son compte, etc. Alors il a fallu fouiller, chercher, suivre, classer, en séparant tout ce qui ne mène à rien – mais on ne le sait jamais que bien plus tard – de ce qui paraît intéressant au premier abord mais qui peut se révéler bien décevant par la suite.

Dès le lendemain, avec le préfet Bernard Gérard qui dirige la DST, nous décidons de saisir l'occasion qui nous est donnée de mettre fin à la guerre fratricide qui oppose nos deux services depuis la nuit des temps. Nous sommes amis depuis notre formation à l'École nationale de la France d'outre-mer. Au moment de la décolonisation qui a mis un terme à nos carrières au service de la France d'outre-mer, nous avons tous deux opté pour le corps préfectoral, alors que la plupart de nos camarades choisissaient le Quai d'Orsay. Nos carrières n'ont jamais cessé, par la suite, de suivre des chemins parallèles. Et nous avons apprécié le clin d'œil de la vie qui nous a permis de nous trouver simultanément, lui à la DST, et moi à la DGSE.

Je l'appelle donc dès le matin du 20 septembre 1989 pour lui dire que cette affaire est l'occasion ou jamais de contraindre nos personnels à travailler ensemble. S'agissant d'un avion français et transportant de nombreux passagers de nationalité française, l'ouverture d'une information judiciaire est probable. Ce sera en effet le cas quelques jours plus tard lorsque la section antiterroriste du parquet saisira le juge d'instruction Jean-Louis Bruguière de cette procédure, lequel chargera logiquement la DST de la commission rogatoire.

Je propose donc à Bernard Gérard une opération commune et totalement inédite sur le terrain. C'est ainsi que, pour la première fois dans l'histoire de nos deux services, une équipe mixte quitte Paris, est réceptionnée au Niger par les hommes de la DGSE qui s'y trouvent à demeure, et convoyée par eux jusqu'au site couvert, sur plusieurs kilomètres, par les restes de l'avion. Pendant les quatre ou cinq premiers jours – décisifs, car il s'agit pour les enquêteurs de retrouver les corps et de récupérer ce que contenait l'avion –, nos deux équipes travaillent ensemble et transmettent à Paris les résultats de leurs premières investigations par l'intermédiaire des moyens autonomes de communication de la DGSE, qui présentent l'avantage d'être non seulement autonomes, mais également sûrs et performants.

Collaboration inédite, et de surcroît exemplaire et fructueuse. Lorsque la DST quitte Paris, elle n'est pas encore saisie par le juge d'instruction. Mais nous savons qu'au bout de vingt-quatre ou quarante-huit heures, tout ce que les policiers découvriront lui sera transmis. Ce qui n'est d'ailleurs pas sans poser problème dans le cas de l'appareil d'UTA. Des gens y voyageaient dont personne ne sait qu'ils s'y trouvaient, et avec qui, ni ce qu'ils transportaient, et il y a par conséquent dans les restes de l'avion des quantités d'informations qui n'ont aucune relation avec la bombe ou avec le déroulement de l'attentat, et qui n'intéressent en aucune manière le juge et la DST. En revanche, tout concerne la DGSE, car elle est en charge d'une mission générale : « Qui fait quoi en Afrique et comment ça se passe ? » Nous ne devons donc pas manquer l'occasion de découvrir parmi les débris de l'avion des éléments répondant à notre curiosité. Et nous en avons trouvé.

Lorsque le Service obtient, à la mi-juillet 1990, le dossier de son homonyme, la DGSE (Direction générale de la sécurité d'État) congolaise, mettant en cause l'ambassade libyenne au Congo et révélant la présence à Brazzaville d'un témoin capital, il le passe au crible et est captivé par ce qu'il découvre. Il y distingue toutefois une importante faiblesse : l'équilibre imparfait d'une construction reposant sur le témoignage décisif d'un individu unique. Dans un ouvrage très intéressant sur cette affaire, qui ne s'éloigne guère des convictions du juge d'instruction Jean-Louis Bruguière, Jean-Marie Pontaut affirme que c'est « par chance », et grâce au « flair d'un douanier » qui a mis la main à Roissy sur un dealer bavard, que le magistrat a pu prendre connaissance de l'existence de ce témoignage crucial, celui du Congolais Bernard Yanga[1] ; ce dernier est un ami politique d'Apollinaire Mantagany, tué dans l'explosion et soupçonné d'être l'homme qui a véhiculé la bombe. Le journaliste saisit l'occasion, quelques pages plus loin, pour décocher un trait en direction de la DGSE, qui aurait « appris le rebondissement de l'enquête par *Le Point* », l'hebdomadaire ayant évoqué ce témoignage révélé, selon la formule consacrée, par des sources « proches de l'enquête ».

La vérité est pour le moins différente. En réalité, c'est bien la DGSE, grâce à ses relations africaines, qui a eu la première connaissance du témoignage de Bernard Yanga, recueilli par les services congolais. Il était tout aussi normal qu'elle transmette le rapport d'enquête de son homologue congolais à la DST, titulaire de la commission rogatoire. Ce rapport a ainsi été, non moins logiquement, remis au juge qui a pu ensuite interroger Bernard Yanga, dont le témoignage a constitué à la fois le socle et le véritable point de

1. Jean-Marie Pontaut, *L'Attentat. Le juge Bruguière accuse la Libye*, Paris, Fayard, 1992, p. 77 *sq*.

départ de l'enquête. La DGSE ne pouvait être surprise par le rebondissement de l'enquête : elle en était à l'origine...

Si les déclarations de Bernard Yanga revêtent tant d'importance, c'est d'abord parce qu'elles sont, dans leur version finale et après quelques évolutions, d'une relative cohérence[1]. Avec ce témoin, indicateur de la police congolaise, point n'est besoin de chercher midi à quatorze heures : les faits sont clairs, les auteurs du forfait désignés sans contestation possible, les accusations étayées. Nul n'ignore pourtant qu'en matière de terrorisme international, les commanditaires prennent bien soin de brouiller les pistes qui pourraient mener jusqu'à eux.

Selon Bernard Yanga, c'est le diplomate libyen Abdallah Elazrag, alors en poste à Brazzaville, qui a remis à Apollinaire Mantagany la Samsonite tapissée d'explosifs arrivés de Libye par la valise diplomatique. Liens directs entre diplomates et terroristes, absence de protection des filières « politiques » ou logistiques, des explosifs passant de main en main sans protection ni constitution de « barrages » interdisant de remonter aux sources : voilà qui, en matière de terrorisme, tranche avec le professionnalisme que l'on prête à ceux qui ont perpétré cet acte.

Pour l'opinion publique, suivant sans doute en cela les conclusions portées à sa connaissance par le juge d'instruction, l'État libyen est à l'évidence coupable. Sur la base du témoignage de Bernard Yanga, mais aussi de divers autres éléments à charge, le juge Jean-Louis Bruguière délivre le 30 octobre 1991 des mandats d'arrêt internationaux contre Abdallah Elazrag et Abdallah Senoussi, ce dernier étant présenté comme le numéro deux de la Moukhabarat libyenne[2] et le beau-frère du colonel Kadhafi. Deux autres Libyens

---

1. Lire à ce propos la très bonne enquête de Pierre Péan, *Vol UT 772. Contre-enquête sur un attentat attribué à Kadhafi*, Paris, Stock, 1992.
2. Les services spéciaux de Tripoli.

sont également poursuivis : Ibrahim Naeli et Murbah Arbas (sans doute décédé en 1990), qui se trouvaient tous deux à Brazzaville le jour de l'attentat.

Des éléments sérieux pèsent contre ces trois Libyens, et il est donc impératif qu'ils défèrent à la convocation du juge français, qui a beaucoup de questions à leur poser. Pour autant, ces charges sont-elles suffisamment convaincantes pour accuser formellement la Libye et exclure d'autres pistes pouvant d'ailleurs impliquer des Libyens ? Et la décision de l'ONU (résolution 478 du Conseil de sécurité d'avril 1992) imposant un embargo contre ce pays, encore renforcé en décembre 1993, nous oblige-t-elle à nous en tenir à cette seule piste ?

Pour les services spécialisés français, une question – *la* question, en vérité – demeure : quel aurait été à cette époque-là l'intérêt de la Libye de se livrer à un tel acte ? Il est certes patent que les desseins des terroristes ne sont pas toujours limpides et que les motivations de leurs actions ne brillent généralement pas par la clarté. À cet égard, comment ne pas s'interroger sur le fait que les deux attentats les plus meurtriers de ces dernières années (celui de Lockerbie et celui du Ténéré) n'ont jamais été revendiqués ? La logique veut pourtant qu'un acte terroriste soit « signé ». Toujours de manière ambiguë, certes, mais signé. Car dans le cas où il ne peut être attribué de façon plausible, sinon à un État, du moins à une organisation, ou lié à un contentieux politique, un acte terroriste perd toute valeur de mise en garde, de menace ou de vengeance.

Si l'on veut bien cependant se poser la question cruciale : « À qui profite le crime ? », force est de constater que ce n'est pas à la Libye, sévèrement sanctionnée par la communauté internationale. Sans doute pourra-t-on objecter que le chef de l'État libyen n'avait pas l'intention de signer son forfait. Certes... Il faut bien s'interroger, pourtant, sur ce qu'aurait été son intérêt dans cette opération, alors même qu'il avait entrepris depuis plusieurs mois de désamorcer son conflit latent – et longtemps ouvert – avec la France. La guerre du Tchad venait de connaître un développement positif, grâce à la médiation de l'homme d'affaires algérien Djillali Mehri. Avec la bénédiction des autorités françaises, il avait organisé une rencontre entre Kadhafi et Hissène Habré à Bamako, au Mali, le 21 juillet 1989. Et des représentants personnels des deux chefs d'État s'étaient retrouvés à compter du 20 août – sous l'œil attentif de la DGSE – dans la propriété que possède Mehri près de Paris, dans les Yvelines. Ils avaient abouti à un accord, signé le 31 août à Alger, qui avait débouché sur un retrait partiel des Libyens de la bande d'Aouzou, non sans que ces derniers aient accepté que le conflit territorial soit porté devant la Cour internationale de justice de La Haye. Pour la première fois depuis bien longtemps, une haute personnalité française – le secrétaire d'État aux Affaires étrangères Thierry de Beaucé – avait été présente à Tripoli lors des cérémonies officielles célébrant le vingtième anniversaire du renversement du roi Idris et de la prise de pouvoir de Kadhafi. Pourquoi, moins de trois semaines plus tard, celui-ci s'en serait-il pris aux intérêts d'un pays avec lequel la réconciliation semblait à portée de main ?

Le terrorisme n'est jamais gratuit. Ceux qui s'y livrent poursuivent des buts très précis, même s'ils ne les divulguent pas explicitement. Pourtant, dans ce cas particulier, jamais ceux de Tripoli n'ont pu être éclaircis. Il existe bien une hypothèse qui présente l'avantage de répondre à cette apparente absence de logique. Elle voudrait que le principal opposant libyen au colonel Kadhafi, dont la CIA armait et entraînait clandestinement à cette époque les troupes à proximité de la capitale tchadienne, ait prévu d'emprunter, précisément le 19 septembre 1989, le vol UT 772 au départ de N'Djamena. Le Front national de salut libyen (FNSL), que dirige depuis son exil Mohammed al-Mogharief, a affirmé que c'est ce dernier qui était en fait visé par la bombe, et qu'il ne dut son salut qu'à l'annulation *in extremis* de son départ. Thèse qui donnerait un mobile plausible aux services libyens et qui ferait de la France, et surtout des morts de l'attentat, les victimes d'un règlement de compte de politique intérieure libyenne. Bien qu'aucun élément objectif n'étaie cette hypothèse qui expliquerait entre autres que l'explosion se soit produite après l'escale de N'Djamena, elle ne peut être rejetée en l'état.

Dès que la piste libyenne a été privilégiée, d'abord par les services de sécurité congolais du président Denis Sassou N'Guesso, puis par la justice française, la DGSE a très rapidement souligné l'ensemble de ces éléments. Et quatre ans plus tard, sa religion n'était toujours pas faite. Il est indiscutable que le régime de Kadhafi continuait d'appartenir, alors, à la famille des États soutenant politiquement le terrorisme international, répondant ainsi à la définition d'une *supporting nation*, à savoir celle qui, non contente de donner de la voix quand il s'agit de payer les terroristes de mots, prend en charge leur logistique, assure l'entretien et les finances de leurs bases arrière, fournit des armes et des explosifs. Mais dans ce cas précis, il n'existait pas à la fin du premier trimestre 1993 de preuve indiscutable qu'elle avait commandité l'opération, bien que son attitude passée ne plaidât pas en sa faveur. En effet, au plus fort du conflit tchadien, et jusqu'au milieu des années quatre-vingt, Tripoli s'était livré sans vergogne, en Afrique et ailleurs, à l'attaque des intérêts français. En procédant à des tentatives d'attentat et même très probablement en s'en prenant au même vol UT 772 de la compagnie UTA, le 10 mars 1984. Ce jour-là, le DC 10 français avait explosé sur la piste de l'aéroport de N'Djamena au cours d'une escale, mais sans faire de victimes... D'autres éléments permettaient de désigner la Libye de Kadhafi comme un État terroriste majeur : en 1989, n'avait-elle pas hébergé Abou Nidal et assuré le financement partiel de son organisation ? Ses liens avec Ahmed Djibril étaient bien connus, et tout autant prouvée son implication dans de nombreux attentats. Pourtant, toutes les guerres ont une fin. Et aux yeux des services de sécurité français, celle que la Libye avait longtemps livrée à la France se trouvait en voie de règlement.

Et si l'on veut diaboliser Tripoli comme protecteur du terrorisme, pourquoi oublier Téhéran et Damas ? C'est dans cette dernière ville que, chaque matin, dans les années quatre-vingt-dix, un homme sort paisiblement de chez lui : il tient un enfant par la main et le conduit à l'école. Certains jours, sa femme le remplace. Ils coulent une vie paisible dans un quartier privilégié de la capitale syrienne... Cette femme s'appelle Magdalena Kopp, qui eut quelque importance parmi les terroristes de la Rote Armee Fraktion allemande, et le père de l'enfant, c'est Ilitch Ramirez Sanchez, dit Carlos : il est probablement responsable du meurtre de deux inspecteurs de la DST à Paris, de l'explosion de la bombe posée dans le train Paris-Toulouse en 1982, de l'attentat de la rue Marbeuf. Il n'est pas encore à cette époque, comme le dira si joliment Alain Rollat en août 1994, « le clou rouillé négocié par M. Pasqua auprès des antiquaires du souk de Khartoum ». Souk avec lequel la France oblitère en 1994 quelques contentieux : oublié notamment ce 21 décembre 1989, jour où l'armée de Khartoum a abattu volontairement un avion de Médecins sans frontières, tuant trois médecins français coupables d'avoir porté secours au Sud-Soudan en guerre civile depuis des années.

C'est non loin de là, à Damas aussi, qu'Ahmed Djibril a abrité ses activités terroristes pendant des années, lui dont la participation à l'attentat contre le vol Panam 103 qui s'est écrasé au-dessus de Lockerbie le 21 décembre 1988 n'a jamais pu être écartée. Or, le maître de Damas, Hafez el-Assad, est alors considéré comme un interlocuteur honorable par les puissances occidentales. Les présidents des États-

Unis, les uns après les autres, échangent des poignées de main historiques avec lui, tandis que son régime, qui bafoue les droits de l'homme, a été l'un des suppôts essentiels du terrorisme. La Syrie est pourtant, aux yeux de nos compatriotes, de millions d'Américains, de Britanniques et d'Allemands, un pays avec lequel on peut parler, quand le petit Kadhafi, qui ne tue pas beaucoup de monde et n'en emprisonne pas plus, est mis au ban de la planète. Il est bien l'homme à abattre, et en 1985 l'aviation américaine bombarde Tripoli...

On a dit que la Libye avait monté les opérations de Lockerbie et du DC 10. Mais, comme nous l'avons noté plus haut, on en attend la preuve. Et il est difficile de suspecter le Service d'indulgence à cet égard, puisque c'est lui, on l'a vu, qui a fourni au juge et aux services de police le dossier des premiers éléments de la piste libyenne pour le DC10 d'UTA, et qu'il n'est pas étranger à la « preuve » (un détonateur) sénégalaise de l'implication de Tripoli dans l'attentat qui a détruit le vol Panam 103. Il est vrai qu'il a fourni cette dernière sous toutes réserves quant à sa signification en tant que preuve, la firme qui avait vendu ces détonateurs en ayant exporté à l'époque, semble-t-il, en Allemagne de l'Est...

En matière de terrorisme comme de renseignement, rien n'est jamais simple. Quand il s'est agi de déterminer d'où venait le coup qui a frappé le DC 10 d'UTA, la DGSE a cherché à élargir l'horizon. Complètement engagée dans le conflit libanais où, avec l'aide de la France, le général Michel Aoun est encore maître de Beyrouth, elle ne peut alors éviter de se tourner vers le Moyen-Orient. Terrorisme, conflit israélo-palestinien, conflits régionaux, prolifération nucléaire et course aux armements conventionnels font de cette partie du monde une menace permanente aux portes de l'Occident et le champ de déploiement essentiel de notre diplomatie. Sans exclure la Libye, la DGSE n'a donc pas manqué d'étudier plusieurs autres pistes, mettant en cause d'autres États, eux aussi parfaitement capables de manier l'explosif et la terreur aveugle pour faire aboutir leurs revendications – et susceptibles d'ailleurs de s'être servis des Libyens pour exécuter partiellement ou totalement leur forfait, ce qui pourrait expliquer la « visibilité » libyenne de l'opération : le leurre libyen aurait eu alors pour but d'occulter le véritable commanditaire de l'attentat...

Des années plus tard, le Service suit toujours deux autres voies : celle d'une opération dirigée contre la France et celle de l'élimination de Mohammed al-Mogharief. La première conduit au Liban par le biais d'un marché conclu au profit des troupes chrétiennes du général Michel Aoun, qui entendait acheter des armes lourdes récupérées par Hissène Habré en mars 1987 lors des audacieuses offensives qui avaient infligé de cuisantes défaites à l'occupant libyen Ouadi-Doum et Faya-Largeau : en effet, parmi les passagers du vol UT 772, un ministre tchadien et un trafiquant d'armes français en tractation sur cette affaire, voyageant ensemble, ont trouvé la mort... Les protagonistes de la guerre au Liban ne pouvaient que s'irriter de cette transaction au moment même où ils s'élevaient violemment contre le soutien de la France au général Aoun. Le double mobile – empêcher une transaction dont nul ne pouvait douter que notre pays la soutenait et frapper celui-ci en représailles de son intervention au Liban – est à nouveau presque trop évident... C'est ainsi que le Service s'est penché sur une autre piste impliquant l'Iran : ne retrouverons-nous pas, au début 1992, comme « instructeur-terroriste » au Soudan, un « diplomate » iranien répondant au nom d'Emamjomeh Shahidi qui avait quitté précipitamment le Congo au lendemain de l'attentat du DC 10 après y avoir séjourné à peine quelques jours ?

Quatre ans après cette explosion, en cette fin de 1994, aucune conclusion judiciaire de cet acte terroriste n'a été tirée.

L'enquête menée conjointement par les services français aura au moins permis – même si cet élément peut paraître secondaire au regard de l'ampleur du drame – une collaboration inédite entre la DST et la DGSE. Ce qui ne veut pas dire que les fonctionnaires ou les agents des deux services se sont mis à exercer le même métier, dans les mêmes conditions. Sur le terrain, les fonctionnaires de la DST sont toujours en mission officielle et munis d'ordres de mission en bonne et due forme : ils sont les enquêteurs de la justice d'une grande démocratie. Tandis que ceux de la DGSE ne sont couverts par aucun document ni par aucune autorité officielle, et voltigent sans filet. Lorsque les agents de la DGSE opèrent, que ce soit en France ou à l'extérieur, ils n'ont pas d'existence légale d'agents de l'État. C'est la loi du genre et, si elle présente de gros avantages, elle peut également avoir des conséquences redoutables. Au point que, même en France, il arrive que des agents du Service se fassent prendre par la police, car certains policiers (rares !) éprouvent un malin plaisir à « se faire » la DGSE qu'ils n'aiment pas voir opérer dans l'Hexagone. Ce qui, il faut bien l'admettre, n'est pas exactement réglementaire, mais proprement impossible à éviter.

Un jour, une affaire un peu difficile est survenue dans un grand hôtel parisien : les deux services, sur le même coup sans le savoir, « travaillent » le même « client », et, pour ne rien arranger, le même soir. Rencontre un peu fraîche. Le lendemain, le directeur de la DST de l'époque m'appelle et me dit : « Tu comprends, ce n'est pas vraiment admissible, vous n'avez pas le droit d'opérer en France... » Je n'ai pas eu trop de peine à rétorquer à un homme aussi à cheval sur les principes, qui se trouve être un ami que j'apprécie : « Ce n'est peut-être pas admissible. Mais il est encore moins admissible que l'autre jour tu aies envoyé une équipe au Liban sans nous en parler. Alors je te préviens que s'il arrive quelque chose à un seul de mes types à Paris ou en France, je “flingue” tes gars dès que je les vois au Liban ou ailleurs où ils n’ont pas le droit de mettre les pieds. Je veux bien qu’on signe un contrat. Si je ne travaille plus jamais à l’intérieur, tu ne travailles plus jamais à l’extérieur. Tu réfléchis, et tu m’en reparles ! » Nous n’en avons jamais reparlé...

C’est ainsi que de coup de tabac en coup de gueule, lentement, les préventions anciennes tomberont. Les hommes des deux services apprendront à se connaître et à travailler ensemble. La DGSE avec sa connaissance de l’étranger et ses implantations nombreuses dans les zones difficiles, ses capacités scientifiques et techniques. La DST avec son « métier » entièrement dirigé contre l’espionnage et le terrorisme, part minoritaire de l’activité de la DGSE. Ce qui, d’ailleurs, signifie que la France consacre à l’outil intérieur de contre-espionnage et de contre-terrorisme à peu près trois à quatre fois plus de moyens en hommes qu’à son outil extérieur.

Nous avons donc, d’abord avec Bernard Gérard, avec Jacques Fournet ensuite, mis fin à la guerre des services. Les quelques accès de fièvre qui ont marqué leurs relations ces dernières années sont essentiellement dus à l’exercice du « droit de suite ». Car s’il est vrai que le partage intérieur/extérieur n’est pas trop complexe en matière de contre-espionnage, il n’en va pas de même en contre-terrorisme. Si un détonateur part de Hong Kong où il est fabriqué, il « appartient » si l’on peut dire à la DGSE ; il « devient » DST à Roissy, mais lorsqu’il est ensuite envoyé à Brazzaville, il « redevient » DGSE... Il l’est toujours lorsqu’il arme la bombe à l’étranger, mais se retrouvera entre les mains de la DST, service de police judiciaire, s’il explose en vol dans un avion français. Remarquons que si l’explosif éclate rue des Rosiers ou chez Tati, ce qui n’est pas une hypothèse d’école, il « appartient » à la DST. Or celui qui a « reniflé » quelque chose, par exemple un détonateur, le suit. Rien de plus logique. C’est le « droit de suite » qui livre les hommes de la DST à leurs pulsions exotiques et offre des nuits parisiennes ou provinciales à ceux de la DGSE. Sans exclure, parfois, quelques rencontres incongrues lorsque le même gibier a été pisté par les deux services...

L'homme de renseignement n'est pas un policier, et le Service abandonnera, le moment venu, la conduite de l'enquête officielle à la justice et à son auxiliaire, la police. Cela suppose que tout au long de leur traque commune, les deux services aient travaillé ensemble. La nomination en 1989 à la tête de la direction du Renseignement, cœur de la DGSE, de Michel Lacarrière – qui avait accompli l'essentiel de sa carrière à la DST – a logiquement constitué l'un des ferments majeurs de la « paix » ; la commune appartenance des « patrons » à la corporation préfectorale y a en outre fortement contribué, tout comme la volonté des uns et des autres de remplir au mieux les missions de sécurité, de servir l'État au-delà des intérêts égoïstes des institutions dont ils étaient en charge, et du corporatisme qu'elles sécrètent toujours.

Les institutions sont régies par des textes clairs. La DST est le service de contre-espionnage à l'intérieur des frontières, et la DGSE le service de contre-espionnage à l'extérieur des frontières. On pourrait bien sûr concevoir qu'ils soient un jour réunis en un seul service de contre-espionnage et de contre-terrorisme. Mais le fait est que l'infrastructure extérieure de la DGSE est mieux valorisée par la double mission de sécurité et de renseignement qui cohabitent en son sein, et que créer deux infrastructures extérieures correspondant à deux services travaillant à l'étranger serait techniquement et financièrement déraisonnable. Politiquement aussi. En outre, les motivations « démocratiques » qui régissent l'existence – tant en matière judiciaire que de maintien de l'ordre – de deux polices intérieures, police nationale et gendarmerie, justifient également l'existence de deux services travaillant aux mêmes fins mais sur des champs géographiques différents. Il n'est pas mauvais que l'État puisse avoir deux fers au feu, et je suis adversaire résolu, pour cette raison, d'une fusion des deux appareils de sécurité.

Il n'en va pas tout à fait de même à mes yeux avec un autre service, le dernier à avoir vu le jour dans notre pays : la Direction du renseignement militaire (DRM).

Le renseignement militaire couvre des domaines parfaitement circonscrits. Sa première mission permanente consiste à donner aux armées une connaissance précise des forces de l'adversaire potentiel, ce que les militaires appellent « l'ordre de bataille ». Au-delà de la consistance même de la machine militaire du pays ciblé, du modèle des matériels employés, des innovations techniques introduites, de l'identité des officiers en charge des unités et des déplacements de ces dernières, le renseignement militaire doit se faire l'idée la plus précise possible des stratégies envisagées, des tactiques étudiées, du moral des troupes et de son évolution. Ainsi le Service a-t-il prévu le retrait d'Afghanistan des troupes soviétiques en prenant connaissance des transcriptions des conversations des équipes des chars de combat, qui révélèrent d'abord la chute libre de leur moral et, un peu plus tard, le soulagement né de la conviction du retour prochain au pays. C'est là un travail méticuleux, exigeant une organisation implacable et des mises à jour quotidiennes. Certains pays partenaires n'échappent pas à ces recherches, sachant que la même nation peut se trouver dans le camp des amis ou dans celui des ennemis, selon l'époque. Ainsi l'Irak...

En cas de conflit, le renseignement militaire doit suivre en temps réel, c'est-à-dire heure par heure, le déroulement de la bataille : compter les coups au but et ceux qui ont été perdus, évaluer l'effet des opérations en cours sur les forces de l'adversaire mais aussi sur sa population, prévoir les initiatives de l'ennemi, anticiper ses mouvements... Un service de renseignement militaire doit être apte à jauger la puissance militaire des uns et des autres, ses évolutions à court, moyen et long terme, et donc à apprécier les rapports de force eux-mêmes ; ce qui doit lui permettre, s'il est performant, de participer aux grands choix de politique étrangère. Et l'on sait qu'en cas de crise, ils sont particulièrement nombreux.

Enfin, le renseignement militaire ne saurait être absent d'un domaine où se joue l'indépendance militaire de la France : celui de l'exportation de nos systèmes d'armes, condition du maintien de l'industrie d'armement, et donc de l'indépendance nationale, et important élément de la politique extérieure du pays. Sa connaissance des armées étrangères, des marchés et des concurrents de l'industrie française sera souvent de la plus grande utilité.

Remplir ces missions suppose un appareil extrêmement complexe et performant. La guerre du Golfe en a malheureusement constitué l'illustration négative : ainsi la mauvaise connaissance des forces irakiennes, dont le dynamisme avait été largement surévalué, a-t-elle conduit à des erreurs d'appréciation considérables dans le déroulement de la bataille. Le fait que les Français n'aient pas été les seuls à se tromper ne change rien au constat.

Grave aussi fut l'absence de l'outil de renseignement militaire national sur le terrain dès le début de la crise, dont le déroulement s'opéra sous les yeux bandés des forces militaires françaises et donc du pouvoir politique français, dominé par la triade américaine : satellites d'observation, avions de renseignement, guerre électronique. Lors des discussions sur l'envoi du contingent français, dans les premiers jours d'août 1990, personne n'avait prévu de mettre en place un élément chargé du renseignement du champ de bataille. Il ne sera raccroché que plus tard au dispositif. Le renseignement militaire, depuis probablement de très nombreuses années, est extérieur aux préoccupations des états-majors français. De très sévères critiques, justifiées, se feront alors jour et compteront beaucoup dans la mise sur pied d'une nouvelle organisation : la DRM.

En fait, l'absence de l'échelon renseignement n'est qu'une illustration parmi d'autres de l'incapacité de la France à mettre rapidement en place une force d'intervention digne de ce nom. La guerre du Golfe démontre que les forces françaises ne possèdent ni les structures ni les moyens pour intervenir efficacement sur un théâtre d'opérations extérieures. Notons au passage que n'importe quelle institution aurait connu une crise grave devant son incapacité à répondre à ce qui est sa fonction même. Or, l'armée sortira renforcée de l'aventure aux yeux de l'opinion, et peut-être d'une partie du monde politique ; le fait que bien des citoyens et des dirigeants aient vu clair n'a conduit personne à dire « Le roi est nu », en constatant que notre armée n'avait pas été apte à faire face à une situation qui était pourtant la plus probable à l'époque : un conflit localisé nécessitant la mise sur pied d'un corps expéditionnaire... Cette conspiration d'indulgence qui entoure de manière générale l'institution militaire est bien sûr extrêmement dommageable car, ainsi que partout ailleurs, c'est à partir de crises, de secousses et de pressions extérieures qu'évoluent mentalités et structures...

Contrairement à une idée reçue souvent reprise par la presse et courante dans le monde politique, la DGSE n'a jamais été en charge du renseignement militaire de la France. Jusqu'à la création de la DRM, celui-ci était coordonné par un organisme, le Centre d'exploitation du renseignement militaire (CERM) ; et, à l'intérieur de chacune des trois armées (terre, air, mer), recueilli et exploité par des bureaux spécialisés appelés communément les « deuxièmes bureaux ». Le système fonctionnait de façon médiocre. Et lorsque certains officiers généraux réfléchissaient à sa modernisation, ils entrevoyaient un énorme « bidule », naturellement informatique, touchant au concept fumeux de « renseignement de haut niveau ».

Je me suis longuement entretenu avec Jean-Pierre Chevènement de la nécessaire réforme du renseignement militaire avant qu'il ne charge le général François Mermet, mon prédécesseur immédiat, d'une mission sur le sujet. Décision à laquelle j'ai souscrit entièrement, tant il était urgent et nécessaire de remédier à une carence aussi flagrante. Avant même la création de la DRM, il existait des relations entre la DGSE et le CERM. Elles concernaient essentiellement le renseignement d'origine électromagnétique (ROEM), pour lequel la DGSE travaillait en quelque sorte en régie au profit des deuxièmes bureaux et du CERM.

Un jour, préfet de la Haute-Normandie, je passe quarante-huit heures en mer sur un chalutier de Dieppe pour tenter de mieux comprendre les problèmes de la grande pêche. Après des ronds dans l'eau, le chalut est lancé. Quand il remonte, l'ignorant que je suis félicite le patron qui grogne : « Vous allez voir... », et il fait alors rejeter 90 % du poisson à la mer, ne conservant que ce qu'il sait pouvoir vendre. Le renseignement, c'est exactement la même chose. On ramasse tout ce qu'on trouve. Et beaucoup de choses sont ensuite rejetées, parce qu'inutiles. Restent celles qui correspondent aux objectifs de recherche, celles qui sont susceptibles d'intéresser des services amis et qui peuvent donc faire l'objet d'échanges, et celles qu'on rétrocède aux armées. Au Moyen-Orient par exemple, la DGSE est axée sur la recherche politique et sur le terrorisme. Mais il lui parvient des informations sur les systèmes militaires, les structures de commandement, les matériels d'armement. Elle en fait alors des notes de faits bruts, qui partaient autrefois au CERM, et aujourd'hui à la DRM. Sans procéder elle-même à la diffusion : aucun de ses « clients » ne reçoit d'elle de papiers concernant des problèmes purement militaires.

Jusqu'à la création de la DRM, des ambiguïtés subsistaient sur la question de savoir qui était responsable de quoi en matière de renseignement militaire. Et, fatalement, les médias ont mis en cause le Service pendant la guerre du Golfe, alors que sa responsabilité n'était pas engagée. Les états-majors militaires n'ont pas été complètement étrangers à la diffusion de ce jugement et le Service a conservé un goût amer de cette défausse... C'est une des raisons pour lesquelles il était tout à fait partisan de clarifier les rôles et de construire un renseignement militaire fort. Deux voies étaient possibles : soit ériger un système autonome en regroupant les moyens des trois armées et celui de l'état-major des armées, c'est-à-dire le CERM et les trois deuxièmes bureaux, puis organiser la coopération entre la nouvelle structure et la DGSE ; soit construire, au sein de la DGSE, une branche « renseignement militaire », qui aurait absorbé l'appareil de renseignement militaire existant à l'intérieur d'un système unique de renseignement extérieur national.

D'un point de vue technique, c'est la seconde solution qui était la bonne. En outre, l'intégration du renseignement militaire à la DGSE aurait partiellement justifié le rattachement de cette dernière au ministère de la Défense.

Le choix qui fut finalement arrêté par l'autorité politique, à savoir l'autonomisation du renseignement militaire à l'intérieur des armées, est mauvais. Mais était-il envisageable d'*imposer* aux armées l'intégration à la DGSE ? Si le Service l'avait réclamée ouvertement, il aurait dû livrer une bataille qu'il aurait nécessairement perdue. De surcroît, il serait entré en conflit ouvert avec l'appareil militaire.

À vrai dire, Jean-Pierre Chevènement savait qu'il n'avait pas le choix quand il a initié cette réforme, qui devait être mise en œuvre par Pierre Joxe. Je lui ai même dit un jour : « À la limite et pour cela, je cède ma place, dans l'intérêt de l'État. » J'étais en fait convaincu que rien n'était perdu, que le regroupement dans la nouvelle DRM des quatre organismes qui, à l'intérieur des armées, s'occupaient de renseignement militaire, pouvait être considéré comme une première étape. C'est pourquoi j'ai joué à fond cette carte en conseillant vivement à Pierre Joxe de nommer à la tête de cette structure le directeur des Opérations de la DGSE, le général Jean Heinrich. Ce qui fut fait. Mais sans doute ne fus-je pas assez convaincant – ou les obstacles furent-ils jugés infranchissables – pour que soit, ainsi que je le préconisais, autonomisé l'outil de renseignement par rapport aux états-majors, en le plaçant directement sous l'autorité politique du ministre.

5

Comment ouvrir les fenêtres en évitant les courants d'air ?

L'institution la plus secrète de France. – Traitement de défaveur. – Faire cesser les attaques. – Précieux concours d'universitaires et de journalistes. – Relations délicates avec la presse. – Pouvoir de communiquer.

La DGSE est l'institution la plus secrète de France. On n'a longtemps connu d'elle, officiellement du moins, que le nom de son responsable. Portant sur lui tout le poids du Service, de son mystère aussi. Sa gloire parfois, et l'opprobre souvent. En 1989, et à l'instigation du Service, le gouvernement décida que non seulement le décret de nomination du directeur général, mais aussi ceux des autres directeurs, pouvaient être publiés, de même que son numéro de téléphone ! Si cette véritable révolution heurta bien des anciens de la Maison, elle est désormais entrée dans les mœurs.

Depuis toujours, chez nos grands voisins, quiconque souhaite entrer en contact avec les services spéciaux de son pays peut le faire sans difficulté. La démarche ne visait en fait qu'à initier une première ouverture, toute simple : chaque citoyen doit, en cas de nécessité, pouvoir appeler la DGSE. Ou, à tout le moins, savoir qu'il pourra le faire quand il le souhaitera. Nous touchons là, il faut en être conscient, le domaine du symbolique, et il convenait donc qu'une action de fond soit menée par ailleurs afin d'ouvrir la DGSE sur l'extérieur. C'était devenu indispensable. Non que la situation qui prévalait jusqu'alors n'ait pas correspondu à une étape nécessaire, mais en cette fin des années quatre-vingt, au cours desquelles le Service n'a pas vu filer l'Histoire, il se trouve coupé de la nation et de l'État.

La société politique y est alors perçue comme intrinsèquement suspecte, et la société civile comme un monde irresponsable et jouisseur. Nombreux sont ceux d'entre ses agents qui se considèrent comme les sentinelles de l'Empire veillant sur une nation affaiblie. Le désert des Tartares n'est pas loin... Les deux initiatives à prendre d'urgence étaient donc claires : il convenait d'abord de repositionner l'institution à l'intérieur de l'État, puis de tenter de la réconcilier avec l'opinion.

Le Service a le souci de sa propre renommée, délicieusement ambiguë parce que fondée sur le secret. Qu'on ne sache rien de son activité lui a toujours semblé le sommet du professionnalisme. Cette discrétion voulue passait cependant facilement, à l'extérieur, pour de l'inaction et avait fini par provoquer, logiquement, plus d'indifférence que de curiosité. Dans le meilleur des cas. Apparemment confortable, elle était en réalité terriblement négative et condamnait lentement la DGSE à se voir écartée purement et simplement des grandes décisions. Cette attitude contrastait avec celle des institutions de la galaxie administrative française : toutes souhaitent – c'est parfaitement compréhensible – expliquer, faire comprendre aux autres et à l'opinion leur utilité et leur importance. Certains rétorqueront que la DGSE, qui avait choisi une démarche résolument inverse consistant à demeurer totalement inconnue, y trouvait un élément de singularité et donc de notoriété. Que cette attitude ait été également destructrice n'avait finalement pas de réelle portée, dès lors que le secret garantissait ce sentiment d'exception. L'abondante filmographie relatant sous forme épique, agressive ou comique les exploits des Services spéciaux, la littérature sur la question, si riche qu'elle a donné naissance à un genre littéraire, avaient contribué à obscurcir encore le paysage et à nourrir la légende. On aura compris que les choix faits sous ma direction le furent en opposition formelle avec cette opacité voulue, produit malsain d'une conception biaisée de la discrétion. Dans un monde hypermédiatisé, on peut aujourd'hui cesser d'exister du simple fait d'être méconnu ou inconnu. Et disparaître d'un coup dans une convulsion aussi secrète que la vie même, exactement comme, en leur temps, les dinosaures qui régissaient le monde.

Plus concrètement, le problème essentiel de ceux qui dirigent une institution dans un système démocratique consiste à lui donner les moyens de remplir sa mission. Tous ceux qui exercent un pouvoir décisionnel sur son budget, le monde politique, la haute technostructure, sont évidemment sensibles à la médiatisation de l'institution. La négociation sur le budget de la DGSE, pour ne prendre que cet exemple, s'opère essentiellement avec les bureaux et les cabinets des ministères de la Défense et des Finances ainsi que de Matignon. Et si leurs responsables n'ont pas une idée un tant soit peu claire de ce que fait la DGSE, comment prétendre trouver auprès d'eux une oreille attentive ? Quand un fonctionnaire du ministère du Budget travaille sur les dépenses du ministère de la Santé, il n'a pas besoin de savoir dans le détail comment il fonctionne : il sait ce que sont un médecin et un hôpital parce que, un jour ou l'autre, il a eu recours à leurs services. Son collègue qui traite le budget de l'Éducation nationale est dans des dispositions identiques : il a fréquenté l'école, ses enfants sont scolarisés, sa femme est peut-être professeur. Pour la DGSE, c'est très différent : un fonctionnaire « normal » sait peu de chose d'elle, et ce qu'il sait, il l'a appris par les médias : fiascos désastreux, odeur de soufre, idées fausses. Alors pourquoi lui donner tant d'argent ?

Il faudra de longs mois avant de conclure, non pas d'instinct mais après mûre réflexion, qu'il est nécessaire d'opter pour une médiatisation prudente à laquelle s'oppose pourtant toute la culture de la Maison. Tout en étant conscient que le seul moyen de maîtriser un tant soit peu l'information concernant le Service consiste à organiser sa communication... Quelques-uns de ses directeurs généraux (très peu) avaient, il est vrai, médiatisé l'institution dans le passé. Mais à travers leur personne « starisée ». Sans doute pensaient-ils à l'époque que c'était le seul moyen de progresser vers l'ouverture ? Pour ma part, j'ai tranché en faveur d'une médiatisation modérée et dépersonnalisée. Puisque ce n'est pas l'opinion publique qu'il convient d'atteindre, à tout le moins pas dans son ensemble, et que ceux qui intéressent le Service se situent dans quelques lieux bien précis, parfaitement localisés : là où évoluent ceux de nos concitoyens qui occupent des positions décisionnelles, et tout d'abord le sommet de l'appareil de l'État – monde politique, cabinets ministériels, haute administration – auquel il était urgent d'offrir une culture minimale mais générale, au sens précis du terme, sur les Services spéciaux. La démarche consista donc à créer la direction de la Stratégie et à laisser entrevoir la vie de la DGSE dans la presse, afin qu'elle cesse d'être perçue comme une société secrète...

En 1989, je m'en aperçois dès mes premières heures passées à Mortier, le Service est au plus bas dans l'opinion des politiques, des décisionnels, des médias, des citoyens en général. Il a toujours été très critiqué... comme tous les services spéciaux des démocraties : je partage cette préoccupation avec mes collègues du BND ou de la CIA. L'état d'exception dans lequel s'inscrit leur action crée un contexte favorable aux campagnes dont ils font régulièrement l'objet. De plus, très nombreux sont ceux qui, même de bonne foi et malgré une bonne connaissance des affaires de l'État et du secteur privé, ne se rappellent en matière d'échecs que ceux qui concernent la DGSE. Or, quelques années avant l'affaire du *Rainbow Warrior*, n'avait-on pas vu la DST perdre deux de ses inspecteurs, tués par le terroriste Carlos ?

Et la Direction générale de la police nationale n'a-t-elle pas laissé assassiner Chapour Bakhtiar et Atef Bseisso au cœur même de la capitale, alors qu'ils se trouvaient tous deux sous sa protection ? A-t-on rêvé l'implication des Renseignements généraux dans l'affaire du pasteur Doucé et tant d'autres ? Et les erreurs et les échecs intéressant les services de police judiciaire, qu'il s'agisse de police et encore plus de gendarmerie ? Et le RAID tuant lui-même l'un de ses chefs au cours d'une réduction de forcené ? Et la perte totale de crédibilité des services du Trésor dans leur responsabilité de tutelle des établissements financiers publics, notamment bancaires ? Et l'inadaptation éclatante de nos armées dans la guerre du Golfe ? Et les défaillances de la direction de la Santé et de la médecine hospitalière dans l'affaire du « sang contaminé » ?

L'erreur et l'échec font partie du quotidien. De celui de chaque individu, de chaque collectivité et de chaque institution. Chacun le comprend et l'excuse inconsciemment, le moment de la découverte passé. Sauf quand il s'agit de la DGSE, dont on ne peut pas parler en 1990 sans s'entendre aussitôt rappeler l'affaire du *Rainbow Warrior* survenue cinq ans auparavant...

La seule explication à cette funeste exception est à mes yeux la suivante : pour compenser le secret de l'institution, l'opinion et les médias se livrent à des représailles, souvent inconscientes et d'autant plus acharnées, chaque fois qu'ils peuvent mettre le Service sous les projecteurs. Il en existe peut-être une autre : certains médias se doutent que la DGSE emploie une (mince) partie de son temps à démonter un certain nombre de leurs informations.

D'abord, évidemment, pour protéger l'État. Mais aussi pour se défendre ! N'a-t-on pas accusé la DGSE d'avoir organisé un trafic d'armes entre la France et le Liban dans lequel était impliqué un fonctionnaire de police, Jean-Claude

Labourdette ? En novembre 1994, le procès de ces trafiquants a démontré l'inanité de ces accusations. Mais imaginons un seul instant les comptes rendus des journaux si, dans ce « procès Labourdette », deux douzaines d'agents de la DGSE avaient été impliqués, en lieu et place de la douzaine de policiers et d'une autre douzaine de gendarmes ! Il a fallu que la DGSE se défende aussi d'avoir dévoyé son outil pour écouter Michel Garretta[1]. Et d'avoir été présente et active, à partir de 1991, dans les opérations de guerre et de génocide du général Juvénal Habyarimana du Rwanda, non sans l'avoir fait finalement assassiner, comme il se doit ! N'a-t-elle pas été accusée d'avoir fait « liquider » aux Comores un ancien élève-officier de Saint-Cyr en rupture de ban et devenu mercenaire ? Et même d'être à l'origine de l'explosion du DC 10 d'UTA ! N'a-t-on pas lu à ce propos, dans des journaux réputés sérieux, l'ahurissante théorie selon laquelle des explosifs convoyés par nos agents auraient, du fait de leur maladresse, explosé dans l'avion ? La liste des méfaits et forfaits du Service totalement imaginaires et d'autant plus complaisamment diffusés est interminable. Et la désinformation « politique » est fréquente : la DGSE aurait ainsi subi le courroux du Premier ministre, Michel Rocard, pour son incompétence générale, non sans avoir été, ceci étant censé expliquer cela, la victime d'un arbitrage gouvernemental « l'amputant de l'ensemble de ses moyens militaires »...

Le Service ressent tout cela d'autant plus vivement que ses informations obéissent à un souci de rigueur peu commun : le doute systématique y est une règle d'or. Une information doit toujours être recoupée. Et quand elle n'est pas sûre et certaine, elle doit être affectée d'un coefficient de crédibilité. Un papier de la DGSE est toujours « gradué », de 50 à 100. Pourquoi 50 ? Parce qu'il doit posséder au moins une chance sur deux d'être vrai. À partir de 50, il peut

1. Voir le chapitre 8.

être doté des coefficients 60, 70, 80, 90. Et, idéalement, 100. Quoi qu'il en soit, on ne rédige un papier que s'il y a une chance sur deux qu'il soit exact. Et on essaie toujours de remonter à la source primaire. Dans l'affaire de Timişoara, à propos du film qui montrait, fin décembre 1989, les cadavres des victimes attribuées à la Securitate, le Service a mis immédiatement en garde : « Attention ! On ne dit pas que ce n'est pas vrai, mais on est incapable de vous dire que ça l'est. Il nous faut un peu de temps pour vérifier. C'est tout. » Quand des bilans fantaisistes sont diffusés par les médias, il n'est pas facile de donner aux autorités gouvernementales des chiffres plus serrés et généralement nettement moins spectaculaires... Lors d'une crise majeure, l'information, ou ce qui en tient lieu faute de mieux, « surfe » souvent sur une déferlante de rumeurs et d'approximations ; calmer le jeu n'est pas chose aisée, car ce n'est pas toujours le discours que nos destinataires – également citoyens lecteurs de journaux, auditeurs et téléspectateurs – souhaitent entendre.

Quelquefois, la DGSE dit simplement : « On ne sait rien du tout et on ne saura jamais. » Il est probable, par exemple, qu'on ne connaîtra jamais le nombre de morts au Rwanda. Qui a compté les 500 000 supposées victimes des premières semaines de guerre civile, 1 ou 2 millions « comptabilisés » aujourd'hui ? Presque toujours, les chiffres ainsi livrés sont totalement fantaisistes. Dans la proportion de un à deux, mais aussi de un à dix, et parfois de un à cent ! Le Service le démontre tous les jours. On a lu récemment que 40 % des femmes de Bangui sont séropositives : c'est possible, mais malheureusement personne ne peut faire une statistique sanitaire sérieuse aujourd'hui à Bangui ! Et chacun le sait... Se tromper, pour un service, est une chose grave. Un journaliste, lui, peut rectifier subrepticement dans la livraison du lendemain l'information totalement ou partiellement erronée qu'il a donnée la veille. Et, par approximations successives, se rapprocher de la réalité des faits. Il peut donc prendre des risques, tenter des paris dans un monde où l'information exclusive est tellement recherchée.

D'une certaine manière, les Services sont en concurrence avec les médias ; à cette différence près que, contrairement aux journaux, ils ne se voient reconnaître aucun droit à l'erreur. Alors il est vrai que parfois, quand parvient la note du Service, on croit entendre son destinataire lancer : « Mais "ils" sont vraiment nuls, j'ai déjà lu "ça" dans la presse ! » En fait, très banalement, la crédibilité de la note s'est payée en termes de délais de vérification et de recoupement : il arrive que la diffusion d'une note soit stoppée parce que les informations qu'elle contient ont déjà été « brûlées » par les médias et n'appellent pas de compléments particuliers ; la DGSE était peut-être la première (parfois très en amont) à disposer de ces nouvelles, mais elles ne lui ont pas paru suffisamment sûres, et sa déontologie ne lui en a pas permis alors l'exploitation.

Au quotidien, les hommes de la DGSE s'étaient habitués à une critique périodique et acerbe de leur travail. Depuis plusieurs années, des hommes politiques, des organes de presse soulignaient à la première occasion combien ils avaient été aveugles, quand ils ne s'étaient pas lourdement trompés... Bien entendu, aucun de ces critiques n'avait la moindre connaissance de ce que Mortier avait pu écrire à cette occasion... Car s'il arrive que le Service soit absent d'un événement ou que ses productions soient mauvaises, il peut également s'être trouvé au bon endroit au bon moment, et ses informations se révéler excellentes, voire exceptionnelles... Or, il n'est pas facile de mener une maison attaquée et dénigrée en permanence à l'extérieur. C'est pour cela qu'une de nos ambitions était de faire cesser les attaques. Nous y sommes parvenus avec le monde politique « compétent » et le pouvoir. Pendant près de quatre ans, pas une seule déclaration, au niveau ministériel ou au-dessus, n'a mis en cause le Service. Ce qui était presque inespéré. De même, le monde parlementaire s'est abstenu de toute critique au long de cette période. Et tout cela, sans service de communication ni budget affecté à cette fin...

Autre type d'ouverture : l'appel à la collaboration de spécialistes extérieurs – universitaires, chercheurs, journalistes. La nécessité s'en est fait sentir lorsque à la fin des années quatre-vingt le monde a basculé. Il a fallu comprendre très rapidement à quoi correspondait l'émiettement des grands ensembles politiques, comment s'expliquaient les fractures ethniques et religieuses qui surgissaient et prenaient des dimensions phénoménales en Europe de l'Est... En cette occasion comme en d'autres, le Service a eu recours à des consultants extérieurs. Quand il a besoin de disposer d'un point de vue spécialisé sur un problème qu'il ne maîtrise pas très bien, il fait facilement appel à un ou plusieurs spécialistes parmi les gens qui, à l'extérieur, travaillent régulièrement avec lui. Tout le monde connaît aujourd'hui la Tchétchénie en raison de la guerre qui s'y est déroulée à partir de la fin 1994. Mais quand le Service a découvert les Tchétchènes au milieu des années quatre-vingt, il faut admettre qu'il ne savait pas grand-chose de cette république. Parmi ses consultants, il a recherché ceux qui approchaient suffisamment les Tchétchènes pour parler de leur histoire, de leurs problèmes, des enjeux de la rébellion qui se préparait, de leur personnel politique, de l'organisation de leur économie et de la place de cette dernière dans l'économie de la Russie avec laquelle ils entendaient rompre. Mais les Tchétchènes n'étaient pas les seuls. Le Service s'est également beaucoup intéressé, dans des conditions similaires, aux Gagaouz, aux Kazakhs, et à tant d'autres.

La DGSE entretient ainsi une collaboration spécifique avec un certain nombre de spécialistes qui ne lui sont pas attachés à plein temps. Les modalités de telles relations sont bien simples : si un consultant du Service travaille à une thèse, s'il prépare un article ou un livre sur une contrée lointaine, il peut avoir besoin de s'y rendre. Il rencontre alors son correspondant à la DGSE, son « officier traitant », et lui explique ce besoin qu'il a d'aller sur place approfondir tel ou tel point. Il se trouvera généralement que, justement, quelques questions précises se posent sur cette région, et qu'il pourrait bien les élucider à l'occasion de l'enquête qu'il souhaite conduire. Il va mener ainsi pour nous une mission rémunérée, peut-être sous forme d'un billet d'avion et de nuits d'hôtel. En plus des informations spécifiques qu'il recueillera à notre intention, il nous livrera le fruit de ses recherches personnelles, et notamment les éléments qu'il n'utilise pas pour son travail personnel, mais qu'il a tout de même amassés au fond de son chalut.

Il en va exactement de même avec les médias : un journaliste spécialiste d'un pays étranger, ou d'une zone plus large, et qui s'y déplace en permanence, ne peut pas publier dans son journal tout ce qu'il accumule. Question de volume souvent, d'opportunité aussi, certains sujets n'étant pas assez neufs ou originaux pour intéresser les lecteurs. Pour le Service, en revanche, tout est intéressant : nous sommes des maniaques du recoupement. Plus il a de sources, plus il est à l'aise ! Quand une situation donnée – économique, politique ou culturelle – se stabilise, cela ne fait pas l'affaire des journaux, généralement hostiles à la banalité et à la routine. En revanche, pour la DGSE, cela peut se révéler tout à fait passionnant. Si c'est essentiellement aux universitaires que la DGSE offre des billets d'avion et des séjours, il n'en néglige pas pour autant les journalistes.

Le plus souvent, ce voyage est déjà financé par leur journal et le Service a bien conscience que c'est sans doute le billet de leur petite amie qu'il paie. Aucune importance ! Ce qui compte, c'est ce qui sera rapporté par d'autres biais que nos canaux habituels et qui présente la situation sous un autre angle. Dans ce pays, le journaliste en question aura rencontré d'autres gens que nos interlocuteurs classiques, aperçu d'autres réalités, sous des éclairages souvent inédits. Il n'y a rien là qui soit contraire à la déontologie professionnelle d'un journaliste : nous lui dressons une petite *shopping-list*, mais notre ami et « associé » ne voyage pas avec un faux nez. Nous lui proposons un travail parfaitement propre et correct. Par exemple, dans un pays comme le Gabon, il y a un président avec un clan au pouvoir, une opposition menée par un prêtre, de curieux citoyens français faisant de non moins curieuses affaires, des mages et des sorciers, des élections, des machines à sous, du pétrole. Tous ces éléments évoluent en permanence ! Notre vision du pays doit sans cesse être remise à jour et nous devons actualiser notre regard sur le tissu social du pays, sa vie économique et politique, tout en comblant les lacunes. La complexité d'un pays est extrême. Notre dossier Gabon, pour poursuivre cet exemple, est un immense puzzle. Il suffit parfois d'un élément nouveau pour que quelque chose d'inédit se dessine. Que se passe-t-il pour notre ami lorsque son reportage au Gabon est terminé ? Sans formalités, il viendra passer quelques heures à Mortier pour rapporter à son officier traitant les informations nouvelles. Il n'y a rien là que de très acceptable, et la relation est parfaitement limpide. Et où est le problème si le Service lui rembourse ses faux frais ?

Certains universitaires, consultants à la DGSE, y font également de la formation, des cours géopolitiques sur les pays dont ils sont les spécialistes. Si l'un d'entre eux veut se rendre dans un endroit difficile, on peut l'y conduire dans l'un de nos « wagons », c'est-à-dire à bord de l'un de nos moyens de transport. Ces collaborations sont essentielles : la DGSE a besoin de diversifier au maximum ses instruments de connaissance.

Les journalistes qui « aident » la DGSE sont l'exception et les relations avec les médias demeurent dans l'ensemble assez difficiles. Cette situation conflictuelle n'est du reste pas artificielle : c'est la résultante de fonctions antagonistes. Si l'on voulait s'en tenir à des données aujourd'hui dépassées, on pourrait dire que le Service accomplit bien sa mission quand il étanchéifie son système de telle façon que rien ou presque ne filtre de ses activités. Et, symétriquement, on peut estimer que les médias remplissent leur rôle quand ils percent le secret de ces dernières. On peut également admettre que l'étanchéité totale d'un système n'est ni possible ni souhaitable et que, quitte à laisser filtrer un certain nombre d'informations, autant les trier et faire en sorte que ne se diffusent que celles qui peuvent être utiles – à la nation, à l'État, au Service, au fonctionnement de la démocratie. Ce choix me parut être le bon.

Seul le directeur général peut communiquer, car la Maison est beaucoup trop cloisonnée pour que quelqu'un d'autre puisse se lancer dans un exercice aussi périlleux. Lui seul possède une connaissance complète du système, car le secret – indispensable, même s'il faut savoir le gérer – ne tient qu'au respect intransigeant de la règle du cloisonnement. Monsieur de La Palice en conviendrait : plus une affaire est connue, moins elle est secrète. Donc, le cloisonnement est une règle qui ne se transgresse pas.

Tout service spécial, où qu'il soit dans le monde, considère les journalistes comme une espèce à risques dont il faut tirer le meilleur parti. Pour la DGSE comme pour les autres, il s'agit déjà de faire passer des informations par leur intermédiaire. Mais de ce point de vue, les services se partagent en deux écoles. La première entend manipuler l'information, celle-ci étant perçue comme un élément clé de l'action, qu'elle soit politique ou opérationnelle. Dans ce cas, un « tuyau » ne sera offert qu'en fonction de son rôle dans le déroulement de cette action. La seconde méthode consiste à céder aux sollicitations pressantes des médias, à « lâcher » ce qui paraît possible et souhaitable pour le Service et la vie institutionnelle du pays... et à espérer un retour. Mais le jeu entre les Services et les médias est subtil : la « fuite organisée » renforce le secret de ce qui n'a pas été divulgué, les informations rendues publiques étant censées « rapporter » plus que si elles ne l'avaient pas été.

Il arrive évidemment aussi que des journalistes trouvent des informations sur le Service susceptibles de lui porter atteinte. Ceux-là n'entrent pas dans la catégorie des professionnels venant aux nouvelles, et n'attendent du Service que la confirmation des informations dont ils disposent déjà et qui portent généralement sur des événements que celui-ci préférerait garder secrets. Ils ne sont guère nombreux, mais quand ils contactent le Service pour connaître son opinion sur tel ou tel dossier, ils provoquent à l'instant une crise spécifique dont les effets viennent le plus souvent s'ajouter à celle qui a motivé leur appel. La seule position tenable dans de tels cas consiste à ne pas fermer la Maison. Accepter alors le dialogue – y compris au plus fort de la crise – n'a jamais desservi ni la DGSE, ni son directeur. À condition que les entretiens se déroulent selon la règle du *« off the record »* – qui permet de n'être ni cité ni même évoqué –, ce qui ne peut être pratiqué qu'avec des journalistes responsables. Sans que le professionnel ait été contraint à faire quelque concession que ce soit, il peut alors publier son information en toute connaissance de cause, « stratégie » qui constitue un progrès considérable par rapport aux situations de crise aiguës que les services secrets français ont connues dans le passé et qui ont été l'occasion de véritables affrontements avec les médias.

Tout cela ne concerne que les journalistes de la presse écrite. La télévision, elle, n'est pas un média adapté à l'explication de l'action du Service ou de la subtilité des événements dans lesquels il est impliqué. Médiatiser à chaud paraît impossible avec des interlocuteurs attachés à la vivacité du débat et à sa forme. La seule solution possible aurait consisté à participer à une émission du type « 7 sur 7 » ou « L'Heure de vérité ». Mais c'eût été entrer en conflit ouvert avec le monde politique. Faut-il pour autant en rejeter complètement l'idée ? Sans doute pas, et je regrette que le pouvoir politique ait jugé cela inopportun à cette époque. Mais d'une manière générale, et lorsque surviennent des événements, un directeur général de la DGSE ne peut pas se faire entendre à la radio ou apparaître à la télévision. On m'a sollicité pour que je me rende à des tables rondes ou pour être interrogé à la télévision lors de différentes crises, et notamment de la guerre du Golfe. J'ai toujours refusé, ne serait-ce que pour n'avoir pas à répondre à la question que tout journaliste m'aurait posée : « Mais pourquoi n'avez-vous pas vu ? » Comme j'aurais été, parfois, obligé de dire : « Mais si, le Service a vu », j'aurais montré du doigt le pouvoir, c'est-à-dire le système même auquel j'appartenais... La télévision a un impact considérable, démesuré par rapport à la presse écrite. Mais au travers de cette dernière, en raison des délais qu'elle offre, de la relative lenteur de ses processus de fabrication et surtout du suivi régulier de ses informations, la communication peut être maîtrisée.

Deux interviews dans *Le Monde*, les 30 janvier 1990 et 31 mars 1993, m'ont cependant révélé la limite haute de ce qu'il était possible de faire : le moment de leur parution a été longuement « comploté » avec les amis que je compte de longue date dans ce journal – notamment Jacques Isnard qui les a recueillies et Jean-Marie Colombani qui les a accueillies. Le choix du *Monde* était dicté par ma volonté d'atteindre les capitales étrangères, les milieux décisionnels parisiens et le Service lui-même. Je n'avais informé personne de ma première interview, ni demandé la moindre autorisation. Michel Rocard me l'a reproché, mais il a admis qu'il aurait dit « non » si j'avais sollicité son avis... Je lui ai rétorqué que c'était justement pour cela que je ne l'avais pas fait. Je lui ai demandé s'il avait dit la même chose aux autres responsables de l'État qui procédaient de la sorte ; il m'a répondu que ce n'était pas comparable, que la DGSE n'était pas une institution comme les autres. Je respecte cette opinion, bien sûr. Mais je pense que c'est précisément pour cette raison – la singularité dans l'appareil de l'État – que le directeur général de la DGSE doit avoir plus d'autonomie que ses homologues ; il en jouit en règle générale, et il convient de s'en féliciter. Mais cette capacité d'initiative qui lui est reconnue souffre d'une exception : la communication ! Ce qui n'a, à mes yeux, aucune justification.

La communication est devenue une part cruciale de l'action, une dimension qu'on ne saurait soustraire à quelque responsable que ce soit. Pour reprendre une formule connue, le savoir-faire ne peut être séparé du faire-savoir. On ne peut plus faire vivre une institution sans la médiatiser un tant soit peu.

La seconde interview fut publiée dans la zone grise qui a séparé, après le second tour des élections législatives de 1993, la démission du gouvernement de Pierre Bérégovoy de la désignation d'Édouard Balladur. À ce moment-là, il était nécessaire de reparler de la DGSE. L'intérêt de l'État et du Service transcendait les objections d'ordre public ou personnel qui pouvaient s'élever contre cette intervention. Et l'instant m'a paru opportun, qui ne pouvait gêner l'équipe quittant les affaires, et pas davantage celle qui n'en avait pas encore la charge. Cette extrême délicatesse n'a pas toujours été comprise.

Le président, il convient de le noter, fut le seul à ne manifester aucune émotion. Ni lors de la première interview, ni lors de la seconde...

6

Au cœur de l'appareil d'État

Rattachement dépassé au ministère de la Défense. – Pas d'interlocuteur politique fonctionnel. – Dialogues au quotidien. – Prendre ses responsabilités. – Relations permanentes avec l'Élysée. – Des écrits sans pitié.

Institutionnellement et administrativement, le Service est rattaché au ministère de la Défense. Tel n'a pas toujours été le cas : la DGSE, qui s'appelait alors le SDECE, a dépendu du Premier ministre jusqu'à l'affaire Ben Barka à laquelle les hommes du Service et de la préfecture de police avaient été mêlés, d'ailleurs à un échelon relativement modeste de la hiérarchie. Le président de la République, le général de Gaulle, prit alors la décision de mettre fin à l'autonomie de l'une et de l'autre. Mettant la préfecture de police sous la coupe, toute théorique, de la Direction générale de la police nationale, il plaça le Service sous la tutelle du ministère des Armées, devenu depuis le ministère de la Défense. Ce fut une décision d'opportunité, sans justification fonctionnelle, qui confiait à un ministre une responsabilité hors de son champ de compétence tout en associant le Service au système militaire. Il fut ainsi, de fait, éloigné du pouvoir politique.

La Maison ne vivait pas pour autant, jusque-là, dans l'ignorance du ministère de la Défense. Depuis sa création, elle entretient avec lui des relations spécifiques, puisqu'il lui fournit une partie de ses moyens, notamment en personnel – à savoir tous les officiers et sous-officiers qui sont dans le Service –, mais également l'un des éléments clés de son dispositif : l'intégralité du service Action, avec ses hommes, son matériel, ses locaux et la plus grande partie de ses crédits de fonctionnement et d'équipement. Outre ce lien de dépendance administrative, le Service entretient aujourd'hui deux types de relations avec la Défense : il est son fournisseur de renseignements militaires bruts, surtout techniques ; par ailleurs, il constitue son moyen d'information privilégié sur les situations de crise et de conflit dans le monde. Ce rapport n'est donc pas artificiel, puisque la DGSE travaille pour la Défense qui, de son côté, lui fournit des prestations. Ce n'est cependant pas un rattachement fonctionnel, dans la mesure où le ministère de la Défense n'a pas de raison de connaître la majeure partie du travail que le Service accomplit. Il est difficile pour un directeur général de la DGSE, et je suppose que ce fut le cas pour tous, de faire rapport, ou, éventuellement et exceptionnellement, de faire « couvrir » politiquement une action par un ministre qui n'est pas le moins du monde concerné par elle. Le lien avec la rue Saint-Dominique (où se situe l'hôtel de Brienne qui héberge le ministère) est fort, mais au quotidien il ne constitue pas en règle générale une préoccupation majeure.

Cependant, les théâtres d'opérations où les forces françaises sont impliquées se sont multipliés. Si par exemple le Service doit mener une opération difficile sur le territoire de l'ex-Yougoslavie, il n'est pas incongru que le directeur en parle au ministre de la Défense : il n'est sans doute pas le ministre en charge de la politique française dans l'ex-Yougoslavie, mais il n'est pas non plus incompétent du fait que des soldats français sont engagés sur le terrain. Donc, paradoxalement, les situations de crise facilitent les relations dans la mesure où elles appellent un rapport plus concret avec le ministre de la Défense. En revanche, si le Service juge par exemple que l'Algérie est un sujet majeur, entend y mettre en œuvre des moyens importants et se trouve de ce fait conduit à y prendre un certain nombre d'initiatives et de risques, on n'imagine pas pourquoi et dans quelles conditions il se ferait « couvrir » par le ministre de la Défense, ou même l'aviserait de ses préoccupations, alors qu'il agit en dehors du champ institutionnel des compétences de ce dernier.

En réalité, le travail du Service, au quotidien, concerne avant tout l'Élysée, puis Matignon et les Affaires étrangères. Sans oublier évidemment l'Intérieur pour les affaires de sécurité.

Jusqu'en 1989, comme nous l'avons vu plus haut, l'interlocuteur de la DGSE à l'Élysée était le chef de l'état-major particulier du président. Pourquoi le CEMP ? Parce que dans chacune des deux grandes maisons, l'Élysée et Matignon, les liaisons avec la Défense, et donc avec la DGSE, font partie des prérogatives du chef du cabinet militaire, correspondant du ministère de la Défense. Ces officiers généraux ne sont bien entendu des spécialistes d'aucune des matières que traite la DGSE, laquelle œuvre essentiellement dans le domaine de la sécurité et pratique le renseignement de politique extérieure et économique. Elle ne consacre qu'une faible part de son activité au renseignement militaire ; et s'il existe un type de renseignement qui ne remonte jamais jusqu'au président ni jusqu'au Premier ministre, c'est bien le renseignement militaire issu du Service, parce qu'il est extrêmement technique. Aussi était-il assez saugrenu que le chef de l'état-major particulier à l'Élysée et le chef du cabinet militaire à Matignon fussent les interlocuteurs attitrés du Service. En 1989, il est donc mis fin à cette anomalie.

À Matignon, comme à l'Élysée où cela a déjà été évoqué, les accès sont multiples. Soit par l'intermédiaire du préfet, conseiller du chef du gouvernement pour les affaires de sécurité, Remy Pautrat, soit par celui du conseiller diplomatique Philippe Petit, soit par celui du directeur de cabinet, Jean-Paul Huchon, pour ce qui concerne la politique générale du Service et les dossiers « réservés ».

Le directeur général de la DGSE ne dispose pas d'interlocuteur politique fonctionnel au gouvernement. Il peut ainsi arriver qu'il s'entende reprocher d'avoir pris, sans en référer au pouvoir politique, des risques supérieurs à ceux qu'il aurait dû prendre. Il n'y a pas de doctrine, en réalité, sur cette question, mais un principe : jamais aucune des actions du Service ne doit pouvoir être imputée au président de la République. Il ne saurait donc être question de demander des instructions à la présidence ou une couverture politique.

L'Élysée, par définition, ne donne pas d'instructions à la DGSE : le bon fonctionnement de la République ne permet pas de mêler le président à la conduite quotidienne des services spéciaux de la nation. Lorsqu'il prend des risques, même hors normes, le Service doit en assumer seul la responsabilité. Quant au ministre de la Défense, s'il a dû endosser celle du *Rainbow Warrior*, c'est plus parce que l'opération avait été demandée par les armées et entreprise à leur bénéfice pour empêcher le bateau de Greenpeace de semer la perturbation à Mururoa pendant l'été 1985, que parce qu'elle avait été réalisée par la DGSE placée sous sa tutelle. En tout état de cause, son implication était totale et incontestable, à la fois comme commanditaire et autorité de tutelle de l'exécutant. Il est donc absolument normal que la responsabilité ait été assumée à ce niveau.

Quand je suis nommé en mars 1989, Jean-Pierre Chevènement est ministre de la Défense. Je le connais très bien puisqu'il est député, maire et conseiller régional de la région dont je suis le préfet de région. Je m'entends parfaitement avec lui. Nous avons travaillé ensemble à Belfort sur « son » université technologique, sur les problèmes d'Alsthom, de Bull, etc. Jean-Pierre Chevènement n'est pas originaire de Belfort même, mais du Haut-Doubs, région très typée à proximité immédiate de l'Alsace, mon pays natal. Au XVIe siècle, quand la Réforme se concentre sur Genève, c'est la capitale du protestantisme qui s'installe aux frontières de la France. Et le catholicisme bâtit une ligne Maginot dans le Haut-Doubs, qui connaît alors une des plus fortes densités d'églises et de prêtres existant en France. La ligne verte du Jura est gardée par des curés. C'est de là que sort Jean-Pierre Chevènement, de ce pays profondément imprégné de catholicisme où salles de mairie et d'école arborent souvent encore un crucifix. Le calviniste sociologique que je suis a beaucoup d'estime pour Chevènement, homme de caractère original et indépendant. Politiquement, je suis cependant assez éloigné de lui : son nationalisme et sa méfiance à l'égard de l'Europe me sont très étrangers. Quand j'étais préfet en Franche-Comté, nous avons eu quelques discussions animées sur ce sujet. Je lui ai toujours dit : « Vous êtes vingt kilomètres trop au sud. Si vous étiez né au-delà de la frontière linguistique... » Jean-Pierre Chevènement est de deux pays : du Haut-Doubs, extrêmement conservateur et catholique, et aussi de Belfort, siège de la mythologie nationaliste antigermanique de la première moitié de notre siècle, marquée par les deux grandes guerres. Il est donc, par son ethnie, de cette partie de la France qui protège les frontières du catholicisme ; et par choix, par hasard politique aussi, de cette ville qui est en charge de la frontière séparant notre pays du monde germanique. C'est ce personnage que j'apprécie particulièrement, avec sa force de caractère et sa grande volonté. Comme élu local, quand il veut quelque chose, il sait s'y accrocher bec et ongles. C'est quelqu'un de bien, l'un des plus clairs du système politique. Je pense qu'il a beaucoup souffert de la mise en évidence de nos limites politiques et de la découverte de notre incapacité militaire dans le conflit du Golfe.

Pierre Joxe lui succédera après sa démission le 29 janvier 1991. Je le connais assez bien également puisque à Matignon en 1985-1986, j'ai eu pour fonction de suivre les activités du ministère de l'Intérieur qu'il dirigeait alors d'une main ferme. Après quelque temps d'observation un peu difficile, mes rapports avec lui étaient devenus satisfaisants. Mais c'est rue Saint-Dominique que je le découvrirai véritablement. Passionné de politique étrangère, il sera un interlocuteur ardent et exigeant. Fasciné par l'évolution des nations issues de l'ex-empire soviétique, il veut tout savoir sur les Abkhazes et les Ossètes du Sud... D'une vaste culture, il me surprend souvent par ses connaissances sur cette partie du monde. L'Asie, surtout la Chine et le Japon, le fascine également ; ainsi est-il particulièrement attentif quand, de retour de Pékin à l'été 1992, je lui confirme que si la langue de bois est toujours la règle d'or de nos interlocuteurs, aussi bien techniques que politiques, elle a fait place sur deux sujets à une extrême brutalité. Le premier concernait la livraison des Mirage 2000 à Taiwan : « La France est en réalité manipulée dans cette histoire par les Taiwanais qui n'ont qu'une idée, forcer la main aux États-Unis pour qu'ils acceptent de leur vendre des chasseurs F 16... » Le second portait sur le Japon qui « d'ores et déjà, et hormis le nucléaire, possède l'armée la plus technologique du monde (100 000 dollars de budget annuel par homme) »... Ce qui pour le Service n'est pas une découverte : il sait depuis longtemps que l'accroissement continuel de son budget de Défense, sa volonté opiniâtre de jouer un rôle majeur dans les institutions internationales, alliée à la mise en œuvre de moyens importants et osés pour y parvenir (comme l'a illustré la campagne pour la reconduction à la présidence de l'Organisation mondiale de la santé du docteur Hiroshi Nakajima), font désormais du Japon un pays sûr de lui et demain peut-être dominateur. Le ministre de la Défense s'interroge et se montre même soucieux devant les éléments d'information que nous rassemblons jour après jour et qui attestent de la volonté du Japon de mobiliser des moyens considérables dans deux domaines essentiels : l'espace et le nucléaire. Nous divergeons toutefois sur un point : l'intérêt porté à l'Afrique. Pour lui, le Tchétchène passe toujours avant le Malinké...

De tempérament un peu méfiant, il est long à accorder sa confiance. Peut-être d'ailleurs en réserve-t-il toujours une part... Mais souvent, le soir, nous repensons le monde autour d'un verre. Et bien fin celui qui pourrait dire lequel des deux a le plus envie de le reconstruire à neuf ! Après Jean-Pierre Chevènement, la France a eu la chance d'avoir avec Pierre Joxe un ministre de la Défense de grande stature.

Le troisième et dernier ministre de la Défense que j'ai connu fut François Léotard. Je n'ai rien à en dire.

Le directeur de la DGSE ne détient aucun mandat de la République, ni écrit ni oral. Personne, un jour, ne vous dit : « Voilà ce que la France souhaite voir se dérouler au Tchad, en Roumanie ou n'importe où ailleurs. Voilà quelle est notre vision et voilà quel est votre rôle dans cette vision. » On ne reçoit jamais ce type d'instructions, et il est heureux qu'il en soit ainsi. La décision dans une démocratie relève du domaine des « structures molles ». Il faut sentir comment situer l'institution dont on a la charge dans le concert général, et donc être sensible à la musique qui se joue, connaître la partition de chacun, en déduire la sienne, et faire ses choix. Au nom de la responsabilité et du pouvoir qui vous ont été délégués par l'État le jour où vous avez été nommé à ce poste. L'un de mes prédécesseurs raconte avoir demandé un jour, de toute urgence, une audience au président de la République pour obtenir, en pleine vague d'attentats terroristes, l'autorisation de « neutraliser » certains responsables étrangers ciblés depuis longtemps par le Service. Il dit avoir été étonné de la réponse... Mais poser une telle question, c'est ignorer comment fonctionne et doit fonctionner une démocratie. C'est un système dans lequel, par nature, le pouvoir est éclaté, déconcentré.

Le directeur général de la DGSE reçoit une délégation de l'État pour diriger l'institution qui doit assurer la sécurité de la France et des Français, et défendre les intérêts vitaux de notre pays dans le monde. L'outil que l'on met entre ses mains est supposé lui permettre de remplir cette mission. Il a deux devoirs dans cette affaire. Le premier, c'est de faire en sorte que l'instrument soit toujours adapté à sa mission. Le second, de l'utiliser pour la remplir. Ce directeur général est nommé en Conseil des ministres par le président de la République sur proposition du Premier ministre, tous deux choisis démocratiquement par la nation. Dès lors qu'il se trouve à la tête de ce système, il n'a pas à lever le doigt chaque fois qu'il veut prendre une initiative pour demander au président de la République, au Premier ministre ou même à un ministre : « Est-ce que je dois faire ça ? Est-ce que je peux faire ça ? » Ce qui n'empêchera pas l'un ou l'autre de dire demain, notamment si les choses ont mal tourné : « Monsieur, vous auriez dû m'en parler avant. » Cela fait partie du jeu...

Quand et à qui convient-il de parler des choses difficiles ? En tout état de cause, le directeur doit veiller à ne pas se décharger de ses propres responsabilités sur une autre autorité. De toute façon, aucun homme politique à qui il irait demander : « Monsieur, est-ce que je peux neutraliser X ? », ne lui répondrait : « Oui, monsieur. » D'où l'absurdité des propos d'un ancien officier de gendarmerie qui affirmait, durant l'été 1994, avoir reçu instruction à cet échelon de tuer... un avocat !

Le problème se pose différemment quand le directeur de la DGSE juge que l'action qu'il veut entreprendre revêt une importance exceptionnelle en raison de ses répercussions possibles sur un autre aspect de la politique intérieure ou extérieure de la nation... Supposons, en poursuivant l'hypothèse évoquée plus haut, que le Service souhaite éliminer un terroriste. (Je dois tout de même préciser au préalable qu'on

« exécute » en réalité très peu dans les Services.) Si l'action, à supposer qu'elle vienne à être connue, peut entraîner de graves suites diplomatiques, il est bien évident que le directeur a besoin de l'aval politique. Car il ne saurait risquer de créer les conditions d'un conflit diplomatique sans que ceux qui sont en charge de la politique extérieure de la France en aient pesé les conséquences et donné le feu vert. Mais s'il a la conviction d'avoir 98 % de chances de réussir sans que sa main apparaisse, ou que, si elle apparaît, cela n'aura ni influence ni répercussions notables sur la diplomatie française ou sur la vie politique intérieure du pays, alors c'est son travail et il doit l'accomplir dans la solitude. La nation confie ce poste à un homme qu'elle juge capable de décider et d'agir. Celui-ci n'a pas à faire porter à quelqu'un d'autre la responsabilité morale et technique de la mission dont il est en charge. Et en cas de crise, il doit remettre son poste à la disposition de l'État, sans la moindre discussion ni le moindre état d'âme.

Non qu'il doive « sauter ». Mais il lui faut dire au président : « Je vous offre ma démission. Vous me dites si je dois partir. C'est vous qui savez si cela est utile et opportun pour la conduite des affaires de l'État. Et si vous en jugez ainsi, alors je pars en disant que je reconnais que le Service a mal décidé ou mal exécuté. » Tout le problème du rapport entre les politiques et les hauts fonctionnaires se trouve ici posé : le partage du pouvoir entre eux et les responsabilités que chacun y assume. Ce qui est certain, c'est que l'on a bien vu dans l'affaire du sang contaminé que les hauts fonctionnaires n'étaient pas les derniers à devoir rendre des comptes... Mais il n'y a pas de démocratie sans prééminence des élus et donc des politiques ; aussi est-il juste que ceux-ci aient « droit de vie et de mort fonctionnelles » sur ceux-là.

Dans le même ordre d'idée, l'affaire du Crédit Lyonnais est très intéressante. Son directeur général, accusé en 1994 d'avoir commis de graves erreurs de gestion, a répondu : « Non, je n'ai pas fait de bêtises, j'ai pris les risques normaux d'un banquier et je veux le démontrer. » Ce n'est pas mon métier et je n'ai pas les moyens en l'espèce de juger la pertinence du propos. Mais c'est là, à mes yeux, un bon dialogue d'État démocratique.

Quand on a exigé mon départ, on ne m'a pas dit que j'avais mal géré ou commis des fautes. D'ailleurs, on ne m'a rien dit du tout ! Officieusement, on m'a fait savoir : « Politiquement, vous n'avez pas notre confiance. » C'est tout à fait autre chose. Je trouve pourtant parfaitement naturel que l'on déplace quelqu'un quand on pense qu'il ne fait pas l'affaire. On ne peut pas se fier au titulaire du poste pour porter un tel jugement ! Chacun estime qu'il est très bien là où il est. Je n'en ai jamais connu qui dise : « Je ne fais pas l'affaire. » J'ai occupé vingt postes différents au cours de ma carrière, et j'ai toujours pensé, ce qui reste à démontrer, que je faisais parfaitement l'affaire...

Le président de la République ne développe pas une passion excessive pour les Services, mais se montre très attentif à tout ce qui les concerne, connaissant les opportunités qu'ils peuvent se permettre de saisir, et au moins autant, les risques qu'ils représentent. Ce n'est donc pas par hasard s'il a confié la charge de suivre la DGSE à Gilles Ménage, son directeur de cabinet, de 1988 à 1992[1].

Gilles Ménage voit souvent le président, certains jours à plusieurs reprises : François Mitterrand traite les affaires diplomatiques avec un soin tout particulier, mais Gilles Ménage n'est informé de ces dernières qu'à travers la DGSE,

1. Gilles Ménage avait été auparavant, de 1982 à 1988, directeur-adjoint du cabinet du président de la République. Et à son départ de l'Élysée sera nommé président de l'EDF.

ce qui pose problème car il n'est pas un spécialiste de ces questions.

Ce qui l'intéresse le plus à la DGSE ne concerne pas tant la politique étrangère que la sécurité, les conséquences de notre action sur la politique intérieure. Il assure par ailleurs la protection rapprochée du président, tâche difficile entre toutes car le « sujet » néglige souvent cette nécessité, et elle doit être organisée malgré lui, pratiquement en cachette.

Le président a trouvé en Gilles Ménage un rempart hors pair, un très bon professionnel, qui sait distinguer l'essentiel de l'accessoire et ne se fie jamais aux apparences. La plupart du temps, il voit les coups venir. Il a joué, durant la période où il a occupé ces fonctions, un grand rôle.

Les relations avec Matignon ont été plus difficiles, ne serait-ce que parce qu'en quatre ans il a fallu s'adapter à trois Premiers ministres et donc à trois équipes différentes de collaborateurs, aux compétences et aux intérêts variables. Michel Rocard a été au fond le seul Premier ministre, de 1988 à 1991, à s'intéresser au renseignement. Non seulement intellectuellement, mais aussi très concrètement. J'ai eu la chance d'arriver au moment où il était Premier ministre. Il est venu à la DGSE, a été captivé par ce qu'il a vu au cours de la journée qu'il y a passée, et a compris qu'elle méritait beaucoup mieux que la réputation que lui faisaient certains. Par la suite, je l'ai vu régulièrement et souvent. Je l'ai toujours trouvé à l'affût de l'information, et il a été pour moi un véritable interlocuteur. Je lui serai toujours reconnaissant d'avoir accepté que le Service propose un plan de développement de cinq ans ; d'avoir ensuite entériné ce plan, et, plus encore, de l'avoir fait respecter pendant les années où il a occupé ce poste.

Édith Cresson, elle, n'a guère eu le temps de s'intéresser au Service, l'amicale complicité qui nous lie lui paraissant par ailleurs offrir une garantie suffisante : au moins de ce côté-là n'avait-elle rien à craindre... Mais elle m'a apporté toute l'aide nécessaire à la conduite du Service et à sa montée en puissance.

Quant à Pierre Bérégovoy, ma première entrevue avec lui ne m'a pas enthousiasmé. Les suivantes (assez rares), non plus. Pour des raisons qui lui sont propres, il vous donnait facilement à penser qu'il était au courant de tout !

Le rapport avec le pouvoir politique est des plus complexes : on change difficilement son idée des choses, dont on n'est d'ailleurs pas toujours sûr qu'il souhaite la faire évoluer. Il faut parfois penser en disciple de Lacan et, le paraphrasant, juger que faire du renseignement c'est comme aimer : « Donner ce qu'on n'a pas à quelqu'un qui n'en veut pas. »

Les hommes de pouvoir, la plupart du temps, n'ont cure de se tromper : ils font et refont, au fur et à mesure des événements, l'histoire de leurs idées sur l'Histoire en train de se faire. Bien sûr, il y a l'écrit. Sans pitié. À cet égard, lire les jugements sur les événements du Golfe à partir du jour où les chars irakiens franchirent la frontière du Koweït est particulièrement édifiant. Sans compter qu'avant cette date, c'est tout simplement le vide... À partir du 5 août 1990, sur la question de savoir si la guerre allait éclater ou pas, les officiers généraux appelés comme experts par les médias se sont surpassés. Le 10 août, l'un d'eux affirme péremptoirement : « ...quant à la troisième option, le déclenchement d'une véritable guerre contre l'Irak, elle me semble tout à fait invraisemblable... » Un autre : « ...mais d'autre part, il paraît exclu que les Américains puissent attaquer au Koweït... » Et un troisième : « ...les Occidentaux ne peuvent pas se permettre de se lancer dans une guerre terrestre. Je ne crois donc pas à une offensive massive des forces américaines... » Il est très curieux d'ailleurs que sur un sujet éminemment politique, faire ou ne pas faire la guerre, les médias aient fait appel à des experts militaires, officiers généraux, dont nous savons à quel point ils se veulent éloignés de la politique, domaine dont relève par définition la « décision de guerre ». Il y a eu là une erreur dans la distribution des rôles, l'expertise militaire ne pouvant, de fait, prendre de valeur qu'une fois la guerre déclenchée et porter alors sur son déroulement.

En politique intérieure, les rapports des préfets et des Renseignements généraux sont lus attentivement, dans la mesure où ils déterminent le type de réaction que le pouvoir va opposer à la situation donnée. Ainsi, par exemple, lorsqu'une manifestation de pêcheurs se prépare à Rennes, on s'intéresse au nombre de manifestants prévus, à ce qu'ils projettent de démontrer, avec quel équipement ils vont se rassembler... Mais au fur et à mesure que le champ opérationnel s'éloigne, on a le sentiment que les faits perdent leur signification et donc leur pouvoir d'emporter la conviction. Quand on dirige un organe dit « de renseignement », c'est évidemment une grande frustration que de ne pas être entendu. Mais c'est un fait : l'idée que la plupart des hommes de pouvoir se font des choses est étrangère aux faits. Ceux-ci ne peuvent jamais parvenir à entamer l'idée qui les transcende...

Le pouvoir dit toujours qu'il doit être informé. Mais, au fond, l'information secrète le dérange souvent, car elle pourrait le contraindre à prendre des mesures qui lui coûtent en termes politiques ou économiques, ou à avouer son impuissance. Il préfère donc souvent ne pas savoir pour pouvoir dire ensuite : « Ah, si j'avais su ! Ah, si on m'avait dit !... » Sartre avait vu juste, pour peu qu'on applique au Service le rôle qu'il dit être celui de l'écrivain : « Faire en sorte que nul ne puisse ignorer le monde et que nul ne puisse s'en dire innocent. » Car le monde du pouvoir, auquel appartient le Service et dont il ne saurait se désolidariser, n'est pas hostile à l'idée de se sentir innocent...

Aussi les manifestations de satisfaction du pouvoir politique sont-elles encore plus rares que les palmiers dans le désert du Ténéré. Pierre Bérégovoy, qui n'avait pas fait preuve d'un intérêt marqué pour le Service, était notamment revenu sur l'engagement de Michel Rocard concernant le grand projet de regroupement du Service au fort de Noisy, nous abandonnant au moment des arbitrages budgétaires. À cette occasion, je lui ai dit en substance : « Le budget que vous avez prévu pour le Service est nettement inférieur à ce qu'il devrait être dans le cadre du plan de cinq ans. Je rêve d'un Service transformé en établissement public, capable de se constituer une clientèle multinationale, de négocier ses services à l'État qui serait alors contraint de se poser le problème du rapport coût/rendement de ses activités. Ou bien au moins imaginer un organisme neutre qui serait à même de faire une évaluation de son apport à la collectivité nationale. Ainsi, que vaut le fait que, depuis quatre ans, il n'y a pas eu un acte de terrorisme contre la France, aucun depuis l'affaire du DC 10 d'UTA ? Vous pouvez évidemment répondre : "C'est la conjoncture internationale, vous n'y êtes pour rien." Mais vous pourriez également penser que la DGSE et la DST ont bien fait leur travail, et déduire de ce constat leur prochain budget. »

Qui, dans le monde décisionnel, a dit un jour : « Depuis juillet 1989, les intérêts français n'ont pas été touchés par un seul acte de terrorisme et je voudrais en rendre hommage aux services qui sont chargés de la lutte » ? Personne... Au Service, quand un bon papier sortait, j'appelais son auteur : « On a sorti ça, formidable ! » Ou je lui envoyais un mot : « Bravo ! » Mais en quatre ans, jamais on n'a dit à la DGSE : « Vous avez vu juste », ou : « Vous avez été bons », ou : « Merci ! » Jamais je n'ai pu transmettre à mes services des félicitations, des remerciements, des marques de satisfaction.

7

Affaires étrangères

Haïti. – Relations sur le terrain. – Agir sur les deux tableaux. – Tensions et équivoques. – Liaison étroite avec le Quai. – Le ministère de la Coopération.

Mai 1991. Comme cet homme me paraît frêle, assis en face de moi dans la pénombre de son bureau ! Et pourtant, tellement convaincu de sa réussite et de l'accomplissement de son destin ! Bien que tout, je le sais, puisse basculer en quelques heures. C'est une conjonction exceptionnelle qui a permis l'élection démocratique du président haïtien Jean-Bertrand Aristide[1] : l'investissement de l'Église catholique par la masse des pauvres, la montée fantastique des Églises protestantes qui a forcé à cette mutation, sans oublier l'affaiblissement de la trinité duvaliérisme/Église/vaudou qui a constitué le socle du système pendant des décennies. Au cours de notre conversation, je m'aperçois qu'il n'ignore pas qu'une grande partie de l'armée complote contre lui et que la politique américaine est ambiguë qui a joué sans retenue le retour au régime démocratique pour en remettre en cause les effets dès qu'il a été rétabli. Je lui fais comprendre qu'au bout de ce processus il y a peut-être son assassinat et le retour à la dictature. Il sait que la France est son seul véritable soutien, mais lorsque je lui propose une équipe qu'il devra doter des pleins pouvoirs pour s'occuper des pro-

1. Élu président le 16 décembre 1990 avec 66,7 % des suffrages, Jean-Bertrand Aristide devait prendre officiellement ses fonctions le 7 février 1991. Un coup d'État militaire commandé par le général Raoul Cédras le renversera le 30 septembre 1991.

blèmes de sécurité, il hésite : la peur de l'armée et des services américains. Il me donnera sa réponse plus tard, dit-il. Elle n'arrivera jamais. La crainte a joué, mais aussi ce curieux mélange, fait de conviction intime et absolue de sa force et d'une certaine innocence, qui lui a valu la méfiance américaine. Je m'en étais longuement entretenu avec le patron de la CIA, William Webster, à Langley, quelques semaines auparavant quand j'avais tenté en vain de le convaincre qu'il fallait apporter un soutien massif et sans faille à un homme qui, pour la première fois, pouvait sortir Haïti de sa nuit.

William Webster était pourtant homme à comprendre mon discours. À la tête de la CIA depuis le début de 1987, il sera notre interlocuteur américain jusqu'en mai 1991, date à laquelle il sera remplacé par Robert Gates. Magistrat de formation, il a, pendant de nombreuses années, dirigé le FBI à la tête duquel il avait été nommé en 1978. Personnage austère, il s'est montré très chaleureux avec moi lorsque, bien des mois après ma prise de fonction, je suis allé le voir à Langley, suivant en cela une vieille coutume des grands services : ce sont les « petits nouveaux » qui rendent visite aux « grands anciens », ainsi, Robert Gates sera à Paris quelques semaines après sa nomination en octobre 1991. Mais mon premier voyage à Langley était un peu particulier : il était celui de la réconciliation avec la CIA après l'affaire des « fuites américaines » au cours de laquelle les États-Unis avaient accusé la DGSE d'avoir espionné au profit des intérêts industriels français un certain nombre de grands groupes américains. Entretien *a priori* donc très difficile[1], qu'un déjeuner et un dîner pris en commun permirent pourtant de conclure au mieux. Je trouvais en William Webster un homme de grande rigueur morale, à l'écoute attentive, même si, comme c'est souvent le cas de nos interlocuteurs améri-

1. Voir le chapitre 9.

cains, l'histoire du monde se confondait chez lui avec celle des États-Unis. Le chatoiement du personnage « Titide » lui était forcément inaccessible...

Quelques heures après avoir quitté le prêtre-président, je me fais déposer au cœur de Port-au-Prince et, dans la moiteur du soir, je découvre une ville calme et paisible. À quelques centaines de mètres du centre, des lampes à pétrole et quelques ampoules solitaires pendouillant au bout de leur fil éclairent échoppes et gargotes : on me sourit quand je m'assieds sur un des tabourets devant les trois planches qui servent de bar... En cette soirée, tout n'est que gentillesse et paix retrouvées. Nous sommes nombreux, en cette ville, à savoir cependant que l'orage est plus que probable et qu'il emportera ce rêve d'« autre chose » à Haïti.

Le lendemain, je déjeune chez un membre important de l'opposition démocratique, avec lequel j'ai noué contact par l'intermédiaire d'une filière de l'Église protestante, pour le persuader de « jouer » avec le président Aristide et tenter de lui démontrer que l'union de toutes les forces démocratiques du pays pourra seule empêcher le retour des démons qui ont fait le malheur d'Haïti. Je sens que je ne convaincs pas. Ici aussi, comme avec William Webster, la personnalité de « Titide » constitue l'obstacle majeur. En bonne place dans la galerie des portraits de la CIA, son *profile*, rédigé par la Compagnie, mêle le mysticisme catholique, la défroque du prêtre rouge, la paranoïa et les désordres psychiques graves dont on le charge... Certes, je n'ai passé que deux heures avec le président Aristide, mais j'en suis ressorti convaincu que, quelles que soient les incertitudes, il fallait le soutenir de toutes nos forces. À mon retour à Paris, je trouve François Mitterrand dans les mêmes dispositions et la France très isolée. En fait, les hommes du Service n'apparaîtront à Haïti qu'au moment où tout sera fini et le coup d'État accompli. L'île bouclée, ils seront infiltrés et rejoindront Port-au-Prince et notre ambassade transformée en camp retranché pour réfugiés, offrant aide et protection à un ambassadeur courageux, Jean-Raphaël Dufour, qui sauvera de la mort le président assiégé par les militaires factieux en allant le chercher au palais présidentiel et en le ramenant à l'ambassade de France.

Les rapports entre le Service et les ambassades revêtent ainsi de multiples aspects. S'ils jouent quelquefois sur le registre épique, comme à Port-au-Prince ou à Kaboul, ils se développent souvent sur le mode mineur pour régler les problèmes de coexistence quotidienne entre les diplomates et un certain nombre d'agents, du Service dont la « couverture diplomatique » a été négociée avec le Quai. L'ambassadeur connaît toujours ces agents, de même que le personnel de l'ambassade où chacun sait très bien qui appartient à la DGSE et qui n'y appartient pas. Mais personne en principe n'en est informé à l'extérieur. Quoique le secret ne soit pas facile à garder... Au cours de l'affaire Aldrich Ames, qui a éclaté au début de l'année 1994 aux États-Unis[1], le gouvernement américain a expulsé un diplomate de l'ambassade russe à Washington, Alexandre Lysenko : le Département d'État et la CIA savaient très bien qu'il appartenait au SVR (qui a succédé au KGB). Après que François Mitterrand eut pris la mesure de l'affaire Farewell, la France, de son côté, a fait rappeler une cinquantaine de « diplomates » soviétiques en 1983[2], du jour au lendemain. Preuve, s'il en fallait, que les services français avaient une connaissance conséquente du dispositif des services soviétiques dans notre pays.

1. Voir le chapitre 14.
2. À la suite du recrutement de la source « Farewell », effectif entre les deux tours de l'élection présidentielle de 1981, la DST avait reçu des milliers de documents émanant de la direction « T » du KGB, et prouvant que l'URSS se livrait au pillage technologique de l'Occident. En partie pour donner des gages de non-complaisance de la gauche française vis-à-vis de l'URSS, Paris expulsa 47 diplomates soviétiques le 5 avril 1983.

La liste de tous les patrons de services spéciaux en poste dans les ambassades est connue. Ils peuvent d'ailleurs être de faux patrons, un homme du service demeurant sous couvert diplomatique quand le patron se cache dans une structure parallèle. Ce n'est pas parce qu'on a repéré ou tissé des liens officiels avec l'homme des services spéciaux dans une ambassade qu'on a nécessairement affaire à leur patron dans ledit pays. C'est vrai pour tous les pays, pour tous les services, donc également pour la DGSE. Dans un même pays, deux, trois, quatre structures différentes peuvent coexister. Elles s'ignorent souvent, se connaissent parfois.

Le premier intérêt pour le Service de disposer d'un agent dans une ambassade, c'est d'avoir au moins un homme sous la main dont on pourra demain faire connaître l'identité et la fonction. Son appartenance à l'ambassade de France et son statut de diplomate lui assurent, si nécessaire, la crédibilité politique indispensable à l'exercice de certaines missions. Par exemple, vis-à-vis d'un mouvement d'opposition politique qui veut faire passer un message. Car le rôle de « facteur » est l'un de ceux que joue la DGSE. Quand un parti d'opposition, un mouvement quelconque souhaite communiquer un message confidentiel au gouvernement français, c'est très souvent de cette façon qu'il procède, préférant ce moyen à la voie officielle et ne connaissant d'ailleurs la plupart du temps comme interlocuteur que l'homme du Service... Celui-ci peut atteindre directement, dans un délai exceptionnellement bref, les plus hautes autorités de l'État français. Si ce type de message est confié à l'ambassadeur, ce dernier en fera une dépêche qui passera au cabinet, dans les services, chez le ministre. Et l'homme qui a donné le message ne saura jamais où il est arrivé, ni surtout qui entre-temps a pu en prendre connaissance. S'il passe par la DGSE en revanche, il est d'une part assuré du secret, et obtient d'autre part un accusé de réception. Dans les heures suivantes, on lui dira : « Le message est arrivé chez le président », ou « chez le Premier ministre », ou « chez le ministre des Affaires étrangères », ou « chez le ministre des Finances ». C'est également vrai pour un pouvoir officiel qui ne veut pas, pour des raisons diverses, faire transiter quelque chose par la voie diplomatique...

Je me souviens du président zaïrois Mobutu me disant ainsi : « J'ai rencontré le président de la République, le Premier ministre et le ministre des Affaires étrangères. Maintenant, je vais vous dire exactement ce que je voudrais qu'ils sachent. » Il avait discuté pendant plusieurs heures avec tous les responsables de la République, mais savait qu'il n'avait pu faire passer l'essentiel. Sans doute, d'ailleurs, parce qu'il n'en avait rien dit : la fonction du directeur des Services spéciaux, c'est également d'entendre et de transmettre des choses « indicibles », au sens propre du terme.

La configuration fut assez similaire lors du conflit avec l'Irak. Non que le Service ait été, en l'espèce, le messager de l'indicible ; mais il n'existait simplement plus de relations diplomatiques entre Paris et Bagdad, et il devint alors le seul canal ouvert et sûr. Qui s'interrompra cependant, lui aussi, à son tour.

Le deuxième intérêt de la présence d'agents de la DGSE dans les ambassades, c'est qu'ils y disposent de leurs propres moyens de transmission radio avec la Centrale, protégés par le statut du poste diplomatique. Enfin, un poste officiel permet de distinguer ce qui doit être visible de ce qui doit demeurer invisible. On désigne la partie de l'appareil « secret » qui effectue le travail officiel, et entretient notamment les relations avec les services spéciaux locaux et avec les autorités politiques. Ce qui n'exclut pas la présence d'un ou de plusieurs autres dispositifs, d'autres structures.

Sous couverture diplomatique, les agents du Service jouissent du statut de membres des Affaires étrangères et bénéficient des privilèges des diplomates : ainsi, ils ne peuvent être emprisonnés, mais simplement expulsés comme *personae non gratae*. Cela arrive. Par exemple, à Djibouti, en 1992, l'homme de la DGSE était considéré par le gouvernement de Hassan Gouled Aptidon comme lié à ses opposants Afars et orientant la politique française dans un sens qui leur était favorable. Puisque cet homme appartenait officiellement aux services diplomatiques, on ne pouvait que jouer le jeu des diplomates : déclaré indésirable dans le pays, il partit.

Dans un pays donné, la présence de la DGSE permet donc d'agir sur les deux tableaux. Le Service pourra tisser des liens avec des interlocuteurs en délicatesse avec le pouvoir, tandis que l'ambassadeur pourra afficher sereinement sa proximité avec les autorités en place. Si les ambassades sont presque partout proches des milieux du pouvoir, c'est parce que les diplomates en reçoivent la mission et y ont, en conséquence, leurs contacts. D'abord officielles, les relations peuvent devenir amicales ou simplement cordiales. On se reçoit, on se voit. Et, finalement, un ambassadeur et le personnel diplomatique se retrouvent presque toujours sur des positions favorables au pouvoir établi, qu'il soit légitime ou non au regard de nos propres critères démocratiques. Quand le directeur général de la DGSE se rend dans un pays, il rencontre naturellement l'ambassadeur et entend souvent un discours plein de compréhension pour le système en place. Quel que soit celui-ci. Comportement tout à fait comparable à celui des préfets, qui défendent toujours « leur » territoire. Quand un préfet se rend à Paris pour plaider un dossier dans un ministère, ses interlocuteurs hauts fonctionnaires pensent : « Ce traître est vendu aux élus locaux. » Il est alors considéré comme le représentant d'intérêts quasiment privés, ceux de sa province, amalgamés de manière un peu douteuse aux intérêts politiques non moins douteux des élus. Mais quand il rentre dans sa préfecture, et surtout s'il n'a pas obtenu gain de cause, on le regarde plutôt de travers en se demandant s'il n'a pas rapporté de la capitale quelque virus malin...

Le Service subit souvent les mêmes accusations que les diplomates et les préfets. Bien que la DGSE demeure en principe un peu plus objective que la diplomatie (dans la mesure où, la plupart du temps, elle n'a pas à travailler avec le pouvoir en place), il lui est en permanence reproché ses « compromissions » avec tel ou tel régime, notamment africain. Il est vrai que dans de nombreux États de ce continent, elle est présente à l'intérieur des institutions et se trouve ainsi fréquemment acteur du jeu politique. Et donc plus exposée que partout ailleurs, car elle est conduite, par sa force et son pouvoir, à jouer un rôle souvent majeur dans le déroulement des événements, soit de son propre chef, soit à la demande des pouvoirs locaux, soit le plus souvent à l'initiative du pouvoir politique à Paris. La coordination de ces trois niveaux n'est pas toujours facile. Cependant, dans un certain nombre d'États, la DGSE tient ainsi entre ses mains la pérennité du régime. Ses dirigeants peuvent éventuellement se passer de la présence et de l'aide du Service, mais à condition de le remplacer. Par exemple, les services israéliens ont mené pendant des années une grande offensive de charme en Afrique, à une époque où personne ne voulait reconnaître officiellement Israël.

Bien que leur but ne fût pas de nous évincer, cela aurait pu advenir. Mais nous avons presque toujours surveillé de près avec nos amis africains les activités des services « étrangers ». Jamais en effet n'a été rompu le pacte qui nous liait, eux et nous, malgré les crises qui ont pu tendre nos rapports : l'appel aux « étrangers » et à des « privés » a toujours été l'effet de la réaction passionnelle de l'un ou de l'autre de ces pays contre la politique de la France ou du Service à leur égard, à un moment donné ; jamais elle n'a touché à l'essentiel, comme nous avons pu nous en apercevoir, par exemple, au Cameroun.

Avec ce pays, singulièrement depuis l'arrivée au pouvoir du président Paul Biya, les relations d'État à État sont d'ordre passionnel. La riche et controversée personnalité du président, la manière dont il procède avec ses opposants, la nature même de sa pratique du pouvoir n'ont jamais laissé Paris indifférent. Avec la Côte-d'Ivoire, le Cameroun est l'un des rares pays de l'Afrique francophone qui jouissent d'une véritable économie, fondée sur le pétrole, mais aussi sur des cultures spéculatives comme le cacao et le café. Autant de productions sujettes aux variations brutales des cours des matières premières et aux grandes manœuvres de groupes internationaux, lourdes de conséquences pour la stabilité sociale et politique du pays. Dans l'attrait que le Cameroun a exercé sur Israël, toutes ces raisons ont joué. Plus une autre, commune à presque tous les pays d'Afrique francophone : la présence dans chacun d'entre eux de fortes minorités chiites libanaises qui tiennent une grande partie du pouvoir commercial – à savoir les importations et le petit commerce – et exercent de ce fait, en raison de leurs méthodes de séduction liées à la corruption, grâce à leur prospérité aussi, une influence considérable. Qu'Israël et son service secret, le Mossad, entendent surveiller de très près. Les homologues israéliens de la DGSE ont donc jeté leur dévolu sur le Cameroun, avec la bénédiction de Paul Biya. Ils ont agi de façon classique en dispensant une aide économique et financière, mais aussi en jouant les « grands frères » des services secrets camerounais. Cette politique d'entrisme, parfaitement organisée, s'est traduite par l'offre de stages en Israël aux agents des services camerounais, par la fourniture d'instructeurs, par l'organisation de séminaires – en Israël ou ailleurs –, jusqu'à ce que le Mossad devienne un partenaire crucial des services camerounais, donc de l'État.

En 1989, les relations entre la DGSE et ses homologues camerounais avaient un peu pâti de cet état de fait. Grâce aux liens personnels noués avec Jean Fochivé, patron des services qui devait par la suite devenir ministre de l'Intérieur, nous avons pu raccommoder ces relations distendues. Les Israéliens n'ont pas quitté le pays, mais les Français y ont retrouvé leur place. Pouvait-il longtemps en être autrement ?

Le Quai d'Orsay éprouve bien souvent une méfiance fondamentale vis-à-vis de la DGSE. Plusieurs raisons peuvent l'expliquer. L'une concerne la présence, dans nombre d'ambassades, d'hommes du Service sous couverture diplomatique qui reçoivent directement leurs instructions de la Centrale. C'est aussi à elle seule qu'ils rendent compte de leurs activités. Les diplomates aiment d'autant moins cette idée que les agents secrets qu'ils hébergent sont parfois conduits à faire des choses un peu difficiles, tendues, éventuelles sources d'ennuis pour le poste diplomatique : la plupart des ambassadeurs ont horreur de ça ! Enfin, il arrive qu'on les soupçonne de succomber, par déformation professionnelle en quelque sorte, à l'espionnage de la vie intérieure, parfois tumultueuse, du poste diplomatique. Cette accusation n'est pas fondée, car des instructions très claires ont été données en ce sens depuis plusieurs années. Plus généralement, qu'il s'agisse des postes diplomatiques ou de la Centrale, il est souvent difficile d'admettre que deux visions puissent coexister sur les événements du monde, véhiculés sur des circuits parallèles et indépendants, mais qui en bout de course parviennent aux mêmes destinataires. Là gît sans doute la source des griefs des diplomates français.

Sans y réussir totalement, je me suis employé à réduire les tensions entre la DGSE et les Affaires étrangères ; ce fut même une priorité de mon action. Ces tensions n'étaient ni artificielles ni infondées, et ne relevaient pas de la « bouticaillerie » ou des susceptibilités mesquines. Collectivement, les Affaires étrangères pensent : « La politique étrangère de la France, le jugement qu'il faut porter sur ce qui se déroule dans un pays ou va s'y dérouler, sur la manière d'y faire face, c'est nous, le Quai, qui en sommes responsables et personne d'autre. » Comment résoudre cet antagonisme, dès lors que la République a choisi de disposer de services spéciaux ? Il ne s'agit pas là d'un problème spécifiquement français : il existe également aux États-Unis entre la CIA et le Département d'État. À un degré moindre en Grande-Bretagne, parce que les agents secrets appartiennent au corps diplomatique et qu'il y prévaut une autre culture du renseignement : livré plus brut, il débouche avec davantage de prudence sur l'interprétation politique. En outre, depuis l'affaire du *Rainbow Warrior*, le Quai d'Orsay en veut toujours à la DGSE. Le contentieux peut se résumer ainsi : « Vous voyez bien que cette Maison est une source d'ennuis considérable : elle nous a fâchés avec la Nouvelle-Zélande et mis dans une situation inextricable dans le Pacifique Sud. Bien sûr, personne ne nous a prévenus qu'elle allait travailler là-bas dans les conditions que l'on sait. Et puis ils sont nuls... » Une nébuleuse de petits conflits franco-français subsiste un peu partout, notamment en Afrique où nos diplomates jugent souvent que la DGSE conduit des politiques contraires aux leurs.

Il faut pourtant bien comprendre que la fonction du Service est, entre autres, « prospective ». Concrètement, cela signifie qu'il lui revient souvent de faire en sorte que, lorsqu'un pouvoir change de mains, les autorités françaises soient immédiatement en relation avec lui. Par des fils tissés antérieurement, qui peuvent certes être ténus, peu importe. Mais que le contact soit établi... C'est au Service de prévoir – si possible dans un délai raisonnable – les changements. C'est ainsi que lorsque la France, au début de la guerre dans l'ex-Yougoslavie, était proche des Serbes, c'étaient les Croates qui intéressaient le Service. Forcément ! Si la politique officielle de la France est de se tenir au Tchad aux côtés du pouvoir officiel d'Hissène Habré, ce qui importe à la DGSE c'est de savoir ce que prépare son principal opposant, Idriss Deby. Telle est la raison d'être de la DGSE : être présente là où la diplomatie française n'est pas. Qui peut dire à Djibouti, quand les Issas sont au pouvoir, ce que pensent les Afars ? Certainement pas l'ambassadeur de France, car d'éventuels contacts le fâcheraient avec le pouvoir et le gouvernement Issas. Devant l'ambassade de France à Djibouti, deux ou trois vendeurs de pistaches présents en permanence savent exactement qui entre et qui sort, et combien de fois par jour, des locaux diplomatiques français. À Djibouti comme dans tous les endroits du monde un peu difficiles, les ambassades sont surveillées et l'ambassadeur de France ne peut pas entretenir un vrai contact avec l'opposition. C'est donc la DGSE qui s'en charge. Et quand la guerre éclate une fois de plus entre les deux communautés et que le pouvoir politique français entend nouer un contact avec les Afars, qui connaît les Afars ? Qui peut les conduire clandestinement, au nez et à la barbe du gouvernement légitime, au Yémen ou à Paris ? Les sortir ici, les amener là et les faire discuter avec le pouvoir politique français ? Quand ce dernier s'est aperçu qu'il y avait un vrai problème Afar – ce que nous disions depuis un certain temps déjà –, il a affirmé : « Il faut que le secrétaire d'État aux Affaires étrangères, Alain Vivien, et le directeur des Affaires africaines et malgaches, Paul Dijoud, aient un contact avec les responsables Afars. Qui est représentatif ? Où la rencontre peut-elle avoir lieu ? Dans quelles conditions ? Combien de temps vous faut-il pour organiser ça ? » Et si le Service à ce moment en est capable, c'est parce qu'il a tissé longuement, pendant toutes ces années, des liens avec tous, sans exclusive. La fonction même de la DGSE, c'est d'avoir les contacts que les diplomates ne détiennent pas. Mais pas à l'insu des Affaires étrangères. Puisque à un moment ou à un autre les deux bouts de la chaîne se rejoindront.

Les agents de la DGSE ne se privent pas non plus de critiquer les diplomates. Leurs griefs portent essentiellement sur ce qui leur apparaît comme leur côté « timoré » et leur propension à se montrer, dans quelque pays que ce soit, systématiquement du côté du pouvoir, même quand celui-ci est contestable, à la fois dans la manière dont il s'est imposé et dans celle dont il se conduit. Les diplomates se trouvent en effet souvent dans une position délicate, et beaucoup s'en accommodent en pensant : le pouvoir auprès duquel nous sommes accrédités fait pour le mieux. On note ses écarts sans doute, on signale ses égarements à Paris, mais tout bien réfléchi, une telle situation, pour inacceptable qu'elle soit, vaut mieux que le désordre et l'instabilité. Révéler les vilenies du pouvoir local, souligner les atteintes à la démocratie ou aux droits de l'homme, c'est d'ailleurs risquer qu'il l'apprenne, donc se fâcher avec lui et se rendre la tâche impossible. Quelquefois se condamner soi-même. Le courage pour le Quai étant difficilement concevable, il se pourrait qu'il ne voie dans une telle conduite qu'aveuglement et maladresse... D'où la supériorité du Service dont le franc parler, cheminant en milieu clos, circulant entre un minimum d'interlocuteurs, nécessite une audace infiniment moins périlleuse. Il n'y a pas d'autres solutions que de distinguer dans cet état de fait une complémentarité bien réelle, qui doit être organisée et intelligente. Le Service doit essayer de démontrer aux Affaires étrangères que non seulement il n'existe pas de rivalité, mais qu'il faut développer les synergies. La tâche n'est pas insurmontable.

À ma connaissance, il n'y avait que très peu de relations, structurelles ou fonctionnelles, entre le ministère des Affaires étrangères et la DGSE avant 1989. Dès mon arrivée, j'ai essayé de convaincre quelques agents de haut niveau de se soumettre à l'une des meilleures coutumes de l'administration française : la « mobilité », qui conduit un fonctionnaire à effectuer un passage de plusieurs mois dans une administration à laquelle il n'appartient pas statutairement. Cette pratique, qui brasse les corps de fonctionnaires, est de la plus grande utilité et il m'a semblé fort bénéfique de faire passer certains cadres de la DGSE par le Quai d'Orsay durant deux, voire trois années, en tant que « vrais » diplomates. Le Quai a accepté cette initiative, mais a toujours conçu quelque difficulté à admettre que ces personnels avaient réellement cessé de travailler pour la DGSE. Ce qui était pourtant le cas, car ils n'avaient plus rien à voir avec les agents du Service en poste dans les ambassades.

Nous avons surtout progressé dans la coopération entre la DGSE et le Quai en créant la direction de la Stratégie, confiée à un diplomate en charge d'entretenir des liens étroits avec le Quai d'Orsay. Il s'agit d'une innovation majeure dans le système de renseignement français. En Grande-Bretagne, aux États-Unis ou ailleurs, on peut devenir très facilement ambassadeur après un passage par les services, et même ministre ou président. Les grands anciens des services amis se nomment George Bush, ancien vice-président puis président des États-Unis, ou Klaus Klinkel, ministre des Affaires étrangères allemand, ou encore Yitzhak Shamir, en Israël ; de l'autre côté, Youri Andropov, ancien premier secrétaire du parti communiste soviétique, a suivi le même parcours... Les choses ne se passent pas tout à fait de la même façon en France, où une carrière à la DGSE ne prédispose pas nécessairement à un destin exceptionnel... Jusqu'à la fin des années quatre-vingt, un passage par le Service pénalisait plutôt le *curriculum vitae* d'un diplomate. Le Quai d'Orsay aurait même eu des difficultés à penser qu'il pourrait un jour disposer d'un diplomate à un poste éminent de responsabilité dans le Service. Les discussions que j'ai entamées dès mon arrivée avec Roland Dumas et Jacques Andréani, à l'époque son directeur de cabinet et aujourd'hui ambassadeur à Washington, permirent cependant de conclure qu'il était de l'intérêt de l'État de disposer d'un diplomate à la DGSE. Ce dernier bien sûr ne devait pas être « l'œil de Moscou » du Quai, mais un homme de la DGSE qui assurerait la liaison avec l'appareil diplomatique français. La perle rare ne serait pas non plus un diplomate tout à fait classique : il aurait de préférence fréquenté les cabinets ministériels, serait reconnu professionnellement à l'intérieur de son administration et promis à une belle carrière. Une fois trouvé, l'homme fut très difficile à convaincre...

Dans l'appareil d'État français, le ministère de la Coopération est le second interlocuteur du chef des services secrets. Depuis qu'il a été créé, le ministère de la Coopération n'a pas trouvé véritablement sa place. À certains moments, il a été un ministère plein, à d'autres un secrétariat d'État ou un ministère délégué auprès du ministre des Affaires étrangères. Selon la pratique en vigueur, il est toujours présent quand il s'agit de définir la politique vis-à-vis de certaines nations, majoritairement africaines, liées à la France par des relations particulières. Ces pays dits « du champ » sont francophones et ont le plus souvent connu une période de dépendance coloniale avec la France. Ils sont aussi ceux dans lesquels est susceptible d'intervenir le Fonds d'aide et de coopération (FAC), doté chaque année de quelques milliards de francs. Auquel s'ajoutent les fonds d'assistance technique, de coopération militaire, etc. Au fil des ans, ce « champ » s'est étendu, et le ministère de la Coopération est devenu en quelque sorte un ministère des États francophones. Y ont été successivement rattachées les ex-colonies belges, le Zaïre, le Burundi, le Rwanda, etc. Puis Haïti, Maurice, le Cambodge...

Avec tous les « pays du champ », les rapports sont d'une terrible complexité : leurs chefs d'État sont viscéralement attachés à la relation personnelle qu'ils entretiennent avec l'hôte de l'Élysée, les affaires « réservées » à un traitement au plus haut niveau de l'exécutif français sont la règle, et la moindre divergence de vues se mue en psychodrame en moins de temps qu'il n'en faut pour l'écrire. Le ministère de la Coopération est toujours un acteur des relations avec ces États car, la plupart du temps, la nature de la ligne politique choisie par la France s'énonce en termes financiers. Et puisque c'est ce ministère qui gère la cagnotte affectée par la France à l'exercice de ses devoirs vis-à-vis du « champ », le titulaire de ce portefeuille et son administration ne sauraient être ignorés ; quand bien même ils le seraient fortuitement, ils parlent alors suffisamment haut et fort pour que l'incident soit bref : le pouvoir de débloquer ou non l'argent ne se discute pas quand celui qui tient la bourse peut dire qu'il n'en a plus, ou en découvrir miraculeusement. La Coopération est un interlocuteur permanent pour la DGSE qui doit appliquer la politique de l'État, du moins quand il y en a une et qu'elle est compréhensible.

Le Quai d'Orsay juge, en règle générale, qu'aucun point sur la terre n'échappe à sa compétence et que la politique étrangère est de son ressort exclusif, qu'il s'agisse des relations avec la Biélorussie et l'Ukraine, ou avec le Sénégal et le Gabon. Il estime donc que la politique de la France en Afrique dépend de lui et non du ministère de la Coopération. Dans l'esprit des diplomates, ce dernier est un ministère *technique*, destiné à promouvoir le développement économique et social de pays envers lesquels nous avons une responsabilité historique. À leurs yeux, le Quai d'Orsay est en charge de la politique, la Coopération du développement. Ce partage des tâches, institutionnellement correct, s'effectue évidemment mieux lorsque le second se tient auprès du premier... Mais très souvent, le ministère de la Coopération, ne serait-ce que pour des raisons d'équilibre politique intérieur, n'est pas assujetti au Quai. Dans ces cas-là, des zones de conflit s'ouvrent fatalement, d'autant que le personnel de ce dernier est relativement indépendant.

Dans tous les pays du champ, une ambassade de France est en place, en tous points comparable à celles que l'on trouve en Suisse ou en Grande-Bretagne. Et, à côté d'elle, se tient la Mission d'aide et de coopération (MAC), avec à sa tête un chef de Mission d'aide et de coopération, théoriquement subordonné à l'ambassadeur, mais recevant en fait des instructions directes de son ministère qui, disposant de l'outil financier, nourrit toujours des ambitions politiques. C'est ainsi qu'au ministère de la Coopération, les hommes (le ministre, son cabinet, les directeurs, l'ensemble de la machine) font tous de la politique. Ils en font plus ou moins suivant les cas, et plus ou moins en coordination avec les Affaires étrangères, mais ils en font. C'est pourquoi le ministère de la Coopération est un acteur majeur dans tous les pays du champ. Le ministère des Affaires étrangères, de son côté, refuse obstinément de céder la moindre fraction de son *imperium* sur le continent africain. Et les gens de la DGSE rencontrent beaucoup plus souvent les responsables du Quai que ceux de la Coopération, ce qui montre bien qu'en tout cas, pendant les années concernées, la politique africaine est menée tout de même essentiellement par le Quai d'Orsay.

DEUXIÈME PARTIE

8

Les grandes oreilles

L'affaire de Camargue. – Une souplesse sans pareille. – Cryptologie. – Écoutes téléphoniques. – L'étrange « affaire » Garretta. – L'imagerie satellitaire est-elle primordiale ?

C'est une histoire camarguaise, sans chevaux ni taureaux sauvages, sans souffle ni ambition, et surtout sans le moindre souci de l'intérêt général. Une histoire d'obstination butée et de promesses trahies. Une histoire d'une simplicité rare qui, plus que mille autres, vient démontrer que, dans notre pays, l'indispensable outil de renseignement ne rencontre pas toujours, quand il en a besoin, le soutien qu'il est en droit d'attendre.

La DGSE est propriétaire en Camargue, sur la commune d'Arles, depuis les années soixante, d'un terrain de quelques hectares sur lequel fonctionne une station de radiogoniométrie. Il s'agit d'un ensemble d'antennes auquel sont affectés quelques agents chargés de l'entretien. Le système est commandé à distance depuis un autre centre du Service, et remplit un office primordial : déterminer, en relation avec des installations similaires, le point d'émission d'un flux électromagnétique, radiophonique ou autre. Un outil anonyme, strictement non polluant, particulièrement discret et ne provoquant aucune nuisance. Le Service possède par ailleurs sur la côte un centre d'interception vers le sud de la Méditerranée, aujourd'hui vétuste : malgré l'exonération des servitudes d'urbanisme dont il jouit, il est devenu inadaptable tant l'environnement urbain a changé dans les dernières années. Un autre site a donc été recherché et il est apparu que celui de Camargue, où se trouvait déjà le centre de goniométrie, réunissait toutes les conditions requises pour accueillir une station d'interception.

Nous entamons donc le plus régulièrement du monde une négociation avec la ville d'Arles, qui applaudit des deux mains. Le Parc naturel de Camargue, au cœur duquel se trouve le terrain, donne son accord au projet qui est alors lancé. La DGSE, comme l'ensemble du système de défense et de sécurité de l'État, n'a pas, de par la loi et pour des raisons compréhensibles de confidentialité, à solliciter un permis de construire. Mais le Service est dans l'obligation, lorsqu'il bâtit, de se conformer au plan d'occupation des sols. Il y veille toujours avec la plus grande attention. La mairie d'Arles en juge ainsi, donne son accord aux plans qui lui sont soumis et viabilise le terrain. La directrice du Parc naturel de Camargue fixe elle-même la nature des tuiles, la forme et la couleur du crépi ; elle impose un « mur de mas de Camargue » qui n'avait pas été prévu, ses matériaux, ses formes. Nous acceptons, sans les discuter, l'ensemble de ces conditions qui gonflent pourtant assez sensiblement le devis. Puis le chantier est ouvert.

Quelques mois plus tard, des associations de défense de la nature se mobilisent et font connaître leur opposition aux travaux. Le Parc naturel, brutalement effrayé par ce sursaut, tente de récupérer le mouvement à son compte et prétend qu'il ignore tout du projet... On montre à la télévision régionale le chantier de la DGSE sur fond d'étangs et d'oiseaux sauvages, images pour le moins « travaillées » puisqu'il n'y a pas la moindre étendue d'eau à vue du centre, dont l'environnement ressemble davantage à une Beauce rizicole, parsemée de hangars agricoles et de silos à grains, qu'à un sanctuaire écologique. Ces images sont diffusées à plusieurs reprises, en Provence-Côte d'Azur, mais également à l'échelon national : elles donnent à contempler une Camargue idyllique et, en surimpression, le centre de la DGSE, construit en fait au milieu d'un espace naturel, seul de son espèce au milieu des champs de riz... On y voit aussi de petits chevaux sauvages et de tendres hérons se cassant presque le nez sur le mur d'enceinte dudit bâtiment. On attire l'attention de l'opinion sur « le mépris de la loi » dont a fait preuve la DGSE en construisant sans permis. On oublie évidemment de l'aviser que la loi l'en dispense et que ce serait une faute grave de solliciter un permis, en infligeant au dossier d'une installation secrète l'obligation d'une instruction publique... Le Parc et l'association des propriétaires de Camargue traduisent le ministère de la Défense devant le tribunal administratif, lequel le condamne pour non-conformité au plan d'occupation des sols. Un bon ami de la région m'avait bien prévenu : « Ici, tu sais, tout tient compte du sens du mistral. » Le Service avait plus que de bonnes chances de gagner en appel à Lyon, mais « on » n'a pas jugé opportun de l'autoriser à déposer un pourvoi. Je l'ai mal pris, car je n'admets pas d'avoir été poursuivi et condamné sur cette affaire, truquée du début à la fin. Qui plus est sur un dossier d'« écologie », alors que la seule association dont je suis adhérent s'occupe de protection de la nature et qu'elle est la plus radicale de toutes : Mountain Wilderness.

Je défie quiconque de prouver que ce projet portait la moindre atteinte à l'environnement. Sur le plan technique et au-delà de l'argent investi en vain, sa mort a eu de graves conséquences. Les Arlésiens, qui savent faire appel à la solidarité nationale quand ils en ont besoin, ont été absolument imperméables à la sécurité de la France, alors que par ailleurs leur sensibilité écologique est plus que sujette à caution : ils ont saccagé l'essentiel d'une des plus belles régions françaises au cours des dernières décennies et mènent aujourd'hui une campagne de tous les instants pour être autorisés à massacrer les flamants roses qui piétinent les récoltes... Le maire d'Arles, de son côté, a même voté contre la construction du centre au conseil d'administration du Parc naturel alors qu'il avait fait viabiliser le terrain et réservé des logements pour le personnel... Quant au président de la commission des Affaires étrangères de l'Assemblée nationale, élu local, il a tenu des propos et pris des positions que ne justifiaient pas ses ambitions électorales, d'autant qu'il connaissait mieux que quiconque les enjeux de cette implantation. La lâcheté a été la règle. Trouver un autre site est difficile : pour qu'il soit homologué, des enquêtes publiques très longues s'imposent, notamment en raison des servitudes d'urbanisme. Le chantier sur le nouveau terrain qui a été retenu n'est pas encore ouvert. Le Service a perdu au moins quatre ans d'écoute, sinon cinq.

Le renseignement technique, c'est vrai, ne vient que très rarement sur le devant de la scène. Les agents qui s'y consacrent inspirent peu les auteurs ou les metteurs en scène, et puisque les notes de la DGSE n'indiquent pas les sources qui les ont nourries, on ne sait qu'exceptionnellement qu'il est à l'origine de précieux éclairages. L'exercice, particulièrement propre et sans danger, est très satisfaisant pour l'esprit. Bien installé dans un endroit protégé, climatisé ou chauffé selon la latitude ou la saison, on recueille des images, des messages, des indications de mouvements au sol ou dans l'air... Ni poussière, ni sueur. Ni danger, ni « sale boulot ». De plus, obtenu dans la discrétion, le renseignement technique est objectif par définition. Enfin, sa souplesse est sans pareille : dans l'instant même, caméras et antennes verront, si nécessaire, changer leur orientation. Les Américains s'en sont fait une spécialité et disposent d'une agence qui s'y consacre en totalité, la National Security Agency (NSA), dont le budget et les effectifs sont considérables, dépassant de très loin ceux de tous les autres services de renseignement. Seulement voilà : alors que depuis les années soixante-dix CIA et NSA ne jurent plus que par le renseignement technique, les stations d'écoute, les satellites ratent en 1978 l'événement majeur du Moyen-Orient : la prise du pouvoir par les ayatollahs en Iran et les dizaines d'otages américains. Le président Jimmy Carter y enterrera sa carrière politique...

Pour la DGSE, le renseignement technique est essentiellement constitué par la chaîne de radiogoniométrie, le dispositif d'interception des communications (Comint – Communication Intelligence) et des signaux radioélectriques (Elint – Electronic Intelligence), l'interprétation des photos satellites (Imint – Image Intelligence) et la pénétration des systèmes informatiques.

La chaîne de radiogoniométrie, à laquelle est intégré le centre de Camargue, est composée d'un certain nombre de stations techniques dont la fonction est de localiser les émissions hertziennes. Ces stations peuvent dépendre de la DGSE, de la DST, de la DRM, mais la coordination de l'ensemble est assurée par le Service, chef de file de la chaîne nationale. Plus une chaîne est à la fois dense et dispersée de par le monde, plus elle est efficace.

Mais le renseignement technique s'obtient surtout par l'interception des communications. À partir de 1990, grâce à Michel Rocard qui en a compris la nécessité, nous avons fait des progrès notables en ce domaine, notre budget d'investissement atteignant l'indice 170 en 1993 (sur une base 100 en 1988). L'intensification phénoménale des communications fait que ramasser puis sélectionner ce qui intéresse un Service est extrêmement difficile et requiert de très gros moyens informatiques. L'ensemble des opérations – la détermination de ce qu'on va chercher, la manière dont on le saisit et, une fois qu'on l'a trouvé, son exploitation – est entièrement informatisé. Cela suppose des instruments de plus en plus complexes et chers. Il y a donc une course entre l'évolution des télécommunications dans le monde et la capacité des Services à saisir ce qui les intéresse et à le décrypter. Les nouvelles techniques, la multiplication et la spécialisation des satellites de communication, le durcissement des systèmes de sécurité rendent la tâche de plus en plus ardue. Certes, dans un pays comme le nôtre, les moyens scientifiques et techniques pour y répondre existent, mais ils coûtent cher, et la véritable question est de savoir si le rapport coût/rendement sera encore intéressant dans dix ans. Nous sommes beaucoup plus proches de nos grands alliés aujourd'hui qu'il y a cinq ans, quand notre appareil technique était peu crédible. Mais nous sommes loin de les avoir rattrapés. Nous ne sommes pas au niveau des Allemands, et encore moins à celui des Britanniques qui disposent avec leur GCHQ (Government Communications Headquarters) d'un outil tout à fait remarquable. Il ne s'agit cependant plus là d'une différence de nature, mais d'une différence de degré. Par rapport aux Américains et aux Russes, en revanche, le fossé reste considérable et il serait vain d'espérer le combler tant les moyens qu'ils consacrent au renseignement technique sont importants.

Comme chacun sait, les États ne communiquent pas de la même façon que les personnes privées. Tous les systèmes de communication gouvernementaux, diplomatiques et militaires utilisent des procédés de cryptage qui rendent incompréhensibles à qui ne possède pas la « clé de décryptage » adéquate les messages qu'ils véhiculent. Tous les grands services spéciaux du monde consacrent donc une part croissante de leurs moyens matériels et humains à tenter de percer ces codes secrets, désormais incroyablement complexes. On mesure l'ampleur des efforts consacrés à ces opérations quand on se souvient que c'est pour casser le plus perfectionné des systèmes de cryptage – la machine allemande Enigma, présentée pour la première fois en 1923 – que le premier calculateur électronique, surnommé « la Bombe », fut mis au point durant la Seconde Guerre mondiale au centre de la Government Code and Cypher School de Bletchley Park, près de Londres, par le mathématicien britannique Alan Mathison Turing. Pour les Anglais, c'était une question de survie : il s'agissait bien sûr de casser les codes allemands utilisés aussi bien par la Luftwaffe, pour donner des instructions à ses escadrilles pendant la bataille d'Angleterre, que par la Kriegsmarine qui transmettait ses ordres tactiques aux meutes de U-Boot croisant dans l'Atlantique. Les Français ignorent d'ailleurs trop souvent que ce sont leurs services spéciaux de l'époque qui, juste avant-guerre, s'étaient procuré un exemplaire du mode d'emploi de la machine et l'avaient transmis – preuve que la collaboration entre les services est ancienne ! – à leurs homologues britanniques et polonais, lesquels avaient la chance de compter parmi eux des mathématiciens hors pair, qui furent les premiers à commencer à y voir un peu clair dans cette machine[1].

L'irruption et le développement immédiat des communications radioélectriques ont bouleversé la donne du chiffrement. Aujourd'hui plus que jamais, la capacité cryptologique est la vraie mesure du niveau de l'appareil de renseignement d'origine électromagnétique (ROEM). Car intercepter des signaux et situer précisément leur origine ne peut suffire : il faut encore les comprendre, et le plus rapidement possible. Tous les États dignes de ce nom utilisent donc des moyens de communication cryptés, et chaque ambassade possède son propre système de chiffrement, aussi important que son système de transmission autonome. Mais les ambassades ne sont pas les seules. De nombreuses firmes proposent sur le marché des systèmes de cryptage très sûrs, et il est essentiel de pouvoir s'assurer qu'ils ne tombent pas entre n'importe

1. Les lecteurs que cette question intéresse se reporteront à Andrew Hodges, *Alan Turing ou l'énigme de l'intelligence*, Paris, Payot, 1988 ; David Kahn, *Seizing the Enigma : The race to break the german U-Boot codes, 1939-1943*, New York, Houghton Mifflin Company, 1991. Sur le rôle décisif des services français, Paul Paillole, *Notre espion chez Hitler*, Paris, Robert Laffont, 1985.

quelles mains. Aux États-Unis, où la possibilité pour tout citoyen de crypter ses communications est pratiquement inscrite dans la Constitution, toute tentative des services de sécurité en vue de réglementer ce droit fondamental voit se dresser contre elle tout ce que le pays compte de défenseurs des libertés civiques. Et Dieu sait s'ils sont nombreux et puissants ! C'est ainsi qu'à l'été 1994 l'administration de Bill Clinton a dû renoncer à un projet visant à incorporer un composant électronique à tous les équipements de cryptage vendus dans le commerce. Cette puce pirate, ou Clipper Chip, avait été imaginée par les chiffreurs de la NSA et aurait permis au FBI de déchiffrer les codes utilisés légalement, à condition d'y avoir été autorisé par la justice. Les intercepteurs auraient alors eu le droit de réclamer deux clés différentes, détenues par deux administrations distinctes, qui leur auraient permis l'intrusion. Finalement, devant la levée de boucliers que cette initiative a provoquée, le projet de Clipper Chip a été abandonné, au grand dam des services de sécurité. Car ils doivent désormais compter avec des systèmes de cryptage très complexes, qu'utilisent par exemple certains narcotrafiquants, et qui nécessitent des moyens techniques et du temps pour être compris.

Cette attitude américaine n'est pas celle de la France où l'État, à juste titre, a pu faire appliquer des règles de fonctionnement compatibles à la fois avec les impératifs de la sécurité du pays et avec ceux d'une démocratie moderne. Comme le précise une loi de décembre 1990, la France a donc imposé que tous les systèmes de cryptage commercialisés sur son sol soient soumis à une autorisation administrative préalable. Cette dernière, accordée ou non après une évaluation technique très sérieuse menée par le Service central de sécurité des systèmes d'information (SCSSI[1]), fait que les codes de chiffrement peuvent être rendus « transparents »

1. Cet organisme dépend du Premier ministre.

par les responsables de la sécurité. Tout citoyen disposant d'un système de cryptage légal pourra s'en servir tant que ses activités n'entreront pas en contradiction avec les lois françaises. Mais s'il fait le choix de s'en écarter, il prend *ipso facto* le risque d'utiliser un système connu des autorités. Rien que de très normal dans tout cela : sur les milliards de communications passées dans le monde, seules quelques dizaines de millions seront interceptées par les services de sécurité. Sélectionnées par des programmes informatiques permettant que ne restent au fond du filet que celles qui touchent aux stupéfiants, à l'argent sale, au terrorisme, à la sécurité des nations et de leurs citoyens... La vie privée des citoyens, leur droit fondamental à l'intimité ne sont en rien mis en cause par un tel processus qui nécessite cependant d'être en permanence soumis à un contrôle rigoureux. Nul ne saurait oublier que la sécurité est une condition de la liberté. Y compris celle de communiquer... Mais, évidemment, ce raisonnement n'a de valeur qu'à l'intérieur de systèmes démocratiques.

Pour la DGSE, le cas est un peu particulier, car les nations qui soutiennent le terrorisme, par exemple, ne se fournissent pas chez le détaillant du coin, et n'utilisent donc pas des moyens de cryptage « agréés ». Aussi la DGSE doit-elle « casser » des codes dont elle ne connaît pas les clés de chiffrement. Ce travail suppose des capacités très spécifiques, que seules quelques nations possèdent car il est gros consommateur de moyens, et d'abord scientifiques. Toute la cryptologie est à base d'algorithmes, d'enchaînements de calculs fort complexes. Pour décrypter, il n'existe pas d'autres solutions que de disposer de mathématiciens adéquats et de capacités de calcul considérables. Les plus gros supercalculateurs du monde sont mis à contribution pour casser les codes secrets, qui ne cessent de se perfectionner. En 1989, le Service accusait un retard énorme, donc inacceptable, dans ce domaine. Le gros coup de pouce qu'a alors donné le Premier ministre Michel Rocard, ainsi que le ministre de la Défense Jean-Pierre Chevènement, a consisté à débloquer les crédits nécessaires, non pas pour hisser les capacités cryptologiques françaises à la hauteur de celles des Américains, des Britanniques ou des Allemands, mais pour rattraper une partie importante du retard. Les nouvelles capacités du Service, grâce à l'acquisition de supercalculateurs, dont des Cray que la DGSE a achetés à partir de 1990 aux États-Unis, lui ont permis de reprendre le dialogue avec ses alliés et de retrouver sa place au sein d'un club où il convient de donner si l'on veut recevoir. Et où l'effet multiplicateur de l'échange est tout à fait considérable.

Toutes les informations ne sont pas cryptées, heureusement ! Et les services de renseignement interceptent bien des communications en clair qui ne manquent pas d'intérêt non plus. Les écoutes téléphoniques sont aussi vieilles que le téléphone lui-même. Elles constituent un outil irremplaçable de connaissance des milieux ou des personnes qu'un service doit surveiller. Les belles âmes s'en indignent parfois. En mai 1929, comme le rappelle James Bamford[1], le nouveau secrétaire d'État américain, Henry L. Stimpson, apprit l'existence de la Chambre noire, petit organisme secret fondé par un génie de la cryptologie, fondateur de cette science moderne, Herbert Osborne Yardley. Ce dernier voulait développer son service et obtenir de nouveaux fonds afin de poursuivre une œuvre exceptionnelle. Elle lui avait permis d'accroître le nombre des interceptions de sécurité au profit de l'administration américaine. La réponse de Henry L. Stimpson fut laconique : *« Gentlemen do not read each other's mail[2] ! »* Et la Chambre noire fut fermée. L'Amérique, depuis, s'est rattrapée...

---

1. James Bamford, *The Puzzle Palace*, New York, Houghton Mifflin Company, 1982.
2. « Les gentlemen ne lisent pas le courrier des autres ! »

Lorsque j'ai pris mes fonctions, le régime des écoutes téléphoniques auxquelles procédait la DGSE – tout comme la DST, les RG ou la DPSD (Direction de la protection et de la sécurité de la Défense, ex-Sécurité militaire) – était celui du non-droit. Une sorte d'usage s'était installé, paradoxalement très rigoureux. Ces écoutes dites « administratives » étaient sévèrement réglementées et contrôlées par le gouvernement : les demandes de « construction », terme consacré pour désigner une écoute, étaient adressées au Premier ministre, *via* le ministre de tutelle du service, et donc, pour ce qui concerne la DGSE, le ministre de la Défense. Si le Premier ministre acceptait cette écoute – mais il est arrivé qu'il la refuse –, un ordre de branchement était transmis aux Invalides au Groupement interministériel de contrôle (GIC)[1] et la ligne était alors interceptée. Ce régime était très strict et j'affirme que les interdictions édictées par le gouvernement et concernant les journalistes, les avocats, les hommes politiques ont été absolument respectées par le Service. J'y ai bien sûr personnellement veillé, et un homme comme Pierre Joxe y était également très attaché.

Lors de mon passage à la DGSE, je n'ai pas eu à connaître l'affaire des écoutes menées entre 1982 et 1986 et prêtées à la cellule antiterroriste de l'Élysée (dissoute en 1988), qui aurait concerné diverses personnalités de la presse, de la justice, de la politique et du spectacle. J'observe que dans son rapport du 25 janvier 1994 sur l'affaire, le magistrat Paul Bouchet, président de la Commission nationale de contrôle des interceptions de sécurité (CNCIS), a noté que si les membres de cette cellule disposaient au tout début des années quatre-vingt d'une vingtaine de lignes attribuées sur le contingent de la DGSE, ils agissaient aussi comme des électrons libres qui, « se prévalant de la responsabilité particulière qui était la leur dans la lutte antiterroriste et de la

1. Institué par un texte de Michel Debré, Premier ministre, le 28 mars 1960.

confiance des plus hautes autorités de l'État, supportaient mal toute entrave à leur action et acceptaient difficilement les contraintes auxquelles ils auraient dû rester soumis. C'est ainsi que la motivation des demandes d'interception aurait été le plus souvent réduite à une formule stéréotypée, et que l'indication de la personne réellement visée, au cas d'écoute demandée sur la ligne d'une tierce personne, n'était pas obligatoirement fournie. Un tel comportement a conduit peu à peu les membres de l'ex-cellule à échapper peu à peu à tout contrôle effectif[1]. » Quelles que soient les réalités que recèle ce dossier, il est nécessaire d'affirmer ici qu'en dépit du fait que les vingt lignes de la cellule antiterroriste ont été prélevées sur le contingent de la DGSE, cette dernière n'a jamais été mêlée à leur exploitation, à quelque stade que ce soit.

Les écoutes judiciaires, décidées par un juge d'instruction, sont d'une certaine façon moins rigoureuses que les écoutes administratives. À tout le moins sous le régime qui prévalait naguère. Les juges confient en effet parfois des « branchements » à des techniciens ou à des officines spécialisées, qui n'offrent pas toujours les meilleures garanties. Pour sa part, la DGSE n'est pas concernée par les écoutes judiciaires, et pas davantage par les écoutes sauvages en France. Ces dernières, de loin les plus dangereuses et les plus attentatoires aux libertés, sont le fait d'entreprises ou d'individus proposant leurs services illégaux à des clients sans scrupules. Il peut aussi bien s'agir d'un époux trompé que d'un industriel souhaitant disposer, au petit déjeuner, des fax reçus la veille par son principal concurrent.

Le régime des écoutes avait le plus grand besoin d'être réformé, et depuis longtemps. De nombreuses affaires,

1. CNCIS, Deuxième rapport d'activité (1993), Paris, La Documentation française, 1994, p. 24.

depuis celle des plombiers du *Canard enchaîné*[1] jusqu'à celle mettant en cause des membres (ou ex-membres) de la cellule élyséenne, ont largement compté dans la décision de réformer la pratique des « interceptions de sécurité ». Depuis de longues années, cette idée était dans l'air : au début de son septennat, en 1974, le président Valéry Giscard d'Estaing raconte qu'ayant voulu réglementer les écoutes, il envoya à plusieurs reprises des officiers de son état-major particulier observer les pratiques du GIC, avant d'ordonner la réduction de ses activités. L'ancien président de la République ajoute qu'il ne put avoir l'assurance que ses instructions avaient été suivies d'effets : « Je redoutais l'attitude de ces personnes qui prétendent agir pour votre bien, à votre insu, et qui sont décidées à faire ce que vous venez d'interdire, en s'abritant derrière le raisonnement selon lequel vous ne pouviez pas faire autrement que de l'interdire, mais que c'est leur devoir de passer outre à vos ordres et de servir ainsi votre véritable intérêt[2]. »

La réglementation des écoutes fut également l'une des premières mesures annoncées par le nouveau Premier ministre Pierre Mauroy, lors de son discours de politique générale le 8 juillet 1981. La mise sur pied d'une commission de réflexion confiée au premier président de la Cour de cassation, Robert Schmelck, déboucha un an plus tard sur la remise d'un rapport, qui n'eut certes pas un effet immédiat mais qui eut le grand mérite d'affiner les propositions de réglementation.

Ce n'est que dix ans plus tard, le 10 juillet 1991, que fut finalement promulguée cette fameuse loi sur les écoutes, dont l'initiative courageuse et tant attendue revient au gou-

---

1. Le 4 décembre 1972, un fonctionnaire de la DST avait été surpris alors qu'il installait des micros au siège du *Canard enchaîné*. L'affaire finira sur un non-lieu en décembre 1977.

2. Valéry Giscard d'Estaing, *Le Pouvoir et la vie*, Paris, Compagnie 12, 1988, p. 164.

vernement de Michel Rocard, et qui a enfin donné une couverture légale et un champ déontologique à une fonction dont l'exercice est nécessaire à la sécurité du pays et de ses habitants. La DGSE dispose donc d'un quota d'écoutes qui lui est attribué par le gouvernement, et continue de transmettre, comme par le passé, ses demandes d'autorisation de « construction » par l'intermédiaire du ministère de la Défense. Les chiffres de « constructions administratives » demeurent stables, et assez proches de ce qu'ils étaient en 1991 : cette année-là, 1 092 lignes avaient été branchées selon la commission Bouchet. (À Paris, les chiffres étaient les suivants : DGSE, 100 ; DPSD, 43 ; DST, 158 ; Police judiciaire de la préfecture de police, 91 ; direction centrale de la Police judiciaire, 54 ; Renseignements généraux, 146.) Le reste des écoutes était pratiqué en province.

Plusieurs innovations d'importance ont été introduites par le nouveau texte. C'est ainsi que les interceptions sont limitées à la recherche de renseignements intéressant la sécurité nationale, la prévention du terrorisme, la criminalité et la délinquance organisée, ou la sauvegarde des éléments essentiels du potentiel économique et scientifique de la France. Autre nouveauté de taille : la mise sur pied d'une commission consultative, intitulée Commission nationale de contrôle des interceptions de sécurité (CNCIS), composée de trois membres. L'un est désigné par le vice-président du Conseil d'État et le premier président de la Cour de cassation, et les deux autres par les deux assemblées parlementaires – selon un usage déjà bien établi, l'un appartient à la majorité et l'autre à l'opposition. Les premiers membres de la CNCIS furent l'ancien bâtonnier de Lyon et membre du Conseil d'État Paul Bouchet, ainsi que François Massot, député socialiste, et Jacques Golliet, sénateur centriste. Les prérogatives de cette commission ne se substituent pas à celles du pouvoir exécutif, les décisions appartenant comme par le passé au Premier ministre, mais elle lui adresse ses recommandations, généralement suivies d'effets.

Très largement consulté lors de la mise sur pied de la nouvelle réglementation, le Service a joué un rôle important dans l'élaboration de ce texte où il souhaitait voir également traité le Renseignement d'origine électromagnétique (ROEM), ce pour quoi il avait même préparé un article. Mais le sujet était si particulier (il ne concernait en fait que la DGSE) et soulevait tant de problèmes d'ordres technique et juridique qu'il fallut renoncer à l'aborder à cette occasion. Ainsi les écoutes des communications par satellites ne sont-elles pas réglementées. Il s'agit d'interceptions en plein ciel où l'on recueille quelque chose qui n'appartient, au fond, à personne. Il n'y a pas d'intrusion matérielle. Est-ce que, dans le métro ou dans la rue, lorsqu'on entend une conversation, on la vole ?

On ne prête qu'aux riches. Et notre capacité technique permettant de procéder à des écoutes a valu au Service d'être, bien malgré lui, mêlé à l'affaire du sang contaminé, par le biais d'une conversation téléphonique entre l'avocat du docteur Michel Garretta, principal accusé dans l'affaire, et un journaliste du *Monde*, reproduite en novembre 1992 par *L'Événement du jeudi*. L'affaire envenima les relations entre les deux journaux concernés, qui en vinrent à développer une savoureuse polémique journalistico-parisienne sur le fait de savoir si une information ainsi « volée » à deux correspondants privés pouvait ou non être publiée. Les spécialistes des écoutes du Service suivaient le dossier comme n'importe quels citoyens lecteurs, jusqu'à ce que, deux semaines après la publication de la conversation par l'hebdomadaire de Jean-François Kahn, un concurrent, *VSD,* me fasse sortir de mes gonds. Sous un titre accrocheur (« La DGSE écoute *Le Monde* »), l'hebdomadaire affirmait que c'étaient les Services spéciaux qui avaient procédé au piratage dans « le but de provoquer une crise dans la presse » ! Affirmation ridicule, et pourtant immédiatement reprise par nombre d'organes de presse. Si j'ai aussitôt réagi, et très vivement, c'est que j'ai subodoré un coup fourré.

Laurent Fabius était déjà très attaqué dans l'affaire du sang. Tout à fait indûment à mes yeux, mais c'est un autre problème. Et j'ai vu poindre le moment où, dans un numéro suivant de l'hebdomadaire ou ailleurs, quelqu'un dirait : « Comme c'est curieux, le directeur général de la DGSE est un ancien conseiller de Laurent Fabius à Matignon... », et m'accuserait ainsi d'avoir détourné l'appareil de la DGSE pour des raisons personnelles et politiques.

J'ai donc pris mon téléphone et « accroché » vivement le directeur de *VSD*, qui s'est défendu en prétendant que s'il ne connaissait pas lui-même le dossier à fond, son journaliste avait des preuves. Je lui ai demandé d'organiser une rencontre avec ce journaliste, afin qu'il puisse me présenter ces fameuses « preuves ». La rencontre n'eut pas lieu, et pour une bonne raison : il n'existe aucune preuve de l'interception de cette conversation par la DGSE. Tout simplement parce que ce n'est pas elle qui y a procédé.

Arrêtons-nous un instant sur les conditions techniques dans lesquelles on capte une conversation transatlantique. Imaginons par exemple qu'une conversation parte de Boston vers Paris. Supposons qu'elle transite par un satellite. Il est vrai que la DGSE est la seule en France à pouvoir l'intercepter lors de son trajet aérien. Mais cette conversation peut ne pas transiter du tout par air. Elle peut cheminer sous la mer, dans un de ces câbles qui tapissent le fond des océans. Quand quelqu'un prend son appareil à Boston et téléphone à Paris, il ne peut savoir par où va passer sa conversation. En fait, un centre d'écoutes choisit les fuseaux sur lesquels il sait que transitent un certain nombre de choses qui peuvent l'intéresser, mais il ne peut pas viser avec précision tel ou tel échange. Supposons qu'un service français veuille intercepter des conversations de mafiosi entre l'Italie et les États-Unis. Il n'est présent ni au point d'arrivée, ni au point de départ, puisque l'un se trouve aux États-Unis et l'autre en Italie. Seuls les services américains et italiens peuvent disposer du point d'arrivée et/ou du point de départ. Or, si un service n'est pas présent physiquement à l'une de ces extrémités, le câble est étanche tout au long de son trajet entre son point de départ et son point d'arrivée final ou de commutation. La seule véritable opportunité s'offrant à l'intercepteur, c'est que la communication soit satellitaire et qu'il soit branché sur le bon fuseau... Supposons que le Service soit braqué sur le fuseau par lequel transite la conversation de Garretta : un petit malin pourrait la « voir » passer et la récupérer – coup de chance ! Mais coup de chance impossible pour la raison suivante : les interceptions sur satellite délivrent une telle masse d'informations que celles-ci doivent transiter par un filtre informatique, qui procède à des analyses et repère les messages qui l'intéressent grâce à des mots clés qui lui auront été fournis. Pas de mot clé, pas d'interception possible. Et sauf le respect dû à sa notoriété, les conversations du docteur Garretta ne pouvaient intéresser le Service. Comme les thèmes de ces échanges n'avaient pas été sélectionnés, le système informatique en charge du tri ne disposait pas de clé « sang contaminé » à côté de « trafic d'armes », « argent sale », etc. En fait, dans cette affaire, il est probable que la conversation a été tenue à partir d'un téléphone portable et simplement interceptée au « scanner » à proximité de son lieu d'émission. Par n'importe quel propriétaire de l'un de ces petits appareils d'interception qui, moyennant quelques milliers de francs, captent avec une facilité déconcertante les émissions d'un téléphone portable.

Le satellite est un autre grand moyen d'obtention du renseignement technique. On n'évoquera ici que les satellites d'imagerie optique, à l'exception des satellites d'observation radar ou infrarouge dont la France ne disposera (si elle en dispose un jour) qu'au siècle prochain et des satellites d'interception électromagnétique (communication, etc.) qu'elle n'a pas encore programmés.

Notre pays n'est pas absent du domaine de l'imagerie satellitaire. Depuis de longues années, le satellite civil SPOT fournit des images d'excellente qualité qui sont fort utiles à la DGSE et aux armées. Mais cet engin reste affligé de performances modestes au regard de ce qui se fait ailleurs dans le monde. Sa « définition », à savoir la finesse des objets qu'il permet de discerner (entre cinq et neuf mètres), se situe très en deçà des performances des satellites américains ou russes. SPOT demeure un outil remarquable, conçu pour des usages civils, mais inadapté aux besoins spécifiques des services de renseignement. Les choses vont changer très prochainement avec l'arrivée de nouveaux matériels. Et mon opinion sur les satellites français porte donc essentiellement sur Hélios, satellite spécifiquement construit pour satisfaire les exigences du renseignement et, à ce titre, premier véritable engin d'espionnage photographique, qui doit être lancé en 1995. J'ai parfaitement conscience que je risque ici de surprendre, mais je veux dire d'emblée que sur ce dossier mon avis était plus que nuancé.

La plupart des situations de crise que nous vivons depuis plusieurs années font en effet davantage appel au renseignement humain qu'au renseignement technique, car les interceptions et les images ne rendent pas compte de l'essentiel de l'Histoire en marche. *Newsweek* a titré un jour : « The failure of CIA », dénonçant les difficultés de la Compagnie qui, avec ses satellites à haute, moyenne et basse altitude, et malgré ses systèmes d'interception, s'est révélée incapable de repérer les otages américains et d'empêcher la mort de plusieurs d'entre eux. D'Israël on entre au Liban d'une enjambée, et le pilote israélien Ron Arad, qui est devenu un mythe en son pays et que l'on croit toujours vivant, est, à quelques kilomètres de là, prisonnier du Hezbollah : satellites et interceptions ne seront d'aucune utilité pour le localiser, et le seraient évidemment encore moins demain pour le récupérer. En ex-Yougoslavie, satellites et interceptions ne servent pas à grand-chose. L'important dans les crises que nous vivons et qui voient des nations et des empires se faire et se défaire, ce sont les mouvements d'argent, les problèmes ethniques et religieux, les ambitions individuelles, les mafias... Rares sont celles de leurs vérités qui s'inscrivent dans un paysage survolé par un satellite d'observation. En France, le choix de construire et de lancer des systèmes spatiaux n'a fait l'objet d'aucune concertation, ni sur le principe même, ni sur leur spécification, qu'ils soient d'observation optique ou dotés d'un système infrarouge.

Je ne sais pas s'il est exact que le président de la République a peu apprécié le fait que les Américains n'aient pas voulu lui laisser les images satellitaires qu'ils étaient venus lui présenter à l'Élysée juste avant le déclenchement de l'offensive *Desert Storm*. Je ne sais pas non plus si cet incident a, comme on l'a écrit, joué un rôle dans le fait que la France a décidé de se lancer dans une politique de renseignement satellitaire de grande envergure. Mais il est indiscutable que c'est après la guerre du Golfe que les Français ont donné un coup d'accélérateur à leurs programmes de renseignement spatial.

Notre pays se serait-il lancé dans une telle politique pour l'unique raison que les Américains s'y étaient eux-mêmes lancés ? Cela n'aurait pas grand sens. Et d'autant moins que, dès lors que nous sommes financièrement incapables de mettre en réseau une quantité suffisante de satellites spécialisés, il faudra que le ciel nous soit bien favorable pour que le petit nombre de satellites que nous serons à même d'orienter le soient si intelligemment qu'ils nous permettent de détecter ce qu'il faut, là où il le faut et au moment où il le faut...

Hélios I, qui sera lancé en 1995, c'est plus de 11 milliards de francs ! Et Hélios II – dont on dit que la France pourrait y associer l'Allemagne – est déjà estimé à plus de 10 milliards sans compter le programme de reconnaissance radar Osiris qui devrait atteindre au minimum 15 milliards de francs. Il s'agit là, je le crains, d'une pure décision de l'appareil militaro-industriel, certes avalisée par l'échelon politique, mais dans l'élaboration de laquelle le Service n'a même pas été consulté.

Entendons-nous bien : nul ne saurait négliger l'outil incomparable de renseignement que sont les satellites. Mais nos budgets nationaux ne sont pas suffisants pour permettre la mise en œuvre d'un système fiable. Tout autre serait la problématique si nos partenaires européens nous rejoignaient. Or l'Espagne et l'Italie, qui ont accompagné de manière modeste Hélios I (14,1 % pour l'Italie, 7 % pour l'Espagne), n'entendent pas être parties à Hélios II. Et le centre de recueil et d'interprétation que l'Union de l'Europe occidentale (seule institution européenne compétente en matière de défense) a installé en Espagne n'a que peu de grain à moudre. Quant à la RFA, même si elle se montre moins réticente aujourd'hui qu'hier, elle n'a pris pour l'heure aucun engagement définitif sur ce dernier programme. C'est pourquoi la France et l'Europe risquent bien de continuer longtemps à devoir faire entière confiance aux États-Unis, comme en octobre 1994, au moment de l'aggravation de la tension en Irak.

J'ai livré à Jean-Pierre Chevènement et, plus tard, à Pierre Joxe mes réflexions sur ce choix. Mais pas trop fort, je dois l'avouer. Pourquoi ? Parce qu'on aurait pu en déduire que les satellites n'intéressaient pas le Service. Or, dans la mesure où les satellites existent, même en tout petit nombre, la DGSE doit être associée à leur définition et, ensuite, à leur utilisation.

Un dialogue s'est donc instauré, mais sur la base des revendications du système militaire qui voulait, lui, disposer de son propre système d'interception des communications. Mon argument était le suivant : « La France n'est pas du tout capable de s'offrir de doubles services, civils et militaires, de recueil des interceptions des communications radioélectriques et d'imagerie spatiale. D'ailleurs, nulle part dans le monde un pays ne s'offre deux systèmes. Or, c'est nous qui gérons les interceptions. Traitons donc en parallèle le système satellitaire dont vous aurez la maîtrise selon les règles instaurées en matière d'interception. Ma proposition est que vous rentriez à l'intérieur de notre système d'interception et que le Service fasse de même, en parallèle, à l'intérieur de votre système satellitaire. Il ne peut y avoir qu'un patron pour chacun. Vous serez le patron du système satellitaire, le Service celui des interceptions. Et à l'intérieur du système d'interception, vous serez présents à la fois sur la définition, les budgets et les orientations. Quant à la DGSE, elle entrera dans votre dispositif de Creil d'où vous dirigez le système satellitaire, et sera présente à la fois sur la définition, les budgets et les orientations. Tout cela suppose la mise en place d'un système d'arbitrage des priorités, qui ne sont pas nécessairement les mêmes pour les uns et pour les autres. »

Cette position n'était toujours pas formalisée le jour de mon départ. Parce que le système militaire est ainsi fait qu'il lui est difficile de collaborer avec une autre organisation. Autonomie oblige. À mes yeux, les choses ne devaient pas être traitées séparément : la condition d'un accord sur les interceptions, c'était un accord sur les satellites. Et la réponse des armées, c'était toujours : « Les satellites, c'est notre budget qui les paie » ; selon le principe aussi connu qu'erroné qui veut que les dépenses militaires ne soient pas assurées par le budget de la nation, mais par celui des armées ! Or, aucun pouvoir politique ne souhaite arbitrer un tel conflit.

Je crois savoir qu'un protocole d'accord aurait toutefois été conclu en 1994 entre la DGSE et la DRM, et qu'il serait pour l'essentiel conforme aux principes qui avaient été par nous posés lors des premières négociations : la DGSE demeurerait « leader » en ce qui concerne les interceptions électromagnétiques, tandis que la DRM (les armées, donc) prendrait la haute main sur les images satellitaires.

On dit souvent que la technologie est appelée à remplacer peu à peu l'homme dans le renseignement. En fait, pour l'heure, il est nécessaire de faire évoluer parallèlement renseignement technique et renseignement humain. Dans un orchestre, on ne peut pallier l'absence d'un cor en mettant un violoncelle de plus. Il faut à la fois cordes et vents. Ce qui n'interdit pas, en musique de chambre, de préférer le quatuor à cordes au quintette à vents... ou l'inverse ! La politique sera toujours faite de cœur et de tripes. Aucun satellite n'a été capable de transcrire le moment où Saddam Hussein a décidé de faire franchir la frontière du Koweït à ses troupes. La connaissance de l'homme lui-même, des influences qui pèsent sur lui, l'appréciation de son caractère, de son intelligence ne peuvent être perçues que par d'autres caractères, d'autres intelligences. Mais les chars une fois massés à la frontière, puis l'ayant franchie, seul le satellite pouvait rendre compte de leur confluence en territoire irakien, puis, heure après heure, de leur déploiement au Koweït...

9

Le renseignement économique

Évaluer des puissances. – De l'URSS à l'Asie. – Aider les entreprises nationales ? – Les privés dans la danse. – Japon, champion du monde. – La lutte contre l'argent sale.

Au mois de mai 1994, une émission de télévision de grande audience est consacrée à la drogue : le chiffre de 250 milliards de dollars est cité comme représentant l'argent de la drogue « investi » dans la privatisation de l'économie en Russie. D'où vient ce chiffre ? Nul ne le sait, mais il est repris une première fois dans le compte rendu de l'émission. Quelques jours plus tard, on le retrouve dans un article de fond traitant des privatisations à l'Est. Cette fois-ci, il fait autorité. Pourtant, quand des organismes *a priori* incontestables publient un chiffre sur la question, ils l'entourent de réserves sérieuses. Ainsi, lorsque le Groupe d'action financière sur le blanchiment des capitaux (Gafi), qui dépend de l'OCDE, rend un rapport remarqué sur la question en 1990, il estime que le chiffre d'affaires engendré par le trafic illicite des stupéfiants s'élève au total, sur les deux principaux marchés concernés (les États-Unis et l'Europe), à 122 milliards de dollars par an, dont 50 à 70 %, soit 85 milliards, pourraient être disponibles pour le blanchiment. Mais il semble, selon le même organisme, que « seulement » le tiers de cette somme, soit 30 milliards par an, soit susceptible d'être effectivement consacré au blanchiment[1]. Quelle part

1. Rapport du Gafi, OCDE, 7 février 1990, p. 9.

de cet argent mal gagné part à l'Est ? En juin 1994, au Forum de Crans-Montana, le chiffre de 120 milliards de dollars est avancé comme représentant le total (!) des investissements effectués par l'Ouest à l'Est, toutes origines confondues, publiques et privées, morales et immorales. Dans un journal sérieux, quelques semaines plus tard, apparaît un nouveau chiffre : 2,7 milliards de dollars... En fait, une seule chose est certaine : lorsque je quitte le Service en juin 1993, nous sommes incapables d'avancer un chiffre crédible.

L'argent du crime emprunte par définition des voies secrètes. Et les financiers très spécialisés qui se chargent de ces transferts usent et abusent de toutes les facilités que leur offrent les nouvelles techniques de circulation de l'argent. C'est encore le Gafi qui fait part de son incapacité à analyser ces flux, quand il explique que le Fonds monétaire international, consulté, lui a annoncé que « bien que des dépôts compris dans les statistiques bancaires internationales puissent inclure une quantité substantielle d'argent provenant de la drogue, il n'y a aucune possibilité d'isoler cette quantité, qui ne représente sans doute qu'un faible pourcentage du montant total des dépôts[1] ». Pire : cette imprécision se double d'une incapacité à empêcher l'entrée massive de ces capitaux criminels dans l'économie légale : « Les parties impliquées dans les transactions de stupéfiants illégales en viennent inévitablement à détenir des disponibilités ou des créances sur les institutions financières, dont elles veulent dissimuler les liens avec les activités illicites. Actuellement, on ne dispose pas d'informations suffisantes pour pouvoir évaluer, sur la base d'estimations de la valeur des ventes de stupéfiants, la part des passifs bancaires liés au blanchiment des capitaux[2]. » Les financiers, à l'instar des plus belles filles, ne peuvent donner que ce qu'ils ont. Comment des

1. *Ibid.*, p. 7.
2. *Ibid.*

services secrets, par définition généralistes, pourraient-ils découvrir ce que des spécialistes aussi au fait des flux financiers sur la planète ne peuvent déterminer avec une précision minimale ?

C'est là une illustration de la difficulté du renseignement dit « économique », qui recouvre en fait plusieurs domaines : financier, industriel, technologique et scientifique. Les services spéciaux, et à cet égard la DGSE était en excellente compagnie, ont été attaqués sur leur prétendue insuffisance en la matière. Hors des pays livrant des informations statistiques fiables, les services se trouveraient la plupart du temps, dit-on, incapables de produire des renseignements économiques plus justes que ceux qui sont fournis par les États non démocratiques, lesquels relèvent le plus souvent de la propagande. Ils n'auraient ainsi pas su déterminer à temps les productions agricoles « réelles » de la Chine, le « vrai » PIB de la Corée du Nord, le coût prévisible « incontestable » de l'unification allemande, ou l'impact « objectif » de l'argent criminel dans l'économie russe. Ces critiques ont pris ces dernières années une particulière acuité, notamment quand l'empire soviétique s'est effondré : les services, CIA en tête, se sont alors vu vivement reprocher de s'être trompés sur le potentiel économique dont disposait l'Union soviétique pendant la guerre froide, soit les quarante années qui ont suivi l'effondrement du nazisme. Aussi bien le PIB de l'URSS que les capacités de son appareil de production et sa situation financière auraient été gravement surévalués.

Critiques sévères, injustes peut-être, tant il est difficile de porter un jugement serein sur leur validité, dans la mesure où pas plus la presse américaine que les services « amis » n'ont pu connaître les analyses que la centrale de Langley avait fournies au gouvernement des États-Unis pendant ces années. Ces évaluations, exclusivement destinées au Conseil national de sécurité (NSC) et au président américain, demeurent secrètes. Et rien ne dit que les traductions publiques qui en ont été faites, par la CIA elle-même et au compte-gouttes, aient correspondu aux documents non expurgés transmis à l'exécutif américain.

Lorsqu'un service rédige une analyse sur la situation politique ou économique d'un pays tiers, il la destine à son gouvernement, et ne la fournit pas – sauf exception ou occasion très particulière – à un autre service, qui ne reçoit dans le meilleur des cas que des faits bruts : ces derniers font seuls l'objet d'échanges, et tous les fournisseurs conservent par-devers eux, avec un soin jaloux, les analyses qui peuvent être tirées de leur synthèse. Il arrive également souvent que les services cachent (sauf à qui de droit, naturellement) les éléments trop précis qu'ils ont recueillis ; les divulguer pourrait mettre la puce à l'oreille de ceux qui avaient pour charge de les conserver ! C'est pourquoi il est impossible d'évaluer, de l'extérieur, la vision qu'avait la CIA de l'économie de l'ex-URSS.

Si l'on examine les commentaires faits en France sur le nombre de fois où la DGSE est censée n'avoir rien vu, rien compris et rien dit, alors que c'est exactement le contraire qui s'est produit, la prudence est de rigueur sur la question de savoir qui se trompe, quand et comment ! Plus certaine cependant est l'erreur d'appréciation commise par tous les services occidentaux à propos d'un pays que l'on a qualifié de septième puissance économique du monde pendant toute la période qui a précédé la chute du Mur : l'Allemagne de l'Est.

Et pourtant les services de renseignement du monde entier avaient déployé une part considérable de leur énergie, durant de longues années, à se poser des questions sur le fonctionnement réel du système économique communiste, auxquelles toutefois ils n'avaient jamais pu répondre de façon entièrement satisfaisante. Car il convient, en la matière, de se méfier des paradoxes, ainsi que des conclusions hâtives et erronées. J'en veux pour preuve l'anecdote que m'a rapportée Pierre Joxe, alors ministre de la Défense, et dont il fut l'acteur sur la base spatiale de Baïkonour.

Quand il voulut se laver les mains dans les sanitaires du cosmodrome, le lavabo fuyait et il se trempa les pieds. Quelques heures plus tard, et à quelques centaines de mètres de là, il assistait à l'envol d'une fusée, techniquement parfait et superbement maîtrisé. Comment un appareil scientifique et industriel capable de lancer des satellites avec une telle fiabilité (bien supérieure à l'époque à celle des Occidentaux) pouvait-il se révéler incapable de faire de la plomberie de salle de bains alors qu'un lanceur spatial, qu'on le veuille ou non, c'est un chauffe-eau qui vole ? Sujet de réflexion bien singulier, sur lequel personne en Occident – pas plus les services que les hommes politiques ou les intellectuels – n'est parvenu à trancher.

Dans le monde occidental, l'ensemble du système fonctionne en parallèle. Tout progrès sur une fusée se répercute dans les éviers. Si l'on parvient à faire voler un Airbus ou à faire décoller une fusée Ariane, les matériaux et les techniques qui ont servi à cette avancée vont immédiatement redescendre la chaîne pour bénéficier au vélo ou à la cocotte-minute. Essayer de comprendre l'ex-Union soviétique, c'était chercher à savoir pourquoi ce mécanisme ne fonctionnait pas alors que nous avons tendance à le considérer comme naturel. Tous les services du monde s'y sont cassé la tête. Pourquoi le régime n'a-t-il jamais réussi à résoudre le problème du logement ? Pourquoi le revenu national, qui dans ce système était presque entièrement récupéré par la collectivité pour être redistribué, ne s'est-il pas traduit en autant d'habitations convenables, de voitures fiables et d'éviers qui ne fuient pas, plutôt qu'en suréquipement en fusées spatiales et en armes sophistiquées de toutes catégories ?

Un service de renseignement doit s'intéresser à ce genre de sujet, parce que ces données mesurent la stabilité et la puissance d'un pays. Ce que nous percevons comme des dysfonctionnements ne l'était pas toujours aux yeux des dirigeants soviétiques, puisque ceux-ci pensaient que la richesse de la nation devait d'abord servir son outil militaire et son prestige. Les générations suivantes parviendraient à la prospérité individuelle... À tort ou à raison – mais pas tout à fait à tort quand même, quoi qu'on en dise aujourd'hui –, le système communiste a vécu pendant des décennies dans un sentiment d'obsidionalité obsessionnel. L'immense effort que les Soviétiques ont produit dans les secteurs militaire et spatial l'a finalement fait exploser, et il s'est effondré : parce que la population ne disposait pas de la moindre liberté, mais aussi parce qu'elle s'alimentait mal, n'avait pas de système de santé digne de ce nom, était logée dans des conditions exécrables, etc. Le renseignement économique était donc capital, puisque toute l'évolution de l'ex-Union soviétique aurait pu, et aurait dû, être déduite de lui.

Il n'était pas très facile, pour les services, de recueillir du renseignement économique en URSS. Il a donc fallu, jusqu'à la fin des années quatre-vingt, se concentrer sur la compréhension de la vie de tous les jours. Par exemple, le cinéma soviétique, à ce moment-là, était un moyen de connaissance et d'analyse du pays. Et pas seulement le cinéma, mais tout le champ culturel. Car dans les dictatures, intellectuels et artistes jouissent d'une marge plus grande de liberté que les citoyens ordinaires. Sinon, tout se fige dans une glaciation absolue et meurt sans rémission possible. Tous les apprentis dictateurs qui croient pouvoir asseoir leur autorité en stérilisant l'expression culturelle et artistique sont condamnés. Et l'URSS, elle, a duré soixante-dix ans ! Les artistes pouvaient donc y exprimer, dans des limites bien précises, la réalité de leur pays ; et même si ces productions n'étaient pas connues, ou si peu, à l'extérieur, l'URSS était bien obligée de laisser la vapeur culturelle s'échapper un peu, ne serait-ce que pour être en mesure de recevoir les intellectuels communistes du monde entier. C'était le seul domaine un peu ouvert de l'Union soviétique pendant des décennies et c'est lui qui nous a donné les indications les plus précieuses sur le quotidien du citoyen soviétique.

Cela ne nous a pas empêchés de nous gratter le crâne en nous demandant pourquoi, compte tenu de la richesse en hommes, en matières premières, en moyens de production, le système ne fonctionnait pas, et, pour avancer, nous avons scruté chaque domaine de l'activité économique : l'industrie lourde, la sidérurgie, les matières premières, l'agriculture, l'énergie. Puis les transports, les industries de transformation, les biens de consommation. Et enfin le complexe militaro-industriel, détenteur de l'appareil scientifique et technologique, mais aussi principal accapareur de la richesse. Le système soviétique craquera sans aucun doute, prédisaient la plupart des services occidentaux au vu des réalités observées. Mais l'art aurait été de dire quand ! Pas un seul ne s'y est risqué.

Quant aux pythonisses, elles ont dit tout et son contraire : tel « soviétologue » nous a longuement et doctement exposé, durant des années, que la machine exploserait sous la pression insupportable que lui infligerait sa périphérie musulmane, alors que l'Histoire a montré que c'est celle-ci qui, jusqu'au dernier moment, a tenté de préserver la solidarité de l'ensemble... Tel autre, non moins expert, nous a expliqué que la dégradation des valeurs occidentales entraînerait inexorablement la chute de l'Occident et son absorption par le monde communiste. Ne craignons rien pour eux ! Les médias les consultent à la première occasion pour leur demander ce que sera demain à l'Est.

Le renseignement économique relève de la mission de tous les services spéciaux du monde. Mais il est évident aussi que dans l'ex-empire soviétique, ce n'est plus aujourd'hui l'affaire de la DGSE. Cette région du monde s'est ouverte ; des banquiers, des industriels, des universitaires s'y promènent, procèdent à leurs propres analyses. Or, un service de renseignement, par définition, se doit de ne soulever que des cartes cachées. C'est pourquoi ni la CIA et le MI6, ni la DGSE, ni le BND aujourd'hui n'ont pour tâche d'analyser globalement l'économie des républiques de l'ex-URSS. Seuls les secteurs de la vie économique et financière souterraine les mobilisent encore. Mais ils cherchent à prévoir ce qui résultera de la guerre entre l'économie ouverte et l'économie souterraine, de leur confrontation avec l'économie mondiale.

Sur le plan économique, les pays qui intéressent aujourd'hui les services se trouvent essentiellement en Asie. La Chine, évidemment, continue pour une très large part de nous être inconnue. La Corée du Nord aussi. Ce sont des pays sur lesquels les services de renseignement doivent travailler, car l'information n'est accessible ni au diplomate, ni à l'universitaire, ni à l'industriel, ni au banquier. Et il faut citer encore l'Iran, la Libye, l'Algérie, l'Irak... Ils comptent tous parmi les pays qui ne publient pas de statistiques, fournissent des chiffres douteux aux organismes internationaux, et cherchent à celer une partie de leur appareil technologique, industriel, économique, financier. Ceux-là sont des cibles prioritaires qui justifient l'emploi de moyens lourds, parfois considérables – sinon démesurés – au regard des résultats que l'on peut en attendre. Mais les services surveillent également les problèmes « horizontaux » qui, demain, peuvent se trouver à l'origine de tensions politiques nouvelles et de crises économiques internationales majeures. La DGSE ne répète-t-elle pas depuis des années que le problème crucial du Moyen-Orient est celui de l'eau et non celui du pétrole ? Que c'est de lui que peut surgir une déflagration telle qu'en touchant un pays déjà membre de l'OTAN et demain peut-être de la Communauté européenne, la Turquie, elle atteindra de plein fouet les pays occidentaux ?

Les choses deviennent plus difficiles, et surtout plus complexes, lorsque le renseignement économique ne se fait plus dans la perspective d'éclairer le pouvoir sur la puissance réelle de tel ou tel pays, mais se met à la disposition du tissu économique national. Quand, en d'autres termes, il ne se consacre plus au service exclusif de l'appareil étatique régalien, mais prête assistance à des entreprises. En opérant pour leur compte, par exemple.

Ni la DGSE, ni le directeur que je fus n'ont de réponse simple à apporter sur ce dossier délicat. La morale des services américains, elle, est stricte dans son principe : les relations avec les services des pays amis doivent être définies par les règles du *fair-play*, que l'on peut ainsi résumer : quand on joue au golf entre amis, on s'essuie les pieds en entrant dans le *club-house*, on prend les mêmes clubs, on applique les mêmes règles et personne ne triche. S'il y a des voyous autour du *green*, il faut les rosser et les jeter dehors.

Les agents des services de renseignement américains, comme tous les autres d'ailleurs, passent parfois aux yeux du grand public pour des tricheurs et des menteurs. Ce qu'ils sont parfois, comme tous les agents secrets du monde – et pas seulement eux ! Ils obéissent cependant à des règles, car tout milieu en sécrète. Et celles-ci sont d'autant plus strictes que le milieu est difficile. C'est vrai dans une cour de récréation, dans un couvent, dans la Camora et dans les services secrets. On peut trouver certaines règles immorales, mais règle n'égale pas morale. Les services américains posent ainsi comme principe que les services d'État ne doivent pas faire d'espionnage économique, industriel, scientifique, technologique chez leurs alliés et amis. Ils ne se livrent évidemment pas non plus, chez ces mêmes amis, aux autres sortes d'espionnage, affirment-ils, ce qui offre matière à réflexion lorsqu'on se souvient des moyens qu'ils mirent par exemple en œuvre pour « suivre » le programme nucléaire français... Cette attitude est dictée par des raisons que l'on peut qualifier de morales, mais aussi de doctrine : il convient de veiller à ce que l'État (les États) respecte la loi du marché, ce qui n'empêche pas les plus honnêtes d'entre eux de reconnaître que le marché est l'espace de prédilection de l'immoralité ! Aussi la justice américaine n'hésitera-t-elle pas à condamner un homme qui a trahi au profit d'un pays ami avec la même dureté que celui qui l'a fait pour un adversaire. Jonathan Jay Pollard, qui avait espionné à la demande d'Israël, le sait bien : en 1994, il s'est vu refuser par le président Bill Clinton une remise de peine.

Cette attitude, fondée sur une culture politique, est constante. Elle fut notamment celle de l'administration de George Bush ; ainsi, en avril 1992, le directeur de la CIA Robert Gates, s'exprimant devant un comité de la Chambre des représentants, estimait-il que la CIA ne devait pas s'engager dans le renseignement commercial : « La communauté américaine du renseignement n'est pas engagée, et ne s'engagera pas, dans l'espionnage industriel[1]. » Ce propos n'avait rien d'opportuniste et reflétait au contraire une intime conviction, tout à fait dans la tradition du renseignement américain dont Robert Gates est parfaitement représentatif ; on se rappelle à cet égard les difficultés auxquelles se heurta George Bush pour faire accepter la nomination de ce même Robert Gates par le Sénat : les remugles de l'Irangate flottaient toujours autour de la CIA...

Certains des prédécesseurs de Robert Gates ont bien entendu professé des opinions inverses. Ainsi l'amiral Stansfield Turner, patron de la CIA de mars 1977 à janvier 1981, estimait-il que l'Amérique se devait d'espionner le tissu industriel de ses alliés par le biais de ses services spéciaux afin de faire profiter ses propres entreprises des informations ainsi recueillies illégalement : « J'ai fait de gros efforts pour aider le monde américain des affaires. [Mais] les profession-

1. *Washington Post,* 14 mars 1993.

nels de la CIA m'ont dit qu'il ne s'agissait pas là d'affaires intéressant la sécurité nationale[1]. » En clair : que ce n'était pas le boulot de la Compagnie. Aujourd'hui nombreux sont ceux, tant dans la communauté du renseignement que dans les milieux économiques, qui partagent le point de vue de l'amiral Turner. La presse américaine s'est fait l'écho de l'attitude de Walter Deeley, directeur-adjoint de la NSA dans les années quatre-vingt, qui ne se gênait pas le moins du monde pour transmettre aux entreprises américaines les informations susceptibles de les intéresser, mais uniquement il est vrai quand il s'agissait de répondre à des attaques menées contre elles par des concurrentes.

Pendant la campagne présidentielle de 1992, le débat est revenu sur le devant de la scène. Bien que de nombreuses voix se fussent élevées pour que le nouveau président démocrate imprime à la CIA une inflexion plus conforme aux intérêts immédiats des industriels – idée à laquelle le candidat Bill Clinton s'était montré favorable durant la campagne électorale –, l'arrivée de la nouvelle administration n'a rien changé. En février 1993, lors de ses auditions de « confirmation » devant le Senate Select Committee on Intelligence, James Woolsey, le directeur pressenti de la CIA, aborda le sujet en déclarant que l'intérêt de la communauté américaine du renseignement pour les affaires économiques était, « d'une certaine manière, la plus brûlante des questions en matière de politique de renseignement. La question très ardue consiste à déterminer si, dans n'importe quelle circonstance, le gouvernement américain doit partager n'importe quel type de renseignement économique avec des personnes privées ou des entreprises. » Un an plus tard, dans une interview au *Los Angeles Times*, il était plus affirmatif et précisait la façon dont il envisageait de se conduire à cet égard : « Notre travail à la CIA ne consiste pas à faire de

1. *Time Magazine*, 28 mai 1990.

l'espionnage industriel contre des firmes étrangères, pour tenter de fournir des informations aux sociétés américaines. Mais c'est notre travail de comprendre quand d'autres pays ou entreprises – pays par ailleurs assez amis avec le nôtre – utilisent la corruption pour arracher des contrats devant revenir à des sociétés américaines. »

De fait, James Woolsey ne faisait que reprendre les arguments classiques de la tradition américaine. Et comment agir autrement ? L'analyste John F. Quinn, qui se présente comme un ancien de la CIA, détaille ainsi les problèmes insolubles qui se poseraient à son ancienne centrale, dès lors qu'elle envisagerait de rompre avec cette tradition : « De quelles sortes d'informations l'industrie américaine a-t-elle besoin, et qui définit les demandes ? Comment, spécifiquement, l'espionnage par le gouvernement américain peut-il aider l'industrie privée ? À qui cette information devrait-elle être remise ? Comment une information secrète peut-elle être transmise sans révéler les sources et les méthodes des services de renseignement ? À l'époque des corporations multinationales, quels éléments définissent une entreprise "américaine" ? En fournissant des informations au secteur privé, le gouvernement américain ne se trouverait-il pas en mesure de dicter la politique industrielle ? Le renseignement protégerait-il l'industrie américaine contre ses propres décisions ? Que feriez-vous de ces informations si vous en disposiez[1] ? »

La problématique américaine est à cet égard assez différente de celle, plus complexe, qui a longtemps prévalu dans de nombreux autres pays, dont la France. Car l'État, au moins jusqu'à ces dernières années, y détenait un poids considérable dans l'économie et dans l'appareil industriel et

1. John F. Quinn, « Commercial intelligence gathering : Jetro and the japanese experience », Conférence prononcée au colloque « Managing risk in information age », McLean, Virginia, 2 mai 1994.

financier. Par ses banques et ses institutions financières, il contrôlait une grande partie du système économique. Par ses entreprises publiques, il animait des pans entiers de l'industrie, de l'énergie et des transports. Quand l'État français utilisait ses services au profit de l'appareil financier et industriel, il utilisait donc sa main gauche pour aider sa main droite. La différence d'appréciation qui pouvait (et peut encore) exister entre les Français et les Américains tenait donc, en partie au moins, au fait que si les services américains avaient décidé d'agir comme leurs homologues français, ils auraient trahi leur mission puisque chez eux l'État ne contribue pas au fonctionnement du secteur productif. Ce faisant, ils auraient agi illégalement tout en faussant les règles de la concurrence et en provoquant une entorse à la loi du marché. C'est toute la différence entre une société américaine purement libérale et une société française d'économie mixte.

Ce qui ne devrait pas, bien entendu, dispenser les entreprises nationales de se préoccuper elles-mêmes de la question et de mettre en commun leurs moyens. Les firmes françaises préfèrent cependant fonctionner en ordre dispersé et ne paraissent pas, sauf exception, réellement mobilisées par ce problème, même pour ce qui a trait au renseignement « fin » mais de source ouverte. Les efforts dans le domaine qu'il est convenu d'appeler l'« intelligence économique » demeurent morcelés, et un rapport récent, auquel la DGSE a collaboré, note à juste raison que le tissu économique français dans son ensemble devrait vaincre les hésitations et le goût excessif du secret dont il fait preuve : « La réticence à l'égard de la gestion collective de l'information est accentuée en France par une culture mal maîtrisée du secret. La conception de l'information comme source de pouvoir ainsi que des règles excessives et des pratiques administratives trop rigides en matière de confidentialité font obstacle à une sélection fine et maîtrisée de l'information ouverte, utile aux entreprises[1]. »

En tout état de cause, et quoi qu'il en soit de la vision propre à chacun d'eux dans ce domaine, la relation entre les services de deux grands pays amis exigeait que chacun d'eux connaisse parfaitement le contexte dans lequel se meut l'autre et que tous deux parviennent à dégager une vision commune du corps de règles à respecter. C'est ce à quoi nous sommes parvenus. Antérieurement, et pendant quatre ans, nous nous étions trouvés confrontés, vis-à-vis des Américains, à une situation très difficile du fait de la fameuse affaire des « fuites américaines ».

Selon la communauté américaine du renseignement, la DGSE avait espionné plusieurs entreprises de haute technologie en y introduisant des agents clandestins. La presse s'était abondamment et complaisamment étendue sur le sujet, au point de présenter la DGSE comme l'archétype du « vilain ». La version la plus romancée de cette histoire, promise à une large publicité, avait été donnée par le journaliste Peter Schweizer[2]. Elle contient trop d'approximations, de contre-vérités et d'erreurs pour qu'on l'évoque ici.

Le dossier des « fuites américaines » se trouvait sur le dessus de la pile de mon bureau quand je suis arrivé à la DGSE en 1989, et presque deux ans de négociations serrées furent nécessaires avant que je puisse me rendre à Washington pour sceller la paix avec le FBI et la CIA en ces termes : « Ça y est, c'est derrière nous, on n'en parlera plus. » À cette occasion, j'aurai vivement apprécié les qualités de deux hommes qui traitaient directement ce dossier : William

1. Commissariat général au Plan, *Intelligence économique et stratégie des entreprises,* Paris, La Documentation française, 1994, p. 75.

2. « Friendly Spies », *The Atlantic Monthly,* New York, 1993. Version française : *Les Nouveaux Espions. Le pillage technologique des USA par leurs alliés,* Paris, Grasset, 1993.

S. Sessions, patron du FBI, et surtout William Webster, directeur de la CIA, que je rencontrai à plusieurs reprises.

Une seconde « affaire américaine », qu'il n'est pas possible d'évoquer aujourd'hui, aurait pu à nouveau compliquer les rapports entre le Service et la CIA. Mais nos amis d'outre-Atlantique ont vite compris le montage et ont eu l'élégance de nous laisser régler ce dossier franco-français.

L'espionnage privé est un délit aux États-Unis, et l'État le réprime en vertu d'un système législatif approprié. Moyennant quoi, des sociétés se sont constituées pour faire du renseignement – industriel, technologique, scientifique. Les mauvais esprits pourraient même supputer que cette prolifération d'entreprises privées de renseignement convient aux services américains. Car la frontière est parfois ténue entre les activités de ces firmes et les leurs. Certes, l'avocat new-yorkais Jules Kroll, leur précurseur et chef de file, ne proclame pas : « Je recherche pour telle grande banque des renseignements confidentiels sur l'un de ses partenaires majeurs. » Mais il n'est pas mécontent de faire savoir qu'il est en charge d'enquêter sur les fournisseurs de Saddam Hussein en tel ou tel domaine, ou sur le montant de la fortune du maréchal Mobutu, et où elle est placée. Les entreprises de ce type embauchent des gens des services, en retraite ou en activité... Un autre acteur du renseignement privé américain, Robert D. Steele, qui dirige la société Open Sources Solution Association, développe activement aujourd'hui ses activités en Europe, sous le regard attentif des services spécialisés. En France, pour l'instant, aucune de ces entreprises n'a trouvé un très gros marché. Probablement parce qu'elles sont encore très anglo-saxonnes et que certaines sont réputées, peut-être pas toujours à tort, être liées aux services américains. Les entreprises américaines relevant du secteur industriel et de celui des services ont également recours à des services de renseignement intégrés, qui rencontrent parfois certains succès. Ils agissent essentiellement par l'analyse d'informations disponibles, mais peuvent parfois faire appel à des méthodes moins conventionnelles. Leurs spécialistes en la matière sont d'ailleurs rassemblés dans une Society of Competitive Intelligence Professionals (SCIP).

Il est évident que la logique du système conduit les entreprises à aller de plus en plus loin. C'est-à-dire à utiliser, pour honorer des contrats commerciaux mettant en jeu des intérêts strictement privés, des méthodes jusqu'alors prérogatives exclusives des services spéciaux qui les déploient, eux, pour la sécurité des intérêts nationaux vitaux et la protection des citoyens. Le système américain supporte, dans les deux sens du terme, ces entreprises. Elles agissent théoriquement dans la légalité et, quand elles en sortent et se font prendre, elles sont punies. Par précaution, et dans cette éventualité, le travail « délicat » est souvent confié à des firmes sous-traitantes qui en assument alors tous les risques. Ainsi le secteur privé s'empare-t-il de l'espionnage industriel, technologique et même scientifique, les services spéciaux leur abandonnant un domaine en voie de « dénationalisation » : bientôt, en effet, plus aucune entreprise représentant un intérêt vital national n'aura échappé à la multinationalisation...

En tout état de cause, ce n'est pas faire preuve de mauvais esprit que de constater que les Américains ont bien d'autres moyens d'être informés de tout (ou presque) ce qui se passe dans les entreprises étrangères. Ainsi, les firmes d'audit et de consultants qui passent d'un bout à l'autre de l'année l'ensemble de l'économie française au peigne fin – mais aussi nombre d'administrations – sont toutes, pour les plus importantes, américaines. Et quel meilleur moyen pour connaître les entreprises dans le détail que de rencontrer leurs dirigeants et d'analyser leurs projets ? Qui mettrait sa main au feu que tous les résultats de leurs travaux ont comme destinataire unique leur client ?

Autre exemple, plus parlant encore. Depuis quelques années, les transmissions de données dans le monde entier ont progressé de manière phénoménale, au point de laisser présager une évolution irréversible de notre mode de vie. L'extraordinaire réseau Internet, qui relie déjà plus de 30 millions d'abonnés sur toute la planète, par micro-ordinateurs et modems interposés, est à lui seul un outil de connaissance et de communication de nature à bouleverser profondément les relations mondiales. Or, l'ensemble de ce système est contrôlé par les États-Unis. On peut le regretter et juger que les Européens en général (et les Français en particulier) ont raté le coche, il n'empêche : la société de l'information et la quasi-totalité des systèmes de liaison informatiques sont sous la coupe des Américains. Physiquement, concrètement, l'ensemble de ces liaisons transite par le territoire américain. Pourquoi ce pays irait-il chercher dans des conditions acrobatiques des informations confidentielles concernant telle ou telle entreprise dès lors que celles-ci, par le biais de leurs liaisons informatiques, les livrent en quelque sorte à domicile ? Sans doute n'y apprendra-t-il rien de bien extraordinaire : les entreprises privées savent tout de même se protéger. Mais il pourra disposer de tant de données que bien des enquêtes visant des informations secrètes deviendront inutiles. N'oublions pas que l'intégralité ou presque des bases de données (des dizaines de milliers, dans tous les domaines) sont situées sur le territoire américain. Qui y a libre accès sait ce que cherchent ceux qui les interrogent. Manière plus efficace que bien d'autres de savoir où en sont entreprises et laboratoires en tous genres...

Si les Américains théorisent ainsi la pureté de leurs intentions tout en élevant le renseignement au rang de priorité nationale, il est une autre nation qui a su – par différents moyens – obtenir des résultats encore plus tangibles : le Japon. La culture du renseignement est consubstantielle à la civilisation nationale, et l'ensemble de l'économie fonctionne autour de cet axe. C'est ainsi que l'État nippon est tout entier au service des entreprises et des priorités économiques, au point d'y consacrer des efforts sans commune mesure avec ce qui se passe ailleurs dans le monde.

Tous nos vieux États, démocratiques ou pas, estiment qu'il est primordial de consacrer des efforts significatifs à la préservation des intérêts nationaux, lesquels se sont confondus pendant longtemps avec ceux de la Défense nationale. Au Japon, qui ne néglige pas pour autant ses forces armées, c'est l'économie qui a pris rang de priorité absolue. Plusieurs organismes investissent dans la collecte, le traitement et la redistribution de l'information des ressources considérables, en hommes et en moyens. C'est ainsi que le ministère du Commerce et de l'Industrie (MITI – Ministry of International Trade and Industry) dispose d'une organisation spécialisée dans le renseignement économique et commercial, le Jetro (Japanese External Trade Organization), qui entretient plusieurs dizaines de bureaux à l'étranger, pour l'essentiel voués à la recherche de l'information et, au-delà, du renseignement.

Toute l'énergie que les Japonais n'ont pas employée à bâtir des forces militaires de protection, ou nucléaires stratégiques, a été consacrée à la conquête économique des marchés planétaires ; et s'ils ne possèdent pas de grande centrale de renseignement, ils n'en sont pas moins actifs. Selon leur vision du monde, tous les autres pays et leurs entreprises sont des concurrents qu'il convient de convaincre. Les fameuses compagnies de commerce *sogo sochas*, qui emploient 60 000 personnes dans le monde, offrent également un cadre parfait pour le recueil d'informations, par le biais d'une infinité de contacts dans les pays où elles sont implantées, c'est-à-dire tous ou presque. De très nombreuses entreprises disposent de leur propre système de collecte, extrêmement élaboré, et les grands trusts japonais sont particulièrement agressifs. L'État japonais et ces entreprises fonctionnent en parfaite symbiose.

Il est clair que, dans un pays comme le nôtre, la DGSE ne peut être considérée comme agissant au service des entreprises : c'est l'État qu'elle se doit de servir. Mais s'il est un domaine où les Services doivent pleinement jouer leur rôle au service de la collectivité, c'est bien celui de l'économie souterraine, illégale et parfois mafieuse, et de la finance criminelle : les Services spéciaux sont donc engagés sur ce terrain dans un combat défensif.

Aujourd'hui, la plus lourde des menaces contre nos sociétés démocratiques, la plus immédiate, c'est en effet l'argent devenu sauvage. L'argent sale évidemment, celui de la drogue, du crime organisé, du proxénétisme, des mafias. Mais aussi l'argent politique impliquant une possible mainmise étrangère, et parfois ennemie, sur des secteurs vitaux des appareils économiques nationaux. Pour ne rien dire de l'argent de la spéculation qui, privilégiant toujours le court terme, fait échec à la souveraineté monétaire, de plus en plus théorique il est vrai aujourd'hui, des États.

Quand une organisation comme la DGSE décide de suivre de telles affaires, tout n'est pas à inventer. Elle peut recourir à des méthodes anciennes pour mener à bien ses missions nouvelles. Par exemple, quand on constate qu'une entreprise, une banque ou une nébuleuse économique quelconque pose problème, le plus important est d'abord de trouver des gens susceptibles d'aider à mener des recherches, parce qu'ils sont déjà insérés dans le système et le connaissent à fond. Il faudra les inciter, de leur plein gré si possible, à permettre à la DGSE de comprendre ce qui se passe. Des personnels seront nécessaires pour « traiter » ces sources, et tous ne travailleront pas uniquement pour une gloire secrète. Il faudra donc disposer de moyens d'incitation, généralement pécuniaires. Faute de moyens humains nouveaux, on dégarnira souvent des secteurs existants. Obtenir les outils budgétaires indispensables, même pour atteindre des cibles dont l'intérêt est aussi clair, n'est pas une mince affaire : il faut expliquer aux divers Premiers ministres, et aux ministres, que trois ou quatre années successives d'investissements lourds sont nécessaires pour mettre un dispositif en place ; tout en sachant qu'il est peu probable que trois ans plus tard le gouvernement en question soit encore aux affaires...

Pour analyser les flux financiers illicites, il a fallu déterminer avec qui travailler lorsqu'il est apparu que ces questions devenaient primordiales. Jusqu'alors, le Service collaborait surtout avec le ministère de l'Intérieur : sur les problèmes de sécurité naturellement, mais aussi de drogue. Lorsqu'il a été conduit à s'intéresser à l'« argent indésirable », il a décidé de se rapprocher des organes spécialisés du ministère des Finances. Cette initiative lui offrait une ouverture vers la connaissance des mouvements financiers et bancaires, dont seule l'administration des Finances détient certaines clés. Si la DGSE choisit la collaboration sur l'argent douteux et la drogue avec ce partenaire, ce fut également – ne le nions pas – pour accroître ses propres moyens d'investigation. Et si elle prit un certain nombre de risques dans cette collaboration, ce fut pour avoir accès à ces canaux, notamment bancaires, qui l'intéressaient au plus haut point. Il s'agit là d'une tout autre activité que la collaboration dans Tracfin[1], système de coopération institutionnelle dont le but est d'essayer d'y voir clair en matière d'« argent indésirable », et qui permet à plusieurs représentants d'institutions diverses de se rencontrer et d'échanger du renseignement.

L'argent illicite est devenu un problème majeur dans nos démocraties, et nous n'en sommes pourtant qu'au début du processus.

1. Tracfin est la couverture officielle des échanges de renseignement en matière de trafic financier. Ce n'est pas un centre opérationnel, la collaboration opérationnelle en matière de renseignement pouvant rarement s'évader du cadre bilatéral.

La DGSE a créé, en 1991, un service spécialisé sur ces questions. Et la première chose qui nous a été confirmée, c'est que ce domaine d'investigation est extrêmement ardu et nécessite la mise en œuvre de moyens très spécifiques, d'une technicité particulièrement experte : moyennant quoi, à plusieurs reprises, le Service a pu aviser le ministère des Finances de l'éventualité d'arrivée de capitaux douteux ou politiquement dangereux dans des entreprises françaises de toute première importance. C'est en effet dans ce secteur restreint d'un domaine immense, entièrement nouveau pour lui, que le Service a fait ses premières armes. On peut, à titre d'illustration, évoquer ce qu'ont été ses deux premières interventions en la matière.

Il y eut d'abord l'affaire, qui était en voie de conclusion lorsque la DGSE est intervenue, de l'entrée de financiers italiens plus que suspects dans une société française. Cela se passait en 1990, et si l'entreprise n'était pas stratégique, au sens des « intérêts vitaux » de la nation, elle était emblématique dans un secteur économique de pointe et sa prise de contrôle exigeait un feu vert du gouvernement français. Les apparences étaient sauves, au premier examen. Et cette mainmise allait se produire sans que quiconque réagisse. Le Service, qui avait eu connaissance de l'affaire, et en avait mesuré les conséquences néfastes, jugea qu'il lui appartenait de prendre ses responsabilités : alors que l'affaire était sur le point de se conclure, il saisit les autorités responsables des soupçons qu'il avait conçus en suggérant que l'opération soit bloquée. Elle le fut. Deuxième exemple : la tentative d'appropriation par un pays étranger soumis à un embargo aéronautique d'une entreprise spécialisée dans la maintenance avionique. À nouveau, le Service fit bloquer la transaction.

Dans le premier cas, le plus fréquent, se trouve mise en cause cette catégorie d'argent indésirable qu'il faut appeler « sale » et que des délinquants internationaux, d'autant plus dangereux qu'ils sont parfaitement organisés et techniquement compétents, cherchent à recycler dans les secteurs économiques les plus profitables des États démocratiques en le confiant à des banquiers, des financiers, des industriels qui ferment les yeux. La responsabilité de ces derniers, insuffisamment sanctionnée par la loi et soulignée par les médias, est immense : juridiquement voilées par les organisations professionnelles et patronales, peu lisibles par l'opinion, ces opérations délictueuses engendrent des profits aux apparences parfaitement légales qui enrichissent considérablement leurs auteurs. Des brevets d'honorabilité leur sont ainsi décernés par des partenaires ayant pignon sur rue et qui se rendent complices, souvent sciemment, des pires malfrats. N'a-t-on pas vu récemment jusqu'à une commission parlementaire « solennelle » se joindre à ce blanchiment des consciences en ne déclarant pas l'infamie de l'alliance d'une grande banque nationalisée avec des financiers italiens qu'elle savait véreux ?

L'argent a lentement débordé, dans les dernières décennies, le cadre organisé des démocraties qui en régulaient la dynamique par une doctrine et par un arsenal de lois et de règles. On a assisté aussi à l'émergence de nations dont les administrations squelettiques et corrompues n'exercent plus qu'une mince partie des prérogatives habituelles des systèmes étatiques. Les fonctions non assumées nationalement – dont le contrôle de la monnaie, l'élaboration du budget, la gestion de la dette, le contrôle des matières premières, etc. – sont alors remises entre les mains d'autres nations, de castes ou de groupes privilégiés, de puissances politiques, financières ou économiques internationales, et dans le pire des cas entre celles de pouvoirs plus ou moins occultes et/ou mafieux.

Mais l'argent ne se trouve pas seulement « dé-nationalisé », il est également « dé-fonctionnalisé » : on estime généralement que plus de 90 % des mouvements monétaires mondiaux ne correspondent plus aujourd'hui à des échanges physiques de marchandises ou de services. Concomitamment, l'économie mondiale est marquée par une « financiarisation » quasi totale, qui met sous la coupe des gestionnaires de fonds une partie considérable de l'appareil de production. Plus aucune autorité nationale ou internationale ne maîtrise réellement ces transferts. James Carville, conseiller du président Clinton, déclarait récemment : « Avant, je me disais que j'aimerais me réincarner en président des États-Unis, en pape ou en superchampion de base-ball. Aujourd'hui, je voudrais revenir sur terre sous forme de marché obligataire. Ça permet d'intimider n'importe qui. » Car la lutte pour le pouvoir a pour terrain de nos jours l'univers des taux d'intérêt et des fluctuations monétaires : les milliards de dollars qui circulent en permanence autour du globe échappent à tout pouvoir politique et sont capables de faire et défaire les régimes. Sur cet aspect majeur des forces qui font l'Histoire, qui préparent ce que seront demain le cadre et le mode de vie de nos sociétés, les services spéciaux, de quelque pays qu'ils soient, sont encore démunis, sans armes véritablement efficaces.

D'une manière générale, le cadre national devient de plus en plus obsolète : l'argent, et donc l'économie, tendent à lui échapper chaque jour davantage, mais aussi la science et la technologie, la culture et la communication. Or il n'a été remplacé par aucun autre, même si certaines de ses fonctions ont été relayées à Bruxelles, siège de l'Europe unie, à Genève pour l'organisation mondiale du commerce, au Fonds monétaire international (FMI) ou à la Banque européenne pour la reconstruction et le développement (BERD). La tâche du renseignement dans un tel contexte se complique singulièrement. L'opacité des centres de décisions économiques mondiaux est très supérieure, dans la plupart des cas, à celle des systèmes politiques nationaux. La dépolitisation et la délocalisation des décisions constituent des défis auxquels les services peuvent sans aucun doute tenter de répondre. Mais leur motivation dépend étroitement de l'utilisation finale des connaissances qu'ils pourront acquérir. À quoi bon agir si leur quête ne débouche pas sur une réaction du pouvoir politique, par manque de volonté ou impuissance avérée ?

L'argent, qui est au cœur de l'économie de marché, ne peut être un facteur de progrès que lorsqu'il agit en symbiose avec la démocratie qui le régule et l'encadre. La dérive s'installe dès qu'ils sont dissociés l'un de l'autre. Dérive qui pollue, bien entendu, les États de non-droit incapables d'ordonner le marché, mais également les États de droit censés servir de modèle. Dans une économie transnationale, l'argent voyage et choisit pour s'ancrer le cadre qui lui paraît le plus approprié. Contre lui, le politique, au sens noble du terme, se bat à armes inégales dès lors qu'il bute sur les frontières des États. Champ ouvert pour l'un, champ clos pour l'autre qui devrait le contrôler. Combat totalement inégal.

10

Action !

La DGSE et l'Afghanistan. – Un entraînement de fer. – Bataille bureaucratique autour des forces spéciales. – Rapatrier Aoun. – Denard et les Comores.

En donnant le feu vert, en cet automne 1979, au renversement d'Hafizullah Amine et à l'entrée de l'Armée rouge en Afghanistan, Brejnev ne se doute pas que c'est là précisément que sonnera le glas de l'empire soviétique. Le colosse va, en effet, bientôt y montrer les premiers signes de l'usure.

L'Afghanistan, c'est le Viêt-nam de l'Union soviétique. Il y a pourtant une grande différence sur ce point entre les États-Unis et l'Union soviétique : le Viêt-nam a marqué profondément l'armée américaine, mais celle-ci n'est pas au centre du système américain qui, s'il est atteint sévèrement, ne l'est pas en son cœur même. Alors que le désastre afghan touche de plein fouet le système soviétique à travers son armée et ses services secrets qui en sont la clé de voûte.

On le sait peu, mais la DGSE a été fortement impliquée dans le conflit afghan et jusqu'à la fin de la guerre, en ce sens qu'elle a choisi très tôt d'y prendre sa part du combat contre le système communiste. Lorsqu'il lui a fallu choisir le camp de la résistance afghane auquel elle apporterait son soutien, elle s'est dissociée de la CIA et de ses alliés, notamment saoudiens. Des discussions animées nous ont alors opposés à eux, dans la mesure où nous avons toujours contesté le parti américano-saoudien de soutenir Gulbudin Heymaktiar, que nous considérions comme le fourrier de l'intégrisme islamique. Cette option stratégique de la monarchie saoudienne, avalisée par les États-Unis, était logique : les services du roi Fahd sont particulièrement actifs dans cette partie du monde, et, autant que l'Iran, l'Arabie Saoudite est un pays où le fondamentalisme islamique domine la vie institutionnelle, sociale et culturelle. L'argent du pétrole lui permet, depuis des années, de financer tous les mouvements qui, dans les pays de l'Islam, en appellent au règne de la charia. Et si l'Arabie s'est alliée tout de même avec les Occidentaux pendant la guerre du Golfe, c'est que son existence était en jeu et qu'elle pouvait exciper d'une bonne cause : abattre le régime baasiste, laïque et donc impie de Saddam Hussein...

La situation politique en Afghanistan est alors particulièrement complexe. Entre les factions qui vont lutter jusqu'au 29 avril 1992 contre le régime du féal soviétique Najibullah, les rapports de force sont d'une subtilité extrême : au cours des tractations secrètes menées au Pakistan, nous n'avons pu nous entendre ni avec les Saoudiens, ni avec les Américains, ni avec les Pakistanais sur ceux auquel il convenait d'apporter notre soutien. Au Pakistan même, plusieurs écoles s'affrontaient alors au gré des changements de gouvernement. Tout au long du conflit, les services pakistanais collaboreront pourtant avec les Américains et... avec nous : ils ont joué un rôle majeur dans l'opposition à Najibullah et dans l'éviction des Soviétiques. Le gouvernement d'Islamabad a abrité l'opposition et assuré le transit de toute l'aide à la résistance. La collaboration a été étroite avec eux pour aider Ahmed Shah Massoud, le fameux « commandant Massoud » que nous avions choisi de soutenir pour des raisons – pas plus mauvaises que d'autres ! – de francophonie et de laïcité notamment.

Fin 1994, Massoud est ministre de la Défense, mais il n'était encore qu'un maquisard quand je l'ai rencontré pour la première fois en 1990 : le Service l'aidait alors en formant des officiers et des commandants de groupes au combat clandestin. À la guérilla urbaine. Aux transmissions, aux techniques de sabotage. Il a également permis à la représentation de cette faction de la résistance afghane de s'installer à Paris, de s'y déployer, de trouver des appuis. Il lui a ouvert les portes des décisionnels politiques et économiques.

Les Anglo-Américains, les Français, comme les Saoudiens et les Pakistanais, peuvent s'en féliciter : ils ont réussi dans leur entreprise, puisque les troupes soviétiques sont parties après avoir essuyé un échec sanglant qui a ébranlé leur système et en a fait apparaître toutes les lézardes.

Quand l'attentat du World Trade Center s'est produit, le 26 février 1993, faisant 5 morts et 1 000 blessés, la presse et les experts se sont souvent gaussés de « ces benêts d'Américains qui ont passé leur temps à entraîner les intégristes musulmans que, comme par hasard, on retrouve mêlés à l'attentat ». Ce qui n'est pas tout à fait faux sur le fond, puisque le réseau gravitait autour du cheikh intégriste Omar Abdel Rahmane. Cette critique est néanmoins injuste en tant que telle : quand on entraîne des gens à la guérilla, au terrorisme, qu'on leur donne de l'argent, des armes et les modes d'emploi, on sait que l'on prend le risque de les voir un jour se retourner contre soi. Quand le but que l'on s'était fixé en commun est atteint, chacun reprend son indépendance. Et les amis d'hier peuvent, le cas échéant, se transformer en adversaires. Les Américains ont ainsi un peu regretté d'avoir livré plus de 1 000 missiles antiaériens Stinger, d'une valeur de 100 000 dollars pièce, aux résistants afghans. Car lorsqu'il s'est agi de les récupérer, il a fallu payer au prix fort ces armes livrées gratuitement, et le budget de 65 millions de dollars affecté par la CIA à cette opération de rachat s'est révélé insuffisant... Sans compter qu'entre-temps certains de ces engins étaient partis sous d'autres cieux, rétrocédés à d'autres combattants d'Allah...

Il est évidemment toujours possible de ne rien faire. Comme ça, au moins, on n'a rien à se reprocher ! En privilégiant l'aide à Heymaktiar, la CIA avait choisi l'efficacité : ses forces furent en effet un élément essentiel de la débâcle de l'armée soviétique et de la chute du régime de Najibullah. Mais ce choix, motivé également par le souci de préserver l'alliance fondamentale avec le royaume saoudien, pour obtenir à la fois sa caution et sa collaboration, ne pouvait être payé de reconnaissance. Les fondamentalistes islamistes ont accepté l'alliance avec les États-Unis pour détruire un ennemi qui leur était commun : le pouvoir communiste. Ce but atteint, chacun a repris son chemin. Il n'est donc pas surprenant que l'on retrouve dans l'affaire du World Trade Center des militants qui avaient combattu en Afghanistan au nom de l'intégrisme musulman contre le communisme.

Quelques mois après la chute de Najibullah, en 1992, les nations occidentales, qui avaient rouvert des missions diplomatiques à la chute du régime pro-soviétique, les avaient déjà repliées en partie : dans Kaboul assiégé, les factions se déchiraient et se livraient des combats acharnés, épouvantablement meurtriers. C'est une ville à l'agonie que quitteront les représentants français récupérés par un avion des forces spéciales de la DGSE, qui fera le plein avec les derniers diplomates européens encore en poste en Afghanistan.

Il a fallu déployer une somme d'efforts considérable pour mener à bien l'opération afghane. Les agents qui s'y sont consacrés appartenaient pour l'essentiel au service Action, unité très professionnalisée, dont les hommes sont naturellement triés sur le volet, et leurs motivations passées au peigne fin. Parmi les officiers et sous-officiers d'active, certains restent longtemps au service Action, mais beaucoup aussi passent ensuite dans d'autres secteurs de la DGSE. Car les agents du service Action éprouvent souvent de grandes difficultés à retrouver la vie de garnison d'une unité militaire classique. D'autant qu'il s'agit fréquemment de militaires atypiques à la personnalité riche et intéressante. L'ambiance y est chaleureuse : j'y ai été très bien reçu et me suis aussitôt senti très à l'aise au sein de cette unité militaire, mais placée sous l'autorité fonctionnelle du directeur général de la DGSE.

Les forces spéciales de la DGSE s'articulent autour d'éléments air, terre et mer. L'élément « air » est composé de divers appareils de transport aérien (Transaal, moyen-porteurs, hélicoptères) et de leurs équipages. Le Service est tout particulièrement attentif à sa composante aérienne, car elle est souvent la condition d'intervention de ses forces.

La composante « mer » est essentiellement constituée par les nageurs de combat. Ils sont basés en Bretagne, à Quelern, depuis qu'ils ont quitté leur base d'Aspretto en Corse après l'affaire du *Rainbow Warrior*. Notre projet était d'ailleurs de les y réinstaller, d'une part parce que les conditions d'entraînement y sont bien meilleures qu'en Bretagne – notamment du fait que le milieu marin y est comparable à celui dans lequel ils ont généralement à intervenir (mers chaudes et à marées limitées) –, d'autre part pour les réhabiliter. Ils le méritent, car la part de mission qui leur incombait, et qui n'était de loin pas la plus facile, a été bien exécutée. Et si l'on considère par ailleurs que l'opération est devenue une « affaire » essentiellement parce que des agents se sont fait prendre, il convient de souligner que les nageurs, eux, sont tous rentrés à leur base...

Quant à l'élément « terre », il est réparti entre la région d'Orléans (au centre de Cercotte) et Perpignan. Il est le cœur même du dispositif et le plus important en effectifs.

Le service Action constitue sans aucun doute la force la mieux entraînée et équipée sur laquelle le gouvernement français peut compter. La dureté de la formation est l'une des conditions de ses succès. Celle-ci comprend notamment des entraînements « en réel », et un exercice de combat sous tir à balles elles aussi bien réelles, car quand on effectue le *timing* d'une opération, il faut en effet savoir exactement la durée d'exécution de telle ou telle phase, étant entendu qu'on ne met pas le même temps à ramper sur cent mètres sous un tir de balles réelles ou de balles à blanc... Quand des gens vont parfaire leur entraînement sur le champ qui sera le leur, en l'occurrence à l'étranger, ils doivent par exemple apprendre à passer clandestinement leurs armes et leurs équipements à travers les frontières.

L'un des thèmes majeurs de l'entraînement porte sur l'infiltration et l'exfiltration d'agents. Car la DGSE doit partout pouvoir mettre des gens en place ou en sortir clandestinement d'un pays quelconque quand la nécessité l'exige : une personnalité, un HC, une source, un agent. Des otages aussi, au Sud-Soudan par exemple, ceux qui étaient tombés à la suite d'un accident d'avion aux mains de rebelles appartenant à un mouvement avec lequel par bonheur le Service entretenait des relations. À noter qu'il y a toujours un risque à envoyer un avion et des hommes parlementer avec des maquisards qui ne relèvent peut-être plus de la bonne faction... ou qui peuvent simplement avoir besoin d'un avion ! Au Cabinda également, éponge de pétrole et enclave angolaise, où le mouvement indépendantiste avait fait prisonniers des techniciens français du pétrole. Là aussi, les rapports nourris précédemment avec la rébellion et les liens de travail avec les services zaïrois rendront possible l'action sur le terrain des hommes du Service et la libération des otages.

Les forces spéciales empruntent donc les voies maritimes, aériennes ou terrestres. Et doivent pouvoir poser un avion ou un hélicoptère, accoster avec un bateau pratiquement n'importe où dans le monde. Sur les cartes détaillées, les endroits où l'on peut poser des avions Transaal ou des hélicoptères Super-Puma sont repérés. Et les fabricants de ces équipements mettent leur matériel au banc d'essai du Service qui les fait « tourner » aux limites extrêmes de leurs possibilités, au-delà des normes réglementaires qui n'en sont pas pour lui.

Comprenons-nous bien. Ce que la DGSE appelle forces spéciales, ce sont des groupes, généralement armés, dont la fonction est d'agir dans la clandestinité. Quand les forces de la DGSE interviennent quelque part, elles sont la plupart du temps vouées à le faire anonymement, alors qu'il ne saurait être question que ce que les armées appellent leurs forces spéciales, ôtent leurs uniformes et leurs bérets pour partir en opération : elles constituent des unités de l'armée française qui, déployées sur un théâtre extérieur, engagent l'État, la nation. En revanche, lorsque les forces de la DGSE agissent quelque part, elles n'engagent personne d'autre qu'elles-mêmes. À l'image de celles qui, pour le compte de la CIA, accomplissent les *covert actions*.

Lorsque le chef d'état-major des armées (CEMA) a voulu créer en 1991 un « commandement interarmées des forces spéciales », une discussion vive s'est engagée, puis un conflit. Car son idée était, à cette occasion, de récupérer le service Action pour le placer dans son giron. Il n'était probablement pas convenable à ses yeux qu'une force militaire fût commandée par un civil : la présence d'un préfet à la tête de la DGSE – tout lieutenant de l'infanterie de marine (de réserve) qu'il soit ! – rendait incongrue la présence d'une force militaire à l'intérieur de la DGSE... La situation, il est vrai un peu particulière de la DGSE, n'est pourtant de ce point de vue-là qu'une reproduction à petite échelle d'une construction institutionnelle consubstantielle à la démocratie : la règle de base de l'utilisation de la force armée dans notre pays est en effet de n'agir que sur ordre formel de l'autorité civile..

Sans le moindre dialogue préalable, le dossier fut présenté, en octobre 1991, par le CEMA au ministre qui me le transmit, en me demandant mon avis. Pierre Joxe comprit tout de suite et accepta mes arguments. Le projet perdura pourtant, et je dus en saisir le président. Très logiquement il me donna raison et, un beau jour, il ne fut plus question de cette réforme...

Les forces du service Action de la DGSE sont de véritables forces spéciales, entraînées à la guerre secrète, c'est-à-dire à mener des opérations liées aux stratégies clandestines de notre pays ; elles sont en fait, et au sens propre du terme, les seules véritables forces spéciales françaises. Leur rattachement aux armées aurait évidemment donné un poids plus conséquent au commandement des forces spéciales (COS), qui dirige celles que l'on vit sur tous les écrans de télévision du monde lors de leur première grande intervention depuis leur création : l'opération Turquoise, menée à l'été 1994 au Rwanda.

Mes arguments contre ce rattachement reposaient *in fine* sur une idée simple : si les forces spéciales de la DGSE avaient dû rejoindre le COS, notre pays se serait privé de toute possibilité d'action clandestine. Et certaines opérations ouvertes mais extrêmement délicates n'auraient pu être menées dans la confidentialité, dans la mesure où la longueur de la chaîne hiérarchique des armées et leur volonté permanente de médiatisation de leurs actions constituent des obstacles infranchissables pour ce qui doit être accompli dans le secret. Le directeur de la DGSE a un rapport direct avec le président de la République, le Premier ministre et le ministre de la Défense. Lorsqu'une opération, qu'elle soit légère ou lourde, doit être menée secrètement ou très discrètement, ce circuit court est parfaitement adapté : envoyer un ou plusieurs hommes ici, livrer tel matériel là, aller ailleurs chercher quelqu'un contre la volonté des autorités d'un pays... Quand le service de l'État exige l'exécution difficile d'un ordre provenant de ses plus hautes autorités, il n'existe aucune structure en France qui puisse intervenir en mettant au courant un aussi petit nombre de personnes. Il n'est pas inconcevable – pourquoi ne pas écrire que c'est précisément le cas ? – qu'à la limite quatre personnes seulement puissent être informées d'une opération : l'autorité politique qui la demande, le directeur général de la DGSE qui l'accepte, le directeur des Opérations et l'exécutant. Le lien avec l'appareil secret du Service dans le monde est inappréciable qui permet de connaître le milieu où doit se dérouler l'intervention et de disposer d'une base d'accueil et de soutien, élément majeur de sa réussite.

Le « rapatriement » du général libanais Michel Aoun, le 30 août 1991, est un bon exemple de l'emploi qui peut être fait, selon les hypothèses politiques retenues, des commandos militaires ou du service Action de la DGSE. À propos du principe de son départ, une longue négociation diplomatique s'est tout d'abord tenue entre les Syriens, le gouvernement libanais et la France. Sur les modalités de ce départ, les termes de l'alternative étaient clairs : soit il serait officiel, et il s'agirait d'un « rapatriement », soit il serait secret, et on parlerait alors d'« exfiltration ». Dans le premier cas, l'affaire ne relevait pas de la compétence de la DGSE, même dans l'hypothèse où une protection armée serait nécessaire. En revanche, dans le second cas, c'est elle qui devrait agir.

La discussion sera longue entre le Quai, l'Élysée et Matignon, les armées et nous pour savoir s'il convenait de rapatrier ou d'exfiltrer. Car rien ne pouvait garantir qu'une bombe n'exploserait pas sur la route ou qu'une attaque ne serait pas tentée par ses adversaires, et il subsistait donc un risque sérieux si la première option était retenue. C'est pourquoi nous avions proposé une opération d'exfiltration, dont on ne peut ici livrer le dispositif. Jusqu'à la dernière seconde, les deux montages étaient possibles.

C'est finalement le rapatriement qui fut choisi, car la France jugea qu'elle pouvait croire sur parole le gouvernement libanais et les Syriens qui avaient donné leur garantie à ce départ. Choix qui se révéla judicieux, puisque tout se déroula parfaitement, grâce à la protection des commandos de marine de l'armée française qui allèrent chercher le général Aoun, le conduisirent à la plage, le placèrent dans une embarcation qui le mena finalement sur un aviso français croisant au large des côtes. Exécution parfaite.

La DGSE n'est pas moins experte, quand il s'agit d'organiser des opérations discrètes et un peu lourdes, comme celle qu'elle mena lorsque, un beau jour de 1989, la France décida que le temps était venu de faire partir Bob Denard des Comores.

Le Service fut chargé de négocier ce départ. Mais il rencontra aussitôt un vrai problème : l'homme était à la tête de la garde prétorienne du président Abdallah quand ce dernier fut assassiné par elle le 26 novembre 1989. On ne pouvait dès lors exclure qu'un des officiers comoriens de la garde se sente pousser des ailes (deux ou trois d'entre eux en étaient bien capables) en voyant Denard et l'encadrement européen quitter les Comores, prenne le commandement de la garde en question et, dans la foulée, le pouvoir à Moroni !

La décision fut alors de faire prendre en main la garde par la DGSE. Quand les avions qui transportaient la force d'intervention française se posèrent, celle-ci occupa immédiatement l'aéroport. Puis Bob Denard arriva pour embarquer dans l'avion qui devait le conduire en Afrique du Sud. C'est à ce moment-là que les hommes de la DGSE quittèrent le terrain pour se rendre au camp de la garde où ils dirent : « C'est nous les patrons ; d'ailleurs on va vous payer votre solde pour commencer, et puis on va faire l'inspection, revue d'armement, etc. » C'est-à-dire qu'au moment même où Denard et ses fidèles quittaient la garde, la DGSE en prenait le commandement. Opération typique de forces spéciales. C'est un coup de force d'une certaine manière, car ni la France ni *a fortiori* le Service n'étaient en quoi que ce soit habilités à agir comme ça ! Et tout cela pour la bonne cause, puisqu'il s'agissait de permettre aux institutions de l'archipel de fonctionner à nouveau.

Le chef de l'opération Comores assura pendant plusieurs mois le commandement de la garde. Ensuite, le président des Comores demanda à ce qu'il soit détaché auprès de lui comme conseiller. Un grand classique... Notre colonel devint logiquement l'homme-pivot de la paix dans le pays. Puis il commença à être mis en accusation par tout le monde, y compris par l'ambassadeur de France qui trouvait qu'il avait pris trop de poids... Il est rentré, puis reparti quelques mois plus tard dans un lointain pays.

J'ai dirigé avec une attention toute particulière cette opération aux Comores. Et pour cause ! En 1973, quand Bernard Stasi était ministre des DOM-TOM, j'étais son directeur de cabinet et notre idée était de conduire à l'indépendance, le plus rapidement possible, les derniers « confettis de l'Empire » ; le condominium franco-britannique des Nouvelles-Hébrides (aujourd'hui le Vanuatu), le Territoire français des Afars et des Issas (Djibouti) et les Comores.

Nous rendrons les choses irréversibles, mais n'aurons guère le temps de les conduire à terme, car la politique que nous mènerons dans les départements d'outre-mer, notamment à la Réunion, nous vaudra la rancune de Jacques Foccart et de Michel Debré. Ce dernier jouera d'ailleurs un rôle majeur dans l'éviction de Bernard Stasi, dont il jugeait que l'action dans les DOM, entreprise sous le mot d'ordre « moraliser la vie publique », déstabilisait le système féodal qu'il avait mis en place à la Réunion. Comment ne pas se souvenir de l'ébahissement du ministre des DOM-TOM en voyage officiel à la Réunion, découvrant que dans le bureau du préfet un portrait de Michel Debré, député du chef-lieu, écrasait le visiteur de sa présence ? C'est ainsi que le nouveau gouvernement de Pierre Messmer mettra fin à une expérience voulue par un Georges Pompidou désormais affaibli, qui cédera aux pressions de ses deux proches amis politiques.

Cette fin prématurée, en 1974, entraînera la désastreuse indépendance comorienne. La Constitution confédérale que j'avais pendant des semaines de négociations tenté d'imposer au président Abdallah et à ses amis sera alors enterrée, le référendum d'indépendance consacrant la partition de l'archipel et posant le problème du statut de Mayotte pour des décennies.

Cette parenthèse fermée, ces quelques exemples montrent la diversité des tâches auxquelles sont appelées les forces spéciales de la DGSE. Mais fondamentalement, le secteur opérationnel est, comme les autres, fait de tâches répétitives... et répétées ! La routine y est le risque majeur, qui suscite le trop habituel sentiment de sécurité. Bien qu'elle n'ait aucune responsabilité dans l'échec de l'opération du *Rainbow Warrior* qui a surtout souffert d'avoir été montée sur un modèle militaire : en effet, le système militaire très hiérarchisé ne peut évidemment être transposé dans ce type de mission. Il est souvent trop lourd, du fait des redondances dans les mesures de sécurité et des impératifs de la chaîne hiérarchique. Et la sophistication de la conception ne laisse plus à l'exécutant la marge de manœuvre nécessaire lorsqu'il doit faire face à l'imprévu.

Dans l'affaire du *Rainbow Warrior*, les hommes n'ont pas eu les moyens d'improviser face à l'inattendu. Ils ne savaient ni combien ni qui étaient les autres agents impliqués, ni quelle était la mission de chacun. On a dit aux uns : « Prenez la bombe et portez-la à l'endroit X au jour J. » Et à d'autres : « À l'heure X, vous aurez la bombe et vous irez la placer sous le bateau. » Et dans une opération qui comportait plus de risques que bien d'autres, notamment en raison de son éloignement, de l'absence d'antenne sur le terrain et de temps suffisant pour sa reconnaissance préalable, la gestion des imprévus a laissé assez de traces visibles pour permettre aux enquêteurs néo-zélandais de prendre de vitesse deux agents avant qu'ils aient pu s'exfiltrer, et de les placer en détention. La complexité du montage, la lourdeur matérielle de l'opération, le nombre des acteurs engagés, la précision du scénario ont finalement transformé en catastrophe une opération qui avait atteint son objectif matériel. À un moment du déroulement de l'action, les hommes se sont trouvés confrontés à une situation qui n'avait pas été étudiée au préalable et qui s'est inévitablement conclue de la manière la plus désastreuse qui soit.

À la DGSE, on trouve les hommes et les techniques pour agir n'importe où dans le monde. L'outil est formidable. En règle générale, quand une opération échoue, ce doit être par le seul fait de la malchance, et il n'y a plus alors qu'à bien gérer l'échec. Sans remords. Si, en revanche, le montage comportait des vices conceptuels, si l'on n'avait pas tablé sur l'intelligence des acteurs ou que tous n'y avaient pas leur place, c'est de contrition qu'il faut faire preuve lorsque l'échec survient. Et en tirer les conclusions techniques et politiques qui s'imposent, ce que le Service a fait.

11

Réalités africaines

Administrateur de la France d'outre-mer. – Responsabilités françaises. – DGSE et Afrique. – Régimes dictatoriaux.

La ville la plus continentale de France m'a vu naître, et j'y ai vécu la plus grande partie de ma jeunesse. Qui veut aller de Mulhouse à la mer a le choix entre la Méditerranée, la mer du Nord, l'Atlantique et la Baltique, toutes équidistantes.

Au-delà de ces étendues liquides, c'est l'outre-mer. Je crois que le mythe qu'il représente est d'autant plus fort que l'on vit loin de l'océan. Ce n'est pas ce dernier qui m'intéresse, c'est ce qu'on trouve derrière. Et l'outre-mer n'était pas une vocation passagère, puisque chaque fois que j'en ai eu la possibilité, j'y suis parti. Bien sûr, c'est le hasard de l'Histoire qui m'a conduit deux ans et demi en Algérie. Mais ensuite, j'ai vécu en Tunisie. Puis à la Martinique, où j'ai passé cinq ans. Et le premier poste de préfet que j'ai désiré et obtenu, c'est la Guyane. Mais je n'ai jamais sacrifié à cette envie de partir et à ce besoin d'outre-mer la nature même du métier que j'exerçais, car j'ai toujours privilégié la fonction à son lieu d'exercice.

Mes parents auraient souhaité que je fasse un parcours classique et somme toute plus facile : Sciences-Po, puis l'École nationale d'administration. Ils étaient persuadés que l'Empire en avait à peine pour quelques mois, peut-être quelques années. Mais à l'époque nous étions quelques-uns à penser – nous nous sommes trompés – que la période de transition qui permettrait à ces pays d'accéder à une réelle indépendance nécessiterait la présence d'un certain nombre d'hommes qui les y aideraient. Et pour cela, nous entendions bien entrer à l'École nationale de la France d'outre-mer.

Quand je commence ma préparation au concours de l'ENFOM, dans les années cinquante, l'idée d'aller en Indochine me motive davantage que celle de rejoindre l'Afrique. Puis vint 1954, la déroute de Diên Biên Phu et les événements des Aurès. Cette concomitance fit de 1954 une année charnière pour tous ceux qui s'intéressaient à l'outre-mer français.

Nous sommes peut-être deux cents à ce moment-là à préparer l'ENFOM dans les classes préparatoires des grands lycées. Le concours offre deux douzaines de places. La préparation à celui-ci ne peut conduire à rien d'autre. On peut passer deux, trois ans à le préparer, et si on ne le réussit pas, on a perdu son temps ! Et pourtant tous ceux qui préparaient ce concours à l'époque étaient persuadés que la décolonisation allait s'accélérer, qu'ils ne seraient jamais administrateurs de la France d'outre-mer mais des artisans heureux d'indépendances réussies. Ce n'était pas une ambition médiocre.

Je fais alors la connaissance de Gaston Defferre, ministre de la France d'outre-mer. Sous la IVe République, ce ministère est immense. Beaucoup des grands hommes politiques de l'après-guerre en ont été titulaires. Y compris François Mitterrand. Je rencontre Gaston Defferre lorsque je vais, suivant la tradition, présenter les devoirs de la nouvelle promotion au ministre de la France d'outre-mer. Et, pour quelqu'un qui a vingt ans à l'époque, c'est un grand moment ! Je me souviens très bien des circonstances de cette entrevue, notamment parce que je vois à cette occasion, et pour la première fois, trois personnages que je croiserai à nouveau ultérieurement.

D'abord le chef de cabinet de Gaston Defferre, Fernand Wybaux. Trente ans plus tard, je le retrouverai à Matignon lorsqu'il sera nommé haut-commissaire en Nouvelle-Calédonie. Je suis introduit par lui auprès d'un autre personnage que je rencontrerai à plusieurs reprises dans ma carrière – et notamment quand je serai directeur de cabinet de Bernard Stasi, ministre des DOM-TOM dans son deuxième gouvernement : Pierre Messmer, alors directeur de cabinet de Gaston Defferre. Quant à ce dernier, je le reverrai après un quart de siècle lorsque je serai nommé préfet en 1982 et qu'il est alors ministre de l'Intérieur.

On oublie trop souvent que Gaston Defferre, bien avant d'attacher son nom aux lois de décentralisation, l'avait lié à l'œuvre de décolonisation. Grand projet, même si aujourd'hui on l'accuse de tous les maux, notamment d'avoir laissé en héritage à l'Afrique des « frontières artificielles ». La règle de la décolonisation a effectivement consisté à conserver les frontières de la colonisation. En Guinée, la France n'a pas dit : « Nous allons créer un État malinké, un État soussou, un État peul. » Elle a contribué à fonder une nation guinéenne pluriethnique à l'image de la France faite de Provençaux, de Flamands, de Bretons, de Basques, de Catalans... Nous avons décolonisé dans les frontières « coloniales » qui sont depuis restées intangibles, et que certains qualifient d'artificielles.

En fait, toutes les frontières du monde sont artificielles et c'est une absurdité de prétendre qu'il existerait des frontières « naturelles ». Pourquoi décide-t-on qu'un fleuve, une montagne, une mer constituent des frontières « naturelles » ? Ou une culture, une langue, une religion, une ethnie ? Alsacien, j'ai quelque raison de savoir quelle langue on parle de part et d'autre du Rhin, cette « frontière naturelle » qui sépare la France de l'Allemagne. En fait de frontière, le Rhin, l'un des plus grands fleuves d'Europe, non seulement ne crée pas un fossé entre les habitants de la grande région qu'il arrose, mais constitue le lien intime d'un pays au cœur de l'Europe, la Rhénanie, dont une grande partie de la civilisation dite occidentale est issue. La prétendue « frontière naturelle » entre la France et l'Allemagne traverse de part et d'autre une ethnie et une culture... et joue parfaitement son rôle de frontière politique !

À partir de 1957, l'indépendance est donc donnée aux États africains en vertu de la loi-cadre de Gaston Defferre. Cette politique sera poursuivie par la Ve République et par Charles de Gaulle, qui ne sont donc pas les grands initiateurs de la décolonisation comme cela est si souvent écrit. Le grand ratage, dès 1957 et 1958, c'est de ne pas avoir profité du budget considérable qui allait à la France d'outre-mer pour construire des indépendances démocratiques et prospères au-delà des mers, en utilisant les corps d'administrateurs, d'ingénieurs, de médecins spécialisés, formés et disponibles. Tous ces hommes qui servaient l'Empire ont été dans l'obligation de réintégrer des corps de fonctionnaires métropolitains, avant d'être remplacés de manière absurde par ceux qu'on a appelés dès lors les « coopérants ». Lesquels n'avaient aucune formation spécifique pour travailler dans ces pays et étaient mus par des motivations parfois honorables, mais très souvent tout à fait prosaïques : payer les traites de leur maison de campagne ou de leur appartement parisien. On a remplacé des milliers de spécialistes qui avaient de vraies vocations, de véritables formations et une profonde culture « africaine », par des milliers de gens qui n'avaient aucun de ces atouts. Faute, simplement, d'avoir défini le cadre institutionnel dans lequel les premiers auraient pu travailler. C'est ainsi que les administrateurs de la France d'outre-mer ont été contraints d'opter dans les cinq ans pour ce qu'on a appelé des « corps homologues », c'est-à-dire des corps auxquels l'École nationale d'administration (ENA) donnait accès.

Nous sommes un certain nombre qui, continuant de suivre l'histoire de l'ex-Empire, jugeons que l'occasion historique de réussir les indépendances n'a pas été saisie à cette époque. Or, la France était la seule nation en mesure de mener une politique de cette nature, car elle avait inventé, conformément à sa tradition de service de l'État, des corps spécifiques très nombreux pour l'outre-mer. L'ENFOM avait été créée à la fin du XIXᵉ siècle, il existait un corps de médecins dits « coloniaux », spécialistes des grandes endémies tropicales, mais aussi des ingénieurs des Ponts et Chaussées d'outre-mer, des agronomes, etc. Il ne faut pas croire que tout cela fut jeté à la poubelle de l'Histoire pour faire des économies : les coefficients affectés aux traitements des coopérants sont aujourd'hui bien supérieurs à ceux des salaires des fonctionnaires de l'outre-mer avant la décolonisation...

De par l'Histoire, nous pourrions penser que la France continue d'avoir des *responsabilités*. C'est un bien grand mot : qui juge de la nature et du poids des devoirs et obligations des nations et de chacun d'entre nous ? Nous nous sommes simplement, à un moment de l'Histoire et de par notre volonté, trouvés en charge d'un certain nombre de pays, et nous pensons que nous demeurons liés à eux.

Il n'y a pas à proprement parler de politique africaine de la France. Ce qui perdure, c'est un état d'esprit général, immuable depuis 1957, que l'on pourrait définir comme gravitant autour de la relation père-fils. Faite d'exigence et d'indulgence réciproques... Comment ne pas citer ici cette phrase extraite d'un message adressé par Idriss Deby à François Mitterrand par l'intermédiaire de la DGSE lors de l'offensive qui devait le conduire à la prise du pouvoir à N'Djamena : « ...La France a choisi la neutralité car, semblable à un père qui voit ses deux fils se battre, elle n'a pas voulu se mêler à la lutte... » Chaque haut responsable de la République française a en Afrique ses « enfants » préférés, fruits de son histoire personnelle et de ses affinités. La DGSE ne déroge pas à la règle : elle a les siens, qui lui font confiance et n'ont pas à s'en repentir. S'agissant de régimes très personnalisés, ce système conduit au conservatisme, baptisé en l'occurrence « stabilité ». On est très frappé, lorsqu'on aborde tardivement, comme je l'ai fait, les problèmes de politique internationale, de la place qu'y tiennent la notion et le mot même de « stabilité ». Dans le récent *Livre blanc sur la Défense en 1994*, le chapitre III s'intitule : « Le cadre de référence international de notre politique de défense ». On peut y lire : « Il faut définir la place qui revient, dans notre politique, aux accords bilatéraux de défense, en particulier au bénéfice de la stabilité du continent africain. » Et un peu plus loin : « ...afin d'assurer la nécessaire permanence de l'engagement américain en faveur de la sécurité et de la stabilité de l'Europe. » La grande invention du gouvernement actuel, en matière de politique extérieure, n'est-elle pas précisément le « pacte de stabilité en Europe » ?

On peut tout de même s'étonner que le but ultime et proclamé de notre politique internationale puisse être de stabiliser l'état d'une Europe et d'une Afrique dont le moins qu'on puisse dire est qu'il laisse à désirer. Sans parler du Moyen-Orient, où nous avons noté que l'impératif de stabilité avait joué un rôle majeur dans l'engagement occidental. Veut-on aussi « stabiliser » les Balkans en les figeant dans leur mortel équilibre armé d'aujourd'hui ? Comment à cet égard ne pas regretter que les pays occidentaux n'aient pas mieux travaillé à garantir cette fameuse stabilité en s'efforçant de convaincre les jeunes nations africaines de renoncer à disposer de forces armées ? La stabilité politique y aurait gagné autant que leur budget. C'est tout le contraire qui s'est passé puisque, depuis les indépendances, les appareils militaires occidentaux n'ont cessé de renforcer les dirigeants africains dans l'idée qu'une nation ne saurait exister sans armée... Cette politique a conduit à transformer trop fréquemment la France en soutien de régimes « forts ». C'est elle qui a motivé dès le milieu des années quatre-vingt un appui politique de plus en plus net au pouvoir en place au Rwanda. Et une intégration de plus en plus grande des coopérants militaires français dans les forces gouvernementales... et dans la répression qu'elles ont organisée. Le Service, pour sa part, notait : « Dans quelles conditions se désengager du Rwanda si les négociations échouent à rétablir la paix, et que la rébellion – qui a le vent en poupe – défait alors l'armée régulière ? Telle est aujourd'hui la question à se poser. » La note date de juillet... 1992.

La DGSE quant à elle, au cours de ces années, s'est mise en Afrique au service des changements nécessaires, dès lors que cela lui paraissait possible. Ceux-ci se sont évidemment effectués au détriment de la sacro-sainte « stabilité ». Au bénéfice d'un peu plus de justice et de démocratie, avons-nous espéré. D'un point de vue plus général, il est difficile de participer au « chœur des pleureuses » du défunt ordre international. Le désordre demeure la matrice essentielle du progrès : en ce sens, il y a plus d'ordre dans la Russie de Boris Eltsine qu'il n'y en avait en URSS où les sbires du KGB régnaient en maîtres. Peser le degré de l'ordre ou du désordre à l'aune des prisons et des goulags, des morts et des disparus, des libertés limitées ou supprimées, est en effet une méthode qui en vaut une autre. Et qui, rapportée à l'ensemble des continents, peut conduire à réviser l'idée si répandue d'un désordre mondial en croissance exponentielle. Le principe entropique trouve certes son application dans la vie des sociétés, mais le désordre est nécessaire qui met fin à l'ordre injuste et accouche l'Histoire.

C'est donc en ce domaine que le Service a innové en Afrique, en tentant de faire en sorte que ces pays se rapprochent un peu plus du modèle démocratique, mieux à même d'assurer le respect des droits de l'homme et la prospérité des citoyens. La stabilité, oui, mais pas à n'importe quel prix.

Soyons clairs : pendant ces quatre ou cinq ans, la DGSE s'est mise au service d'un *changement* démocratique en Afrique. Avec le sentiment d'agir dans l'intérêt de la France, et la certitude d'être en phase avec le pouvoir politique. Il faut ici s'élever contre une légende, celle qui veut que le « discours de La Baule[1] » qui visait à imposer aux chefs d'État africains une vision pluraliste de la vie politique et à faire de la démocratie la finalité de la politique française en Afrique, ait été le fruit d'une « invention » de deux des « plumes » du président, comme le rapporte un ancien collaborateur de l'Élysée auteur de nombre de brouillons de discours. François Mitterrand, je peux en témoigner, n'avait besoin de personne pour conduire sa réflexion sur ce plan. Au cours de ces années, jamais je n'ai senti de divergence sur cet objectif, même si parfois méthodes et calendriers pour y parvenir ont pu différer. À La Baule, en un moment bien précis, le président a jugé que les conditions étaient réunies pour provoquer les prises de conscience nécessaires et assumer les secousses inévitables qui s'ensuivraient.

Certains objecteront que le Service a apporté pendant de nombreuses années un appui remarqué au régime de pouvoir personnel du président André Kolingba en République centrafricaine. La DGSE avait, en effet, placé auprès de lui un de ses hommes, devenu au bout de quelque temps l'un des pivots du pouvoir, tenant entre ses mains non seulement la sécurité personnelle du président, mais celle de l'État tout

---

1. Le sommet de La Baule a eu lieu le 21 juin 1990. François Mitterrand déclarait à cette occasion : « Il y aura une aide normale de la France à l'égard des pays d'Afrique. C'est évident que cette aide traditionnelle, déjà ancienne, sera plus tiède en face de régimes qui se comporteraient de façon autoritaire, sans accepter l'évolution vers la démocratie, et qu'elle sera plus enthousiaste pour ceux qui franchiront ce pas avec courage. »

entier. Il faut sur ce point bien préciser les choses. D'abord noter que le régime centrafricain, s'il était peu démocratique et contribuait largement à l'enrichissement personnel du chef de l'État et des feudataires du régime, ne s'est jamais distingué durant ces années par des mesures répressives, que ce soit l'assassinat ou même l'emprisonnement de ses opposants. Dans la petite geôle de Bangui, le prisonnier le plus considérable se trouvait être Jean Bedel Bokassa, qu'André Kolingba finit d'ailleurs par libérer...

L'insertion du Service dans le système centrafricain était le produit de l'Histoire et son maintien avait plusieurs justifications.

La première était d'assurer la sécurité et la liberté d'action de la principale base militaire française en Afrique subsaharienne. Au fil de toutes ces années, elle vécut sous le « parapluie » de la DGSE et put ainsi remplir ses missions sans problèmes. N'ai-je pas d'ailleurs moi-même convaincu André Kolingba en 1991 de ne pas monnayer à la France la présence de la base et les soucis politiques qu'elle lui occasionnait avec ses pairs africains lorsque ses forces étaient conduites à intervenir dans l'un ou l'autre de leurs pays ?

La deuxième justification du maintien de notre soutien au régime était qu'à cette époque il n'y avait aucune solution de rechange au système en place, qui, dans ces circonstances, se révélait un moindre mal. Le Service était notamment plus que sceptique sur celle qui finit par s'imposer. Il le demeure probablement. Or, une présence forte de la DGSE en Centrafrique est impérative. La qualité de ses voisins, le Tchad et le Soudan, l'exige. C'est sans doute la raison pour laquelle, lorsqu'il suggérait qu'il pourrait changer son homme à Bangui, le Service s'entendait répondre, à tous les niveaux de pouvoir sans exception et pendant toutes ces années, qu'il était en effet urgent d'y réfléchir, mais en prenant tout son temps...

L'« afropessimisme », qui conduit la plupart à penser que jamais l'Afrique n'a été dans un aussi triste état, doit être plus que nuancé : comment ne pas préférer, pour ne prendre que les États du Sahel, le Mali, le Niger, le Burkina Faso ou le Tchad d'aujourd'hui à ce qu'ils étaient il y a dix ou quinze ans ? Cela vaut également pour la Guinée, le Bénin, le Congo... Tout au moins pour ce qui touche à leur vie politique et sociale, aux droits et aux libertés des citoyens. Et François Mitterrand, en novembre 1994, n'a pas eu tort de relever au sommet franco-africain de Biarritz les évolutions heureuses qui ont marqué la vie politique de nombre de ces États ces dernières années. Pour le reste, il y aurait beaucoup à dire : sur leur situation démographique et sanitaire, sur la formation des richesses et leur exploitation, sur la poursuite de la détérioration des termes de l'échange. « Quand je mourrai, m'a dit un jour le président Félix Houphouët-Boigny de Côte-d'Ivoire, j'aurai au cœur un seul regret, un échec considérable qui obscurcira peut-être tout le reste, celui de n'avoir pu jouer aucun rôle sur le prix du café et du cacao après avoir fait de la Côte-d'Ivoire l'un des premiers producteurs mondiaux de ces produits. »

Cette conversation eut lieu à l'apogée de la crise du Liberia, conflit oublié dans la nuit africaine. Et dans sa longue diatribe contre les Anglo-Saxons coupables d'être à l'origine de la ruine des pays producteurs, il ajoutait, chargeant encore plus lesdits Anglo-Saxons : « ...ce sont eux aussi qui ont poussé le Nigeria à assumer le rôle de gendarme au Liberia, ce qui n'est pas supportable dans son principe. Et ne l'est pas non plus dans le cas précis, car c'est pour protéger le pouvoir établi, aujourd'hui aux mains des usurpateurs venus d'Amérique, et contre les peuples originaires du pays qui le revendiquent à bon droit. »

En fait, les États-Unis n'ont pas, à proprement parler, de politique africaine. Trois pays seulement les ont intéressés pendant cette période : l'Afrique du Sud, parce qu'elle est la grande puissance de l'Afrique et que le lobby noir de Washington n'a laissé aucun président des États-Unis en paix tant que l'apartheid y a sévi ; le Nigeria, parce qu'au cœur même du continent il constitue un géant riche en pétrole, anglophone, doté d'un pouvoir fort que l'on rêve de manipuler en « gendarme » de la zone ; et le Tchad, où l'Amérique a largement contribué à mettre en place un président qu'elle entendait bien instrumentaliser contre le colonel Kadhafi. Vision politicienne donc, qui fait l'impasse sur les problématiques de fond auxquelles sont confrontés les pays africains : régime politique, système social et culturel, survie économique que la détérioration continue des termes de l'échange rend chaque jour de plus en plus tendue et aléatoire.

À cet égard, l'aide humanitaire ne saurait exonérer de ses responsabilités le monde développé : elle n'est que l'alibi d'une absence mondiale de politique et de morale qui a depuis longtemps renoncé à cerner ce que pourrait être le « salaire minimum » des nations africaines, car cela supposerait que le jeu sacro-saint du marché fût « régulé » en leur faveur, alors que nous nous contentons de leur octroyer une « aide alimentaire », sorte de RMI des peuples en perdition.

Chaque fois que surgissent des problèmes graves en Afrique, ou qu'une crise éclate dans un pays tombé en faillite financière, des représentants des ministères des Finances, de la Coopération, des Affaires étrangères et de la DGSE se retrouvent à Paris autour d'une table, comme autant de chirurgiens autour d'un malade éventré sur la table d'opération. La mélodie des Finances est invariable, chantée sur tous les tons depuis de nombreuses années : on ne doit pas continuer à aider des États qui ne s'aident pas eux-mêmes. Point à la ligne. Cette vision a ceci de merveilleux qu'elle s'applique partout. On ne rêve pas à Bercy, on compte l'argent. La Coopération a plutôt tendance, elle, à distinguer les bons élèves, les élèves moyens et les mauvais élèves pour proportionner le volume de son aide au nombre de bons points et de croix d'honneur qu'elle aura attribués. Les Affaires étrangères ont une vision un peu plus large et plus cynique à la fois : aux yeux des diplomates, il y a moins de bons et de mauvais élèves que d'enjeux plus ou moins vastes sur le continent.

Bien entendu, le fait de travailler avec certains régimes non démocratiques se moquant parfois des droits et libertés des individus n'est pas sans poser de problèmes. À la fois moraux et politiques. Personnels également, car il n'est pas interdit de s'interroger sur son métier...

Mais j'ai choisi d'être un homme dans l'action. Bon ou pas dans ce rôle, c'est en tout cas celui que j'aime. À partir du moment où l'on est dans l'action, on se voit contraint de pratiquer ce qui pourrait être appelé la politique du « moindre pire ». Évoluant peut-être dans un contexte « pourri », mais acteur dans le système, on a le droit de juger qu'on y est plus utile que quelqu'autre. Pour ma part, je vis avec cette idée depuis quarante ans, et elle facilite mon dialogue intérieur. La DGSE n'est pas un « truc » facile, sans doute. Ni techniquement, ni moralement. Mais si cela doit exister, et il semble que ça le doit, je ne vois pas en vertu de quoi je m'en laverais les mains.

Le problème se pose dans les mêmes termes pour ce qui concerne les rapports que nous entretenons avec les dirigeants de nombre de ces pays, honteusement enrichis par l'exercice du pouvoir. Mais les démocraties faisant seules exception à l'enrichissement des détenteurs du pouvoir politique – pour l'essentiel à tout le moins ! –, 90 % de l'humanité est aujourd'hui sous la direction d'hommes qui s'enrichissent au pouvoir. C'était vrai du monde communiste dans son ensemble, ça le demeure des États qui en sont issus, mais aussi de toute l'Amérique latine et de pratiquement tout le continent asiatique. Pourquoi cette fixation sur l'Afrique, sinon parce que les Français ont l'impression que c'est de leur argent qu'il s'agit ? Circonstance apparemment fort aggravante ! Que des castes et des dictateurs partout dans le monde, des princes de l'Orient, absorbent à titre personnel l'essentiel de la richesse de leur pays, c'est triste, pense-t-on, car c'est l'argent de leur peuple. Pourquoi celui de leur peuple plutôt que le leur, on ne sait d'ailleurs pas. Mais, Dieu merci, ce n'est pas le nôtre !

En 1936, les prolétaires parisiens ont pris leurs vélos et ont filé au Tréport pour voir la mer à l'occasion de leurs premiers congés payés. Moins de cinquante ans plus tard, préfet de Haute-Normandie, je fais le même voyage et me retrouve dans un conte de Perrault. Je crois en effet avoir le Chat botté à mes côtés : « À qui appartiennent ces forêts ? » On me répond : « Au comte. – Et ce grand château ? – Au comte. » Et je poursuis : « Et ces terres ? – Au comte. » Durant des siècles, notre pays ne fut ni une république ni une démocratie. Il fut royaume ou mosaïque de royaumes, empire à plusieurs reprises. Tous ces temps, pas si lointains, ont vu la confusion du bien public et des biens privés. Les rois jugeaient que les châteaux de Versailles, de la Loire leur appartenaient. Eux et les empereurs distribuaient et partageaient les biens de la nation entre leurs enfants et leurs affidés. Quand ils gratifiaient d'un duché, ils donnaient des terres, des châteaux, des maisons, des villes, des cassettes pleines d'or et des populations avec ! Pendant des siècles, nous avons vécu ainsi. Qui plus est, quand la République est passée par là, sous la Révolution, puis en 1848, en 1871, elle n'a exproprié que partiellement ces « enrichis sans cause ». Cependant, aujourd'hui, l'opinion ne trouve rien à redire à ces patrimoines : argent, châteaux, hectares, immeubles, affaires issues de ces revenus. Elle considère qu'il s'agit là de fortunes honorables. Alors qu'elle jette l'opprobre sur Sese Seko Mobutu, Omar Bongo ou Hissène Habré pour s'être approprié les diamants, l'or, le cuivre, le pétrole ou simplement l'aide extérieure de leurs pays. Ces chefs d'État se conduisent pourtant comme nos rois et nos empereurs. Et comme eux, ils distribuent largement cette fortune mal acquise à leur clientèle ! C'est d'ailleurs pour cela que le président Mobutu n'est pas aussi riche qu'on le dit. Pour se maintenir, il est obligé d'« arroser » continuellement telle province, tel chef, tel responsable, tel ministre. C'est ainsi que j'ai gagné un pari, parce que l'ancien ministre des Finances d'Omar Bongo devenu son ennemi, s'est présenté un jour aux élections. Et l'on m'a dit : « Il est plus riche que Bongo, donc il l'emportera. » J'ai répondu : « Il est moins malin, il a moins distribué, il perdra. » De fait, lors des dernières élections il a perdu. Et comme du temps de nos royaumes et de nos empires, le peuple, en bas, tire la langue...

Si nous condamnons, ayons le courage de condamner en même temps des siècles de notre histoire. Et tous les pays du monde où cela se passe ainsi aujourd'hui. Mais de grâce, cessons de faire semblant de croire que l'Afrique est seule dans son cas, car c'est une mauvaise action vis-à-vis de ce continent que de le donner en exemple de la corruption des classes dirigeantes.

Seule l'application d'un système démocratique permet de mettre fin à l'enrichissement des élites au détriment de la masse. Ce qui signifie que le problème de fond, et c'est sur ce point notamment que la décolonisation a été manquée, consiste à introduire lentement un minimum de règles démocratiques. Ce n'est pas aujourd'hui en changeant un gouvernement par un autre que l'on progressera en ce domaine ; c'est en l'aidant à faire évoluer son système, lentement et avec obstination, vers plus de démocratie.

12

Micro-conflits et paix secrètes

Le nœud tchadien. – Médiation secrète entre le Sénégal et la Mauritanie. – Sauver les Touareg. – Opportunités exceptionnelles pour le Service.

Il est huit heures et il fait peut-être déjà 40° dans la cabine de pilotage du Transall. Parti de N'Djamena au petit matin, l'avion a d'abord survolé d'immenses étendues plates et désertiques, puis, laissant Faya à l'est, se faufile maintenant dans le Tibesti. Les radars du colonel Kadhafi scrutent en permanence l'espace aérien de la bande d'Aouzou et ses avions de chasse peuvent intervenir en quelques dizaines de minutes. Nous volons donc à très basse altitude...

Tout autour de nous, les montagnes de roche rouge déchiquetées montent la garde. Quand un défilé un peu plus large que les autres s'ouvre sur une longue étendue de latérite, notre destination, la tension monte encore d'un cran : seules quelques traces de chaux délimitent la piste d'atterrissage, au bout de laquelle nous attendent les Toyota des FANT (Forces armées nationales tchadiennes).

À terre, l'atmosphère est extraordinairement sèche et brûlante. La chaleur qui monte du sol a commencé à troubler l'absolue transparence de l'air matinal. Mis à part l'escorte, pas une vie, même animale, ne laisse deviner sa présence. Sur la latérite rouge, les Toyota roulent à plus de cent à l'heure, mitrailleuses sur le toit, cinq à dix hommes sur chaque plate-forme.

Quelques palmiers, des puits encore plus rares, rien d'autre. À 1 500 kilomètres de N'Djamena, faire survivre l'armée des frontières représente un petit exploit quotidien. Étendu sur des nattes entre trois murs de banco, je palabre avec les officiers tchadiens. Thé à la menthe et dattes. Dans ces moments-là, l'Afrique vous tient à la gorge.

La France joue sur ce continent un rôle plus considérable qu'aucune autre ex-puissance coloniale. Dans les États indépendants qu'elle domina avant de se retirer, elle a conservé un statut très particulier : elle continue à en former les élites, ses fonds alimentent une part notable des budgets nationaux, ses fonctionnaires coopérants assistent les gouvernements dans de nombreux secteurs. Mais aucun État n'a gardé avec la France des liens aussi complexes que le Tchad. Ce pays représente pour le nôtre un point nodal. C'est ici que se croisent l'Afrique du Nord et l'Afrique subsaharienne, celle de l'Ouest et celle de l'Est. Le Tchad se fonce de plus en plus en allant vers le sud, et la ligne de partage entre musulmans et chrétiens s'y dessine de manière lisible. Ici la France Libre gaulliste a pris son élan, ici notre pays a joué son rôle de protecteur en s'opposant à l'agression libyenne. Dans l'imaginaire africain des Français, le Tchad occupe une place à part : mélange confus où se confondent le gouverneur Félix Éboué qui le rallia à la France Libre, le général Pierre Kœnig, vainqueur de Bir Hakeim, et Sandrine Bonnaire, l'héroïne du film *La Prisonnière du désert*, imaginé par Raymond Depardon à partir de l'affaire Claustre...

En 1989, lorsque je prends mes fonctions à la tête du Service, Hissène Habré règne à N'Djamena. La DGSE entretient avec son pays un rapport ambigu et somme toute médiocre. Contrairement à ce qui arrive souvent dans les États africains, elle est extérieure au système de gouvernement. Ma première visite au président, quarante-huit heures après mon escapade dans la bande d'Aouzou, se passe correctement. Sans plus. Avec les précautions de langage qui s'imposent, je m'étonne devant lui qu'un plus grand climat de confiance ne se soit pas établi entre le Service et lui, dans la mesure où il nous est redevable d'une aide plus qu'appréciable et risquée lors de l'offensive libyenne de 1982. Je regrette le fossé qui s'est creusé entre les ethnies du Nord, dont il est issu, et celles du Sud : « L'unité de la jeune nation tchadienne, lui dis-je, se réalisera dans une association au pouvoir de l'ensemble de ses composantes ethniques, religieuses et économiques. Et dans la mise en place préalable d'un État. » Je lui rappelle le souhait de la France de voir respecter les droits de l'homme et notre perplexité devant le spectacle de la confusion des deniers publics et privés, à savoir les siens et ceux de ses affidés.

La France a affiché une position très ferme sur le conflit territorial qui oppose la Libye et le Tchad : elle est garante de l'intégrité des États qu'elle a décolonisés et a donc mené au Tchad une guerre contre la Libye qui voulait s'emparer d'une portion de son territoire. Le raisonnement de Kadhafi était simple : « Dans l'histoire, la bande d'Aouzou a appartenu à la Libye et nous n'avons pas, nous, à tenir compte des arrangements des colonisateurs qui la lui ont soustraite. La Libye existait bien avant le colonisateur. Et donc je récupère mon bien. » La bande d'Aouzou, portion du territoire tchadien jouxtant la frontière libyenne, grande comme un cinquième de la France, a ainsi été totalement occupée par la Libye à partir de 1972. Un accord n'interviendra entre les deux pays que le 3 juin 1994, après qu'une décision de la Cour internationale de justice de La Haye eut finalement rendu le territoire contesté à N'Djamena.

À l'époque, on ne peut en vouloir à Kadhafi de penser que ce territoire est libyen. Même si ce n'est pas notre avis. Que le meilleur gagne ! Le meilleur sur le terrain : nous avons fait la guerre, et l'avons gagnée. Le meilleur au regard du droit international : nous avons transmis le dossier à la Cour internationale de justice de La Haye, où Kadhafi a été condamné. Il s'est alors retiré en bon ordre en disant : « Je m'incline devant la décision de la Cour internationale de justice. J'avais dit que je la respecterai, je la respecte. »

J'ai dit plusieurs fois à Ibrahim Bichari, qui a été son chef des services spéciaux, puis son ministre des Affaires étrangères et qui est aujourd'hui son représentant auprès de la Ligue arabe au Caire : « Vous ne nous trouverez jamais contre la Libye lorsqu'elle mène simplement, et avec les moyens normaux, une politique qui est la sienne. Elle a le droit d'avoir une politique en Afrique du Nord et même dans l'Afrique tout entière. Vous vous heurterez à nous – et de manière violente s'il le faut – chaque fois qu'elle ira à l'encontre de la nôtre. Par exemple, nous sommes tout à fait partisans que vous aidiez le Tchad. Plus vous l'aiderez, plus nous serons contents, nous qui voulons sa prospérité. Ce que nous souhaitons, c'est que votre politique tchadienne aille dans le même sens que la nôtre : intégrité du territoire tchadien, démocratie et prospérité. Si votre action s'inscrit dans ce cadre, nous marcherons main dans la main ! »

J'ai tenu le même raisonnement à Idriss Deby lorsqu'en 1990 il a pris le pouvoir à N'Djamena. Je lui ai déclaré : « J'ai dit à Ibrahim Bichari que je ne voyais aucun inconvénient à ce que la Libye vous aide financièrement, et même en armes. Veillez simplement à ne pas en payer le prix en termes d'indépendance ! »

Il reste qu'à cette époque Kadhafi ne pouvait s'empêcher de souffler sur tous les feux qui couvaient en Afrique subsaharienne : Touareg, Rwanda, Cameroun, Liberia, RCA, Casamance... et même au-delà, en Nouvelle-Calédonie !

Mais, de fait, la guerre entre le Tchad et la Libye est véritablement entretenue à ce moment-là par les Américains qui attisent ce conflit. Alors que j'ai la conviction que le Tchad doit faire la paix avec la Libye. La politique française, c'est d'empêcher l'Afrique du Nord de déborder sur l'Afrique subsaharienne : ni ennemie, ni trop grand frère. Et faire respecter cet équilibre n'est pas simple : la ligne de fracture est beaucoup moins évidente qu'on ne le pense. Sénégal-Mauritanie, Touareg au Mali et au Niger, Tchad-Libye, Sud-Soudan/Nord-Soudan : de l'Atlantique à la mer Rouge, la plaie est ouverte et court tout au long de cette ligne. Il y a encore un siècle, c'était celle qui séparait l'animisme et l'islam. Mais l'islam venu du Nord est descendu vers le Sud depuis quelques dizaines d'années. Au Sénégal, il s'arrête à la Casamance où, comme par hasard, commence la guerre civile. « Tant que ne sera pas freiné le prosélytisme des confréries, jamais un véritable état de paix ne pourra être restauré », ai-je dit à plusieurs reprises au président Abdou Diouf. Qui ne sait combien les confréries islamiques sont mêlées à la vie du Sénégal ! L'influence du soufisme fait des Tidjanes et des Mourides des acteurs incontournables de la politique en Afrique au sud du Sahara. Le conflit de Casamance est ainsi d'abord un conflit religieux, bien avant d'être ethnique. Certes, les ethnies existent, mais elles parvenaient autrefois à vivre en paix. En fait, l'islam gagne lentement l'ensemble de l'Afrique. Pendant toute l'époque de la colonisation, c'est-à-dire pendant presque un siècle, l'Occident a tenté de christianiser le continent africain et l'islam a procédé de même. C'est une bataille qui a finalement pour l'essentiel tourné à l'avantage de ce dernier.

Dans les montagnes du Darfour, au Soudan, Idriss Deby, l'ancien compagnon d'armes d'Hissène Habré, conduit en 1989 la rébellion contre celui dont il fut le remarquable lieutenant quelque temps auparavant et auquel il avait apporté l'appui de l'ethnie zagawa. Le Service suit avec une particulière attention, à partir du Soudan, la montée en puissance de l'ancien lieutenant du chef de l'État, et provoque un jour la stupéfaction à Paris en informant qu'il a l'intention de mener une offensive sur N'Djamena. « Idée farfelue », jugent en chœur le Quai d'Orsay et les militaires français. Dans leur esprit, et même si elle se traduisait dans la réalité, une telle initiative ferait long feu, car Hissène Habré ne ferait qu'une bouchée de la « bande de Deby ». Ce dernier ne demande à la DGSE qu'une seule chose, mais d'importance : la neutralité des troupes françaises de N'Djamena, de Faya et d'Abéché. Mais surtout celle de ses avions Jaguar, capables de stopper des colonnes progressant dans le désert. Les diplomates américains et la CIA jugent également que les forces d'Hissène Habré écraseront celles de Deby. À cette époque, les militaires français portent à Habré une très grande estime professionnelle. Seuls les anciens se souviennent encore qu'il commit, en avril 1975, un crime inacceptable : l'assassinat d'un officier français, le commandant Pierre Galopin, envoyé en émissaire auprès du rebelle qu'il était alors. Mais les techniciens du combat en zone désertique, y compris parfois à la DGSE, sont pratiquement unanimes à dire : « Hissène Habré est vraiment le meilleur chef de guerre du désert. »

La DGSE connaît bien le chef de l'État tchadien ; nous sommes solidement implantés au Tchad et il ne faut pas oublier que nous avons travaillé avec lui depuis le début des années quatre-vingt contre les Libyens. Il est en principe, et dans les faits, un allié doublé d'un ami. En 1987, le président Reagan, qui l'a invité aux États-Unis, lui pose une question : « Pourquoi cette politique d'ingérence de Kadhafi en Afrique subsaharienne ? » Et Hissène Habré de répondre : « Monsieur Kadhafi reproche aux Français d'avoir aboli l'esclavage... » Les militaires français à N'Djamena, qu'ils soient coopérants ou qu'ils appartiennent à la force Épervier, c'est-à-dire à la force d'assistance militaire française, ont confiance dans les forces d'Habré. Tel n'est pas notre cas. Nous pensons qu'elles sont délitées, politisées, que les combats ethniques ont fait des dégâts tout à fait considérables, que le système s'est pourri de l'intérieur, que la sauvage répression politique interne à laquelle s'est livré Hissène Habré, mais aussi la corruption, ont miné le système et son régime. Et que, en conséquence, son armée a perdu une grande partie de sa capacité de manœuvre et d'action sur le terrain.

Habré n'a plus de projet politique. Mais l'armée française travaille avec lui, nos coopérants militaires agissent au sein de son appareil. Et même si certains d'entre eux sont assez réservés sur la solidité de son régime, le système militaire ne croit absolument pas qu'Hissène Habré puisse être d'une quelconque manière en danger ; c'est d'ailleurs une des raisons qui ont permis d'obtenir sa neutralité : « De toute façon, nous n'aurions pas besoin d'intervenir, car Habré ne fera qu'une bouchée de Deby. »

Si le Service a été le seul à penser que Deby était en mesure d'entrer à N'Djamena, c'est parce que nous étions également les seuls à le bien connaître. Nous le suivions depuis sa dissidence, non à partir du Tchad, mais du Soudan puisque son dispositif était centré dans le Darfour soudanais, massif montagneux partagé entre les deux pays. Les mêmes populations sont installées de part et d'autre d'une frontière qui, à leurs yeux, n'existe pas.

Nous connaissions donc Deby, les gens qui l'entouraient et ses moyens, et nous jugions que le rapport des forces lui était favorable. On nous a parfois soupçonnés de l'avoir considérablement aidé au plan matériel. Ce n'est pas exact. La DGSE était présente non loin de lui, mais elle ne disposait pas de forces opérationnelles à ses côtés comme elle l'avait fait naguère pour les troupes d'Hissène Habré. En réalité, le matériel de Deby provenait essentiellement de Libye, et surtout de l'armée tchadienne : quand Deby et ses amis ont fait défection, ils ont emporté leur armement et leurs véhicules. Ce que nous apporterons à Idriss Deby, conformément à ses vœux, c'est la neutralité de la France.

Soyons clairs : très tôt, nous avons pris son parti, et ce choix tient à plusieurs raisons. La première, et la plus importante, c'est que nous estimions alors qu'Hissène Habré avait échoué à satisfaire l'attente de la France, c'est-à-dire diriger un État calme et tranquille. Non point une démocratie, à l'impossible nul n'est tenu ! Mais un État dont la machine fonctionnerait à peu près, qui respecterait un peu les droits de l'homme, qui parviendrait à faire vivre ensemble les habitants du Sud et ceux du Nord (sans oublier ceux du Centre), où il n'y aurait pas de prisonniers d'opinion, pas d'assassinats politiques, où une partie au moins de l'aide servirait à faire progresser le pays et ne se retrouverait, pas aussitôt versée, dans la poche des feudataires du régime appartenant tous à l'ethnie gorane, celle d'Hissène Habré.

La seconde raison de notre soutien à Idriss Deby, accessoire mais sensible, c'est qu'Hissène Habré avait trompé son principal allié, la France, garant de l'indépendance du Tchad, en jouant dans son dos avec les Américains. Notamment en soutenant la création, à notre insu et sous l'égide de la CIA, de la force Haftar composée de mercenaires recrutés parmi les 2 000 Libyens faits prisonniers lors des combats de 1987 et censés libérer un jour la Libye de la folie de Kadhafi. Entraînés et armés par les États-Unis... et l'Irak ! Depuis cette alliance avec les Américains, Hissène Habré revendiquait plus haut et plus fort son indépendance, et était devenu sourd aux objurgations de la France sur le respect des droits de l'homme, les règles de la démocratie, l'honnêteté de l'État. Il pensait pouvoir jouer l'alternance et jouir des bienfaits d'une autre alliance...

La diabolisation du régime libyen par la CIA nous a toujours étonnés. Que Kadhafi ait prêté la main au terrorisme, cela ne fait aucun doute ; qu'il soit impliqué dans l'attentat qui a causé la mort de GIs en avril 1986 dans la discothèque *La Belle* à Berlin est aujourd'hui établi. Mais, comme nous l'avons noté plus haut, le ressentiment qu'il inspire aux Américains doit être mis en regard de la mansuétude dont d'autres bénéficient... En tout cas, que d'aveuglement de la part de nos amis de Langley dans le montage de cette troupe de reconquête qui condamnait le Tchad à un état de guerre permanent avec la Libye. Et tout cela à notre insu, puisque le Service a été soigneusement tenu par eux dans l'ignorance du pacte qui liait ensemble ces deux pays amis, et dont il a pris connaissance par ses propres sources...

J'expliquerai alors longuement au sous-secrétaire d'État américain, Herman Cohen, qu'il nous trouvera en travers de sa route chaque fois qu'il s'apprêtera à sacrifier la paix civile et extérieure d'un pays comme le Tchad au profit des intérêts strictement américains : « Je ne veux pas, lui dirai-je, porter de jugement sur votre volonté d'abattre le régime de Kadhafi, c'est votre affaire, mais nous tâcherons de faire en sorte qu'elle ne passe pas par la déstabilisation du Tchad. »

Je ne crois pas, à cet instant, que Deby soit un grand démocrate, qu'il soit l'homme susceptible de réunifier le Tchad, de faire repousser le coton, de reconstituer les troupeaux. Cela vaut pourtant la peine d'essayer un autre dirigeant. Et si cet autre, Idriss Deby, est redevable à la DGSE de son arrivée au pouvoir, il n'est pas illusoire de penser que celle-ci pourra alors exercer une influence plus forte sur le système tchadien. En tout cas, nous n'avons rien à perdre puisque Hissène Habré a failli. Donc, pour parler crûment, on l'abandonne en se disant explicitement qu'on va rebattre les cartes. À Paris, le pouvoir politique hésite sur la conduite à tenir. Je parviens à convaincre Jean-Pierre Chevènement, puis l'Élysée, que l'armée française doit rester neutre si Deby marche sur N'Djamena. Ma conviction, je l'ai dit, c'est que le chef de guerre bousculera les forces d'Hissène Habré, et je veux obtenir qu'on les laisse régler leur conflit entre eux, c'est-à-dire que la France s'abstienne de protéger Hissène Habré. S'il est le plus fort, il gagnera.

Deby attaque à l'automne 1990. La France plonge la tête dans le sable tandis que le pouvoir est en train de changer de mains au Tchad. Si le Service a gagné lors de l'arbitrage franco-français, c'est que tout le monde s'est dit : « La DGSE a des idées là-dessus ; nous, on ne voit pas. » Et comme très souvent dans les domaines controversés, c'est le détenteur de l'idée claire, celui qui sait où il va, qui emporte le morceau...

L'accord de défense entre la France et le Tchad prévoit expressément que ses dispositions ne peuvent entrer en vigueur que dans le cadre d'une protection vis-à-vis des ennemis extérieurs au pays. Lors des discussions qui s'étaient tenues à Paris avant l'offensive, on m'avait expliqué que Deby viendrait du Darfour soudanais, qu'il était aidé par les Soudanais et par les Libyens, et qu'il s'agissait donc bien d'une attaque « extérieure ». Ma réponse avait été simple : en son temps, Hissène Habré avait également été aidé par les Libyens...

Les arguments de la DGSE progressent dans l'administration, au gouvernement, à l'Élysée, au gré de mes rapports personnels avec les uns et les autres, par la force de conviction, par les discussions sans fin ; je vois Jean-Pierre Chevènement, je passe à l'Élysée, j'en parle à Jean-Louis Bianco. Des « papiers » partent de Mortier : officiels, personnels, tapés, manuscrits... Deby n'a pas encore quitté ses bases secrètes du Darfour que déjà se dessine à grands traits l'attitude que la France observera lors de son offensive. Voilà, concrètement, ce que peut être le travail d'un responsable des services secrets français.

La France n'intervient donc pas, et Deby prend N'Djamena sans coup férir le 1er décembre 1990 après avoir traversé le territoire tchadien à la vitesse du TGV. Avant de partir en exil, Hissène Habré a eu le temps de vider les coffres de la banque centrale : la transition sera difficile à gérer. Pourtant, nous avons la satisfaction de deviner ce qu'aurait été la situation si les forces françaises étaient intervenues en appui de l'armée tchadienne : l'escalade des moyens à mettre en œuvre, les morts tchadiens du fait de nos armes, et peut-être des morts français du fait des leurs... Et nous notons à ce moment : « Il ne reste plus qu'à aider Idriss Deby à devenir, s'il en est capable, un homme d'État...

et un apprenti démocrate ! » Sans rancune, et compte tenu des bonnes relations que nous entretenons par ailleurs avec la CIA, nous acceptons à sa demande instante de jouer les intermédiaires : les Stinger qu'ils avaient « prêtés » aux forces armées tchadiennes d'Hissène Habré leur seront rendus après d'âpres négociations.

Et puis il y a la force Haftar : Deby nous accorde son évacuation par les Américains. Cette décision est pour lui assez lourde, car elle sera l'occasion d'un conflit avec son ami Kadhafi qui lui reprochera d'avoir laissé s'échapper ses dissidents plutôt que de les lui livrer. Avaient-ils passé un accord auparavant en ce sens ? Je n'en ai jamais eu la preuve, bien que ce soit assez probable. Quoi qu'il en soit, cette tension soudaine entre les deux hommes n'est pas tout à fait pour nous déplaire...

Quelques jours après sa prise de pouvoir, nous organisons la venue de Deby à Paris. Nous dînons ensemble pour préparer son entrevue du lendemain avec le président François Mitterrand, et mon discours tient en fait en peu de mots : « Notre souhait est que le conflit de la bande d'Aouzou puisse se régler à La Haye. Que donc vous arriviez à établir un état de paix avec la Libye et l'Algérie. Et si en plus ceux-ci peuvent vous donner un coup de main financier, n'hésitez pas à accepter ! Ce qui importe à la France, c'est l'intégrité et l'indépendance du Tchad, la paix avec ses voisins, le respect des libertés privées et publiques, et, si possible, le progrès économique et social... » C'est ce propos qu'entendra François Mitterrand, sans y trouver, je le sais, rien à redire. Mais c'est aussi celui que, tout au long d'une soirée, j'ai testé auprès d'Ibrahim Bichari, ministre libyen des Affaires étrangères, interlocuteur fin et amical, francophone et francophile, et qui, m'a-t-il juré, n'y aurait pas changé une virgule...

Les critiques contre le Service ne tarderont pas à se faire entendre et il devra faire face à une virulente campagne de presse l'associant aux excès du nouveau président tchadien. Notre réponse coule de source : le pouvoir politique incarné par Idriss Deby, malgré ses échecs et ses faiblesses, marque un progrès incontestable sur l'ordre ancien.

Au début de 1992, quand la situation intérieure tchadienne dérapera sérieusement à nouveau, c'est le Service qui fera en sorte qu'un message très ferme soit adressé par François Mitterrand au président tchadien, lui enjoignant instamment de se montrer d'une exigence absolue en matière de respect des droits de l'homme, sous peine de voir s'arrêter l'aide de la France.

En cette fin 1994, le Tchad, toujours sous la houlette d'Idriss Deby, poursuit sa marche cahotante. Mais dans les rues de N'Djamena on peut se promener le soir. Et nombre de geôles sont désaffectées : les années qui viennent de s'écouler, pour difficiles et parfois insupportables qu'elles aient pu être pour certaines populations du Tchad, ont semblé paisibles comparées aux précédentes...

L'Afrique est une poudrière. La pauvreté, l'exode rural, les conurbations prolétarisées et la destructuration des sociétés traditionnelles sont autant de mèches. Dans cette Sainte-Barbe à la dimension d'un continent, la moindre étincelle peut provoquer le déchaînement populaire. On oublie trop souvent que les peuples mettent un temps infini à apprendre à vivre ensemble, que la paix – ou ce qui y ressemble – n'est que le fruit de compromis historiques mettant des siècles à prendre forme. Nous-mêmes, Européens, qui sommes si prompts à donner des leçons à la planète, tolérons encore aujourd'hui à l'intérieur de nos frontières communes des Bosnie et des Serbie, des Irlande et des Pays basque. Pour autant, sans prétendre être à même de régler tous les problèmes de l'Afrique, il est arrivé à la DGSE d'agir utilement pour en résoudre certains...

Les 22 et 23 avril 1989, de très graves événements éclatent dans la capitale sénégalaise. La population de Dakar attaque et pille des dizaines de commerces tenus par des Mauritaniens, qui sont souvent assassinés. À Nouakchott, dans le même temps, des milliers de Mauritaniens s'en prennent aux Sénégalais, causant 200 morts les 24 et 25 avril. Personne ne sait qui a commencé... L'enchaînement de violence provoque de nouvelles émeutes à Dakar les 27 et 28 avril, et de nouveaux morts. Des dizaines de milliers de Mauritaniens sont chassés par le soulèvement populaire et contraints de regagner leur pays d'origine. Parallèlement, une partie importante des « Négro-Africains » vivant en Mauritanie sont refoulés au sud du fleuve Sénégal. La crise entraîne en outre des arrestations, des détentions arbitraires dans les deux pays. Sans compter les exodes croisés : en quelques semaines, 70 000 personnes rentreront au Sénégal, et 170 000 en Mauritanie. Les deux États sont alors en guerre, non déclarée mais bien réelle. Que faire ? Nos intérêts économiques ne sont pas directement visés, et nos ressortissants ne paraissent pas spécifiquement menacés. Si bien que la diplomatie française ne voit pas très bien par quel bout prendre cette affaire, qui ne la concerne d'ailleurs pas au premier chef. Devons-nous pour autant demeurer les bras croisés ? Nous, Service, n'avons-nous pas un rôle à jouer ?

En y réfléchissant, l'idée nous vient de tenter d'intervenir secrètement pour rétablir entre ces deux pays amis le lien brisé. Et notamment entre les deux chefs d'État, Abdou Diouf et Mouar Ould Taya, qui, depuis que ces soulèvements ont éclaté, ne se voient plus, ne s'appellent plus, ne maîtrisent plus les événements dans leurs pays respectifs. La situation est complètement bloquée, et les relations interrompues entre les deux capitales. Comme c'est souvent le cas en de telles circonstances, les ingérences extérieures commencent à se faire jour, certains acteurs moyen-orientaux de premier plan jouant la carte de la déstabilisation durable. C'est ainsi que le Service note en juillet 1990 : « ...l'Irak joue un jeu impitoyable, avec pour objectif une implantation profonde et durable en Mauritanie à des fins techniques (bases d'essai d'armes balistiques) et politiques (panarabisme sous hégémonie irakienne). » Car le régime mauritanien est fortement teinté de baasisme[1]. Sa sympathie pour Saddam Hussein est évidente, qui le conduira à être rangé *de facto* parmi ses alliés lors de la guerre du Golfe. Au même moment, le Sénégal, pour montrer qu'il est de tout cœur avec son vieil allié l'Arabie Saoudite – dont l'aide financière lui est acquise depuis longtemps –, enverra un contingent militaire à Riyad...

Nous décidons donc d'examiner si les conditions d'une médiation sont réunies. Il s'agit d'une pure initiative du Service, qui s'apprête à intervenir de son propre chef : aucune discussion préalable avec le Quai d'Orsay, avec Matignon, et pas davantage avec l'Élysée. Je me rends tout d'abord à Nouakchott et y rencontre longuement le président Taya. Je retire de nos discussions le sentiment qu'il désire trouver les voies de la paix, qu'il ne maîtrise pas la situation et qu'il s'en inquiète vivement, car elle a profondément déstabilisé la Mauritanie : le pays est ardent, avec ces populations qui revendiquent hautement leur appartenance au monde islamique du Nord. Historiquement, les Noirs ont été les esclaves des populations arabes blanches dans l'ensemble de l'Afrique, mais particulièrement en Mauritanie. Les populations nomades qui règnent sur le pays sont celles qui ont fait travailler la terre, pendant des siècles, à des esclaves noirs razziés au Sud. Comme toujours, les sangs se sont mêlés : une population métisse s'est développée, qui n'est ni du Nord ni du Sud, ni noire ni blanche. Dès le début de la colonisation de la Mauritanie, la France y a ouvert des écoles

1. Mouvement socialiste et laïque arabe apparu dans les années cinquante, et dont se recommandent notamment les régimes irakien et syrien.

et imposé à chaque tribu des quotas d'enfants à scolariser. Les chefs y ont, bien entendu, envoyé les fils d'esclaves.

C'est ainsi que lorsque l'indépendance de la Mauritanie intervient en 1958, ceux qui savent lire et écrire, qui ont fait des études, moyennes ou supérieures, sont très majoritairement des Noirs. Et ce sont eux qui vont constituer l'encadrement du pays : toute la fonction publique, par exemple, va reposer sur eux. En avril 1989, la rue en chasse une grande partie, et le pays se trouve totalement désorganisé. L'armée est divisée. Taya veut en finir. Il n'y a même plus de lignes aériennes entre Nouakchott et Dakar, plus aucun contact. Je suis obligé de faire le voyage en avion privé entre les deux capitales.

À Dakar, je rencontre Abdou Diouf que je connais très bien : nous sommes de la même promotion à l'École nationale de la France d'outre-mer. Je retrouverai ainsi, partout en Afrique, plusieurs de mes anciens condisciples. Je n'avais pas revu Diouf depuis trente-deux ans ; il me reçoit très bien, me loge dans la villa présidentielle et, au cours du dîner en tête-à-tête le soir de mon arrivée, je lui raconte mon entrevue avec Taya :

« Je suis pratiquement persuadé que Taya est prêt à chercher un accord, lui dis-je.

– Je ne demande que ça.

– Veux-tu qu'on essaie de s'en occuper ?

– Tu as carte blanche.

– J'ai beaucoup réfléchi à cette affaire et aux conditions de notre intervention, et je pose un certain nombre de conditions. Si elles t'agréent, je retourne chez Taya et lui pose les mêmes ; on pourra alors démarrer quelque chose.

– Quelles sont tes conditions ?

– Le Service ne va pas t'ennuyer tous les jours. Tu désigneras un plénipotentiaire qui puisse t'engager. Qui ne dise pas au milieu des discussions : "Il faut que j'en réfère, etc." Quelqu'un à qui tu donnes un grand pouvoir et qui peut te voir, te téléphoner quand il le souhaite, pour te parler des discussions qui vont durer des mois et des mois, peut-être des années. On n'est pas pressé. »

La condition acceptée, j'ajoute :

« Il faut également que les négociations restent entièrement secrètes et que personne ne sache que la DGSE s'occupe de cette affaire. Troisième condition : c'est nous qui la gérons de A à Z. On prend d'ailleurs tout en charge matériellement : les billets d'avion et l'hébergement sont à nos frais, on décide les réunions, où et comment elles se déroulent. Quatrième condition : aucun des chefs d'État, aucun des ministres et aucun homme politique d'aucun des deux pays n'ouvre plus la bouche sur ce conflit pendant tout le temps que dure la négociation. »

Diouf est d'accord. Je revois Taya :

« J'ai cru comprendre votre souhait de trouver une solution ; j'en ai parlé à Diouf. Si vous en êtes d'accord, voilà comment on peut faire. »

Taya donne son accord. Et nous commençons, en décembre 1990 à Mortier, des négociations secrètes, qui vont durer fort longtemps, avec une délégation mauritanienne et une délégation sénégalaise.

Ce n'est qu'une fois les conditions de départ réunies que j'informe l'Élysée, Matignon et le Quai pour obtenir leur accord. « Pourquoi pas ? » me répond-on. Nous demandons que le Quai et le ministère de la Coopération assistent aux discussions, en observateurs. Elles ont lieu au Service, sous l'égide de la direction de la Stratégie qui accomplit l'essentiel du travail. Je me contente quant à moi de voir les gens, de les inviter à dîner, d'arrondir les angles quand ça coince, à la demande de l'équipe en charge de la mission. Et les choses commencent à se débloquer dès qu'il est décidé de rejeter en fin de discussion le litige essentiel : la frontière. Où se trouve-t-elle ? Au milieu du fleuve ? Sur la rive droite ? Sur la rive gauche ? Dans un pays du Sahel, l'eau est un problème vital.

Nous avançons progressivement, en abordant les problèmes dans l'ordre croissant des difficultés, du plus simple au plus délicat, et en traduisant immédiatement les progrès de la négociation sur le terrain. Premier succès : le libre accès aux zones de pêche océanique, qui comptent parmi les plus généreuses du monde, est rétabli. La pêche était devenue pratiquement impossible depuis le début du conflit, puisqu'on s'agressait de bateau à bateau dans les eaux mauritaniennes et sénégalaises. Puis un passage sur le fleuve Sénégal est rouvert. Bientôt, on aborde le dossier du retour des exilés sur leurs terres. Et, un jour, je dirai à Abdou Diouf et à Taya : « Maintenant vous pouvez vous téléphoner, rediscuter, commencer des conversations diplomatiques bilatérales sans nous. » Enfin, le Quai d'Orsay et la Coopération prélèveront sur leurs cassettes respectives de quoi réparer les dégâts de la guerre civile.

C'est ainsi qu'en mars 1992 la paix a éclaté. Personne n'a jamais vu, ni su, le travail formidable et secret qui avait été réalisé. Des mois et des mois de négociations obstinées à travers lesquels nous sommes parvenus à rapprocher les Sénégalais et les Mauritaniens des deux délégations. Parce qu'ils ont déjeuné et dîné avec nous. Ensemble au Service. Puis nous les avons sortis le soir au restaurant. Ils ont alors commencé, après quelques mois, à se téléphoner, à se voir en tête-à-tête. Sans nous. C'est alors que nous avons su que nous avions gagné.

La DGSE jouera, de la même façon, un rôle majeur et secret dans la recherche d'un règlement du conflit Touareg au Niger. Les Touareg sont, en quelque sorte et à petite échelle, les Kurdes de l'Afrique. À moins que ce ne soit l'inverse. Le parallèle est saisissant : les Kurdes, à cheval sur la Turquie, l'Iran, la Syrie et l'Irak, constituent une population spécifique, une ethnie avec sa langue et sa culture, qui ne s'est jamais laissé assimiler par l'ethnie principale du pays dans lequel elle se trouve. Les Touareg, eux, sont également à cheval sur plusieurs pays, quatre essentiellement : le Niger, le Mali, l'Algérie et la Libye. Et, dans une moindre mesure, la Mauritanie et le Burkina Faso. Les Touareg sont environ un million et demi, appartiennent au même tronc de population que les Berbères et vivent selon les normes d'une civilisation nomade. Implantés très anciennement dans le nord de l'Afrique, ils ont aussi bien résisté aux invasions arabes qu'à la colonisation française, cette dernière ayant toujours, il faut le souligner, respecté leur mode de vie : même si elle a contrôlé les tribus et imposé la paix civile, elle les a laissés nomadiser sur leurs parcours ancestraux. S'étendant du fleuve Congo jusqu'à Alger, l'*imperium* français permettait aux populations de se promener librement sur cet espace immense : au XXe siècle, la grande période des nomades de l'Afrique est celle de la colonisation française.

Ici comme partout, le contact entre populations nomades et sédentaires est à la fois complexe et rugueux, fait d'échanges de bêtes et de grains, mais aussi de larmes et de sang. Le sédentaire est par essence plus vulnérable que le nomade, et a payé cette fragilité plus souvent qu'à son tour, en biens matériels, en liberté et en vie. Mais pourtant, sur le long terme, c'est le genre de vie, l'espace vital et les valeurs des nomades qui ont cédé le terrain. Quelques décennies de paix coloniale ont habitué les uns et les autres à vivre côte à côte, et à se mélanger parfois. Les indépendances ont rouvert le débat.

Je fais connaissance avec les populations nomades dans des conditions que je ne suis pas près d'oublier : durant la guerre d'Algérie, comme chef de SAS dans le djebel Amour, dans l'extrême Sud algérien, au nord de Laghouat, sur le parcours de nomadisation de la tribu des Larba. Du bordj, deux fois dans l'année, j'aperçois au loin un nuage de poussière annonçant l'arrivée des ânes, des chameaux bâtés, les femmes et les enfants marchant à côté. Les hommes, eux, sont pour la plupart à cheval. Devant la SAS, les chameaux baraquent, tout le monde s'arrête, on allume des feux, on prépare le thé. Le chef de la tribu vient me voir et je lui offre le thé. J'entre ensuite sous la tente qui vient d'être montée et, sur les tapis déroulés, je bois à nouveau le thé, partage les dattes. Le chef installe son camp, restera quelque temps pour faire paître et reposer les bêtes. Deux jours après, ou une semaine, ou un mois, au petit matin il n'y a plus personne... J'ai une affection irraisonnée pour ce mode de vie et pour ces gens. Pendant la guerre d'Algérie, j'ai tenté de les protéger. Mais en instaurant des frontières, les indépendances ont tué l'idée même de nomadisme. Du jour au lendemain, les Touareg ont dû disposer d'un port d'attache, idée totalement étrangère à ceux qui ne laissent pas d'empreintes sur un sol qui leur « appartiendrait », puisque le leur est sans limite.

En 1989, les nomades vont mal : ils sont en opposition permanente avec les États dont ils se refusent à observer les contraintes. Ils ne les reconnaissent pas davantage que leurs lois. À leurs yeux, la terre appartient à tout le monde, et à eux notamment. Les plus formés et les plus conscients d'entre eux pensent cependant qu'il existe une terre touareg, celle de leur peuple, à savoir le territoire de plusieurs centaines de milliers de kilomètres carrés qui se trouve au cœur des mouvements ancestraux de nomadisation.

En Algérie et en Libye, deux États totalitaires, les Touareg n'osent pas lever le nez. Mais il existe au sud deux ventres mous, le Mali et le Niger ; une rébellion et une revendication d'autonomie touareg vont y naître et s'y perpétuer. Un cycle répression-terrorisme s'installe. Les zones frontières entre l'Algérie d'une part (au nord), le Mali et le Niger d'autre part (au sud), sont interdites, fermées à la circulation. Des territoires gigantesques, des montagnes de l'Aïr au Hoggar, échappent au contrôle des autorités du Niger et du Mali. Chaque fois qu'un fonctionnaire ou un militaire se fait tuer, des représailles frappent les populations touareg. Bientôt, la plupart des Touareg sédentarisés et de quelque poids social se retrouvent en prison, tandis que des dizaines d'hommes, militaires, gendarmes, gardes forestiers, sont otages des rebelles touareg au cœur des massifs de l'Aïr.

La rébellion est popularisée en France par un personnage que connaissent tous les petits pères de Foucauld du Quartier latin, ceux qui ont vécu l'aventure de leur vie en allant « faire » une semaine de chameau au cœur du Ténéré. Personnage extrêmement fin, intelligent et sympathique, Mano Dayak a monté à Agadès une agence de tourisme, Témet-Voyages, qui offre le « frisson du désert » à un millier de touristes par an. Mais Mano, c'est peut-être autre chose qu'une Toyota devant la Rhumerie martiniquaise, puisque le gouvernement nigérien le tient pour une des chevilles ouvrières de la rébellion touareg. Son agence d'Agadès est fermée. L'armée occupe ses locaux. Il se réfugie alors à Paris et, de là, anime une campagne sur le thème : « On veut éteindre mon peuple. »

La guerre civile s'installe au Niger, marquée par l'attaque par les Touareg de la sous-préfecture de Tchintaba Raden en mai 1990. L'assaut, qui fait 31 victimes, est suivi par une répression sanglante et la mort d'une soixantaine de Touareg.

Le Service est à ce moment-là très impliqué dans l'affaire Sénégal-Mauritanie, qu'il est en train de sortir de l'impasse. Nous nous disons : voici un deuxième conflit régional dans lequel il nous est possible d'intervenir. Plus délicat tout de même, car la guerre se développe à l'intérieur de frontières. En plus, est partie prenante du conflit un intervenant extérieur particulièrement délicat à manier : l'Algérie. Nous savons que ses responsables ont le nez collé sur le conflit touareg, qu'ils protègent la base de repli de la rébellion et qu'ils ont l'ambition de devenir une puissance tutélaire au sud du Sahara. Nous décidons cependant de prendre en charge le dossier.

Comme nous le connaissons mal, nous commencerons par travailler pendant plusieurs mois, d'abord sur le fond du problème touareg, ensuite sur le « projet » que nous pourrions proposer aux uns et aux autres. Nous ne disons rien à personne de nos intentions. Discrètement, nous nous rendons au Niger, au Mali, fréquentons les bibliothèques, multiplions les contacts...

C'est alors qu'Edgard Pisani débarque au Mali. Voyage éclair, démarche improvisée dont le plus clair résultat est de placer les Algériens en position d'arbitre dans l'Afrique subsaharienne. Le champ malien ayant été ruiné par ce geste trop médiatique pour être efficace, nous abandonnons la question des Touareg maliens pour nous concentrer sur l'aspect nigérien du dossier.

Nous rencontrons nos interlocuteurs dans un Niger en pleines difficultés institutionnelles. Le président du haut-comité de la République, André Salifou, le président de la République, Ali Seibou, et le Premier ministre, Amadou Cheiffou, en conflit permanent les uns avec les autres, dirigent alors le pays et préparent des élections. Je m'entretiendrai personnellement avec tous les trois.

Pour commencer, je choisis celui qui me paraît le plus fort, et qui, coïncidence heureuse, se révélera le plus raisonnable sur la question touareg. C'est un pari qui sera gagnant, car Amadou Cheiffou, malgré tous les obstacles, l'hostilité d'André Salifou, la méfiance de l'armée et le scepticisme de l'ambassadeur de France, appuiera sans réserve le processus de paix. Pour l'heure, il donne son accord pour que le Service s'occupe du problème touareg, aux mêmes conditions que lors du conflit Sénégal-Mauritanie.

Puis nous cherchons l'interlocuteur touareg. Je rencontre Mano Dayak, qui dirige le Front de libération Temust et fédère les différentes organisations de lutte touareg au sein de la Coordination de la résistance armée (CRA). Le contact est bon. Mon sentiment, opposé à celui du Quai, de la Coopération et de certains décisionnels parisiens, c'est que l'homme est beaucoup plus sérieux qu'il n'en donne l'air. En 1992, le Service organise, à Paris et ailleurs, des rencontres secrètes entre les représentants du gouvernement nigérien et ceux des Touareg. Car Mano Dayak a posé comme condition que ceux qui combattent sur le terrain participent aux discussions.

Les chefs militaires de la rébellion seront présents à chaque rencontre. Dans un premier temps, ils passeront par Alger, mais se feront emprisonner par les autorités locales qui savent qu'ils se rendent à Paris. Nous serons alors obligés de monter une navette secrète entre le Ténéré et Paris, liaison qui, pour éviter les mauvaises surprises, ignorera Niamey comme Alger...

Les discussions sont menées, du côté nigérien, par le ministre A. Wright, puis par un de mes camarades de promotion, Maï Maï Gana. Et, du côté touareg, par Dayak et les chefs militaires – notamment Aoutchiki, Issoufou Matachi et Rhissa Boula, du Front de libération de l'Aïr et de l'Azawak. Nous dotons les Touareg d'un moyen de communication avec nous, direct, sûr et fiable.

Le Transall qui va les chercher clandestinement au cœur du désert embarque nos agents, qui se rendent dans leurs campements, discutent sur le terrain et les ramènent finalement à Paris. Une équipe de grande qualité est chargée de cette affaire qui, à plusieurs reprises, séjournera dans le désert.

L'opération logistique est superbe, secrète bien évidemment, et parfaitement menée par des hommes motivés qui démontreront à maintes occasions des qualités exceptionnelles – techniques et humaines – auxquelles il faut ici rendre hommage, avec une mention spéciale pour celui d'entre eux, colonel, qui assura la conduite totale de l'opération.

L'Élysée et Matignon ont donné leur accord. Le Quai d'Orsay est au courant et se trouvera mêlé à l'opération pratiquement dès le départ. La Coopération envoie un observateur silencieux. Notre réussite dans l'affaire Sénégal-Mauritanie a été appréciée, et l'on se prend à penser qu'effectivement il y a peut-être place pour une diplomatie secrète dans certains conflits régionaux.

Si des élections ont pu se dérouler au Niger, si les institutions ont pu se mettre en place et les discussions se poursuivre durant des années, c'est parce que ce processus a permis de faire libérer par les Touareg les dizaines d'otages détenus pendant des mois dans le Ténéré. Et de mettre fin à la détention par le gouvernement nigérien de près de 200 Touareg dans les prisons de Niamey, de Zinder et d'Agadès. Processus difficile : pour connaître ne serait-ce que le nombre d'otages détenus par les Touareg, il nous a fallu neuf mois. Et quand nous les avons fait libérer, le gouvernement nigérien nous a dit : « Il en manque six ou sept. » Ceux-là gisaient sous des pierres tombales. Et puis, quand nous avons obtenu la libération des prisonniers touareg, il s'en est d'abord trouvé 100, puis 110, 120, enfin 130, et alors les Touareg ont dit : « Le compte y est. » Puis on en a encore découvert une dizaine. C'est le gouvernement nigérien cette fois qui a dit : « On avait oublié, il y en a dix autres là-bas ! » C'est ainsi que le premier objectif a été atteint : signer une trêve qui a permis la tenue d'élections, les premières depuis des décennies.

Au mois de janvier 1993, déjouant les prévisions de l'ambassadeur de France qui avait auparavant misé et joué contre la médiation du Service, Mahamane Ousma a été élu président de la République. La DGSE l'avait prévu et souhaité...

La deuxième phase de notre médiation, à savoir définir ensemble la place spécifique de la société touareg dans la nation nigérienne, n'a pu être menée à bien. En juin 1994, le dossier a été abandonné par le Service et remis au Quai d'Orsay. Aujourd'hui, la situation demeure tendue, bien que des négociations poursuivies à Ouagadougou entre la rébellion touareg et le gouvernement nigérien aient permis une nouvelle trêve et l'ébauche d'un compromis de fond.

Tout micro-conflit régional peut se transformer en macro-conflit. Tout dépend des enjeux, des lieux en cause, de l'ampleur de la crise, du nombre d'acteurs engagés ou concernés. Certains conflits, pour une raison ou pour une autre, débordent le stade du micro-conflit régional. En Somalie ou au Rwanda, par exemple. La communauté internationale est alors complètement démunie : les mécanismes, et même la doctrine qui devraient permettre à un micro-conflit régional de ne pas dégénérer en macro-conflit, au moins continental, ne sont pas en place. Le Service a estimé qu'en Afrique, où il se trouve en position privilégiée, il était en mesure de mettre à profit sa présence, ses moyens, son pouvoir, pour tenter de désamorcer – voire d'éteindre – des feux locaux avant qu'ils ne dégénèrent et s'étendent. Il a démontré que l'on pouvait – que l'on devait, donc – analyser autrement qu'en termes classiques les micro-conflits régionaux. Et si l'une des missions que je m'étais fixées a échoué, c'est bien celle de développer fortement cet aspect de son action. Car le temps et les moyens ont manqué pour doubler l'instrument de « guerre secrète » qu'est la DGSE d'un outil de « paix secrète ».

Le temps, hélas, est un facteur que la politique ne prend guère en considération... Quant à la question des moyens, comment expliquer l'extrême difficulté que le Service a rencontrée pour dégager quelques millions afin de négocier deux paix en Afrique, alors que la seule opération Turquoise en 1994 au Rwanda a conduit la nation à dépenser plus d'un milliard avec les résultats que l'on sait ?

Quoi qu'il en soit et sans faire preuve d'un optimisme béat, il est permis de penser qu'un certain nombre des micro-conflits qui déchirent le monde, et en tout cas le continent africain, pourrait être résolu par un dialogue entre les parties : à condition que celui-ci puisse se tenir dans un lieu neutre, hors de la présence des médias, et sous l'égide d'un « facilitateur » fort, informé, motivé, conscient du but à atteindre et du chemin à parcourir.

À ce stade de la réflexion, il faut s'interroger sur ce qu'on dénomme suivant les cas « droit » ou « devoir » d'ingérence. Notion qui, relayée par les médias, a été reprise par les politiques et finalement acceptée par l'ONU, dont la charte a été modifiée en conséquence. Aujourd'hui, cette ingérence, chère à Bernard Kouchner et à beaucoup de nos intellectuels, ne se pratique plus que dans les conflits intérieurs aux nations ; tel fut le cas au Rwanda, en Somalie, au Cambodge, en Yougoslavie, en Haïti, etc. Elle a pris corps au nom des valeurs de la civilisation occidentale : respect des droits de l'homme et reconnaissance de la différence. L'ancien administrateur de la France d'outre-mer que je suis, vilipendé si longtemps pour avoir soutenu ces principes, ne peut évidemment qu'applaudir leur défense.

Mais l'ingérence, qu'elle soit droit ou devoir, laisse sans réponse une série de questions : qui juge de son opportunité et au nom de quoi ? Pourquoi dans tel pays et non dans tel autre ? Comment gérer la confusion militaro-humanitaire à laquelle elle conduit inévitablement ?

Le résultat, c'est que presque partout où elle s'est exercée, on a assisté à la pérennisation de conflits de plus en plus destructeurs et meurtriers : car aussitôt que les forces internationales de l'ordre se retirent, les combattants, qui ont eu le temps grâce à elles de reprendre leur souffle, repartent au combat. Et les populations démobilisées remettent leur sort entre les mains de ces envoyés extérieurs, se jugeant désormais incapables d'assumer leur destin. D'une certaine façon, la colonisation était plus logique avec elle-même, qui installait aux commandes l'« ingérant » une fois l'intervention réalisée...

Ne convient-il pas aujourd'hui de faire le bilan des effets pervers des opérations d'ingérence afin de conclure que les conflits internes aux États doivent trouver, le plus souvent possible, leur solution dans le cadre national ? Crises et affrontements font partie de la vie des sociétés comme de celle des individus : seul un thérapeute attentif et attentionné peut aider à en minorer le prix pour les populations concernées. Et nul gendarme, diplomate ou même bon samaritain ne saurait intervenir utilement de l'extérieur sans précautions infinies...

TROISIÈME PARTIE

13

Autres temps, nouvelles missions

Contre-espionnage et contre-terrorisme. – Tuer n'est pas jouer. – Les « conseillers barbouzes » spécialité française. – Quelles cibles pour quelles recherches ? – Drogue et « nouvelles peurs ».

Le contre-espionnage et le contre-terrorisme sont la partie la plus médiatisée des services spéciaux. On a beaucoup écrit là-dessus : John Le Carré, Gilles Perrault, Graham Greene, Vladimir Volkoff, sans omettre Gérard de Villiers, Dominique Ponchardier et tant d'autres... Quant aux films, ils sont innombrables. Ces activités classiques constituent en quelque sorte la culture originelle de la Maison. À l'origine, les services sont d'abord des organismes de protection contre l'espionnage militaire. N'est-ce pas en leur sein qu'est née l'affaire Dreyfus, dont le centenaire vient d'être commémoré ?

Quand la notion de contre-espionnage émerge, c'est donc au sein des armées que les outils se forgent. Pendant plusieurs siècles, une idée s'impose, en dépit des changements qui affectent les conflits entre les nations : la protection du secret sur sa force et son dispositif de manœuvre conditionne la victoire. La connaissance de ces éléments par l'adversaire la lui assure. Le concept de « guerre secrète », qui surgit à l'époque moderne, apporte une nouvelle dimension à l'activité de contre-espionnage. Il désigne un état intermédiaire entre la guerre et la paix. Avant comme après la Seconde Guerre mondiale, le monde occidental n'est ni en guerre contre le bloc communiste, ni en paix non plus. L'affrontement reste feutré, même s'il est parfois violent. Pour l'essentiel, son champ s'est déplacé hors des territoires nationaux. C'est cette période historique qui vient d'agoniser, et avec elle toute la pratique de l'espionnage et du contre-espionnage classique qui avait constitué pendant des décennies le cœur du savoir-faire des services spécialisés.

Si à l'intérieur de la DGSE la fonction de contre-espionnage est aussi fortement individualisée, c'est qu'elle est la matrice de l'esprit et des méthodes des services de renseignement. En son sein, c'est le service spécifiquement chargé du contre-espionnage qui a mis au point tout le système de recherche, de fiches, de croisements de faits, d'hommes. Sentimentalement et psychologiquement, parmi toutes les maisons à l'intérieur de la grande Maison, c'est la plus marquée par sa culture spécifique.

Dans le domaine politique, ce que le contre-espionnage combat aujourd'hui n'est plus à proprement parler de l'espionnage, plus en tout cas sous les formes qu'il revêtait du temps de la guerre froide. Il s'agit désormais de méthodes nouvelles d'ingérence politique extérieure, depuis la banale désinformation jusqu'à la subversion pure et simple : ainsi procède le fondamentalisme islamique lorsqu'il œuvre sur le sol national, contre une population vivant en France et en relation avec des pays étrangers du Maghreb ou du Moyen-Orient. Sans compter les divers modes d'action d'un certain nombre de minorités qui, dans le monde, et particulièrement en France, n'hésitent pas sur le choix des moyens pour faire entendre leur voix : Kurdes, Arméniens, Basques, Irlandais...

L'espionnage classique est une activité en voie de régression, car ce qui est « caché » ou « secret » aujourd'hui dans un pays comme le nôtre concerne surtout le domaine économique au sens large du terme : scientifique et technologique, financier et industriel. La protection de nos technologies sensibles, de nos stratégies scientifiques, industrielles et de marché ouvre donc un champ spécifique d'intervention au Service. Il partage avec la DST ce domaine encore vivant même si la « multinationalité » des entreprises tend chaque jour à le réduire. Ce que nos amis américains appellent les « technologies critiques », qui recouvrent à la fois celles dites « classifiées » au sens réglementaire du terme et celles qui sont simplement réputées « sensibles », aussi pointues sans doute, mais dont le domaine d'application ne touche pas directement les intérêts stratégiques de la nation, doivent faire l'objet d'une surveillance sans faille.

Lorsque le problème du terrorisme est apparu, il y a quelques années, on aurait pu décider de mettre sur pied un service nouveau, spécialisé dans le contre-terrorisme. Pourtant, c'est le contre-espionnage qui a progressivement pris en charge la lutte contre le terrorisme, rapidement devenue un domaine d'activité essentiel du Service : par exemple, il suivra pendant des années les activités et les déplacements d'Ahmed Djibril, tâchera de savoir ce qu'il fait, cherchera ses points d'appui, ses financements, tentera en permanence de le localiser, lui, ses lieutenants et ses hommes. Il fera de même avec le Hezbollah, avec le groupe Abou Nidal, etc. Il s'agit d'une activité de renseignement, mais à usage interne, « à fin d'action » en quelque sorte, qui ne donne pas lieu à des papiers diffusés à nos destinataires habituels. Le renseignement de contre-espionnage et de contre-terrorisme est échangé avec la DST et, donnant donnant, avec d'autres services de contre-espionnage et de contre-terrorisme dans le monde. De nombreuses rencontres, bilatérales ou en clubs, sont organisées à cette fin. Mais ces renseignements-là ne parviennent pas aux pouvoirs politiques. Et les papiers que l'on rédige sur ces sujets ne sont déchiffrés que par les spécialistes.

Aussi les hommes du contre-espionnage sont-ils passés facilement au contre-terrorisme : ne s'agit-il pas de surveiller des individus manipulés par des États ou des communautés aspirant à ce statut ? Partout il en va ainsi : aux États-Unis, en Allemagne, en Grande-Bretagne. En France, la DST, naguère pur service de contre-espionnage, est devenue, pour plus de la moitié de son activité, un service de contre-terrorisme. Certes, le terrorisme d'État n'est pas le seul à semer la mort dans nos démocraties, mais il est dominant en France, même s'il est vrai que notre pays a connu d'autres types de terrorisme qui concernent d'ailleurs aussi le Service, puisque, la plupart du temps, ils prennent racine ou poussent des pédoncules à l'étranger : en Allemagne, en Belgique, en Italie, au Pays basque, etc.

Les États terroristes peuvent travailler pour leur propre compte ou en régie pour d'autres États, directement ou par l'intermédiaire d'organisations. Mais derrière la majorité des actes de terreur aveugle, on trouve un appareil étatique. Abou Nidal pose des bombes pour le compte de quelqu'un qui lui paie un service, souvent très cher, rarement pour son usage personnel. C'est ainsi qu'il est suspecté d'avoir fait assassiner Abou Iyad, l'un des leaders du Fatah de Yasser Arafat, et d'avoir agi à cette occasion pour le compte de la Syrie. Comment ne pas évoquer ici la conversation que j'avais eue avec Abou Iyad quelques semaines avant sa mort, et notamment cette boutade amère qu'il me glissa à propos précisément d'Abou Nidal : « C'est un agent israélien, même s'il n'en est pas toujours conscient » ? Abou Nidal, m'avait-il expliqué, était *de facto* devenu l'allié d'Israël en cessant, lui, le Palestinien, de travailler au service de la cause de sa nation pour se ranger sous la bannière de la grande Syrie... Ainsi vont les multinationales du terrorisme, au service du mieux payant.

Après 1989, on parlera encore de « terrorisme » à propos de l'assassinat à Paris de Chapour Bakhtiar (6 juin 1991) et d'Atef Bseisso (juillet 1992), membre éminent du Fatah. Le terme est employé à tort : de tels actes visaient très précisément leurs victimes et n'avaient pas pour but de semer la terreur en France, de faire fléchir notre pays sur telle ou telle position, de soulever des interrogations dans son opinion. L'acte terroriste se doit en effet d'être, en partie sinon totalement, aveugle : il ne frappe les imaginations que si le hasard seul en désigne les victimes. Le meurtre politique est d'une autre nature, qui vise une cible bien déterminée : c'est donc à contresens qu'au procès des meurtriers supposés de Chapour Bakhtiar, fin 1994, les associations des victimes du terrorisme ont demandé à être partie civile.

L'attentat qui a touché le DC 10 d'UTA en 1989 est le dernier où la France fut visée en tant que nation[1]. Les autres sont de « simples » – si l'on ose dire – assassinats politiques, et le sol français ne constituait, dans ces circonstances précises, que l'endroit le plus commode pour les commettre. C'est semer la confusion dans les esprits que de parler à leur propos de « terrorisme ». Ce dernier a toujours une finalité de politique extérieure : il s'agit d'atteindre un objectif que la mise en œuvre de moyens politiques, diplomatiques ou militaires classiques rend inaccessible. On porte alors la lutte au cœur même de la nation cible, en jouant sur l'intimidation et le chantage. Mais on tente aussi par ce moyen de changer les rapports de force entre États, mouvements politiques, factions ou leaders. La connaissance que nous avons des documents internes ou des conversations entre commanditaires et acteurs du terrorisme montre à quel point les uns et les autres tiennent compte de la situation intérieure des pays cibles. Troublante coïncidence, l'intérêt des terroristes rejoint alors parfois celui des tenants les plus fermes de la politique sécuritaire des États concernés, établissant *de facto* une alliance objective entre les uns et les autres... Mais si, en cette fin de 1994, notre pays n'a plus été touché depuis cinq ans par un acte terroriste, la vigilance de ses services ne doit pas se

1. Depuis, le détournement d'un Airbus d'Air France sur l'aérodrome d'Alger est intervenu le 24 décembre 1994.

relâcher pour autant : l'instabilité du monde est propice à tous les enfantements, et aux plus terribles renaissances...

C'est après la Seconde Guerre mondiale, semble-t-il, que l'action des services spéciaux s'est trouvée légitimée. C'est lorsque celle-ci s'est en quelque sorte « civilisée », abstraite de l'état de guerre, que le concept a pu se dégager : un corps de règles reconnues par la plupart des nations a alors émergé. Du coup ont été déclarés « hors la loi » ceux des services spéciaux et des États dont ils dépendent qui ne les respectent pas : ainsi ne sauraient être considérés comme « convenables » ceux qui pratiquent le terrorisme. Infliger la mort, pour les services spéciaux des démocraties, ne saurait être qu'une réaction de légitime défense. Aucun service spécial digne de ce nom n'y a jamais recours qu'avec une extrême parcimonie et dans des conditions très précises.

Un jour, au cours d'une conférence que je prononce à l'Institut des hautes études de défense nationale (IHEDN), un auditeur se lève : « Monsieur le Directeur général, on vous a bien écouté. C'est très bien tout ça, mais on aimerait bien savoir quand la DGSE se décidera enfin à aller tuer les terroristes. » À quoi j'ai répondu : « Votre question ne me paraît pas poser un vrai problème et donc appeler de réponse particulière. Je vous rappelle, en effet, que nous vivons dans un État de droit qui se caractérise, notamment, par l'existence d'une institution, la Justice, qui seule a le pouvoir de condamner. Qui ne peut d'ailleurs plus, et certains (dont je ne suis pas en l'occurrence) le regrettent, condamner à mort puisque la peine capitale a été supprimée. »

Trop souvent, l'action des services secrets est ainsi réduite à la possibilité qu'on leur prête de pouvoir, selon des règles absconses s'apparentant en général à l'arbitraire le plus total, éliminer les adversaires de leur nation. La vie de nos agents se résumerait ainsi à de longues courses à travers la planète, revolver au poing, pour abattre ici ou là, au gré de nos désagréments ou de nos lubies, tel ou tel opposant d'un régime ami ou tel auteur de méfaits contre nos intérêts. Il n'en est rien, bien sûr, et il y a bien loin du mythe forgé par une production artistique abondante – essentiellement littéraire et cinématographique – à la réalité.

Ce préalable étant posé, il faut admettre que le « droit de mort » des Services spéciaux existe bel et bien. Et s'il n'est inscrit dans aucun texte, l'ensemble du système national et international le reconnaît. C'est un élément de stabilité dans le monde que ce droit suspendu au-dessus des têtes de certains « tueurs », et notamment de celle des terroristes. Il est important de faire planer cette éventualité, même si la pratique n'en est pas quotidienne...

Il est nécessaire que ce principe demeure universellement admis, car il permet aux services d'entretenir dans ces milieux une ambiance propice, et de limiter leurs propres pertes. Alors que le président de la République a perdu *de facto*, avec la suppression de la peine de mort, son droit de vie et donc de mort, les services jouissent à cet égard d'un redoutable « privilège ». Mais soyons bien clair : la DGSE ne peut tuer personne sur le territoire national. Surtout pas un citoyen français, car un Français est justiciable. Mais il en va de même pour tout terroriste étranger, de quelque nationalité qu'il soit, lorsqu'il se trouve dans notre pays : s'il séjourne en France où il peut être appréhendé, il ne saurait être éliminé. En revanche, lorsqu'il demeure insaisissable, à l'étranger il doit se sentir sous menace de mort. Ce qui signifie que s'il a tué l'un de nos nationaux, il vaut beaucoup mieux pour lui qu'il reste en France, car les services spéciaux des démocraties livrent leurs cibles à la justice dès qu'ils le peuvent. Il est toujours possible d'exercer ce métier en respectant les règles fondamentales de la démocratie. Et au cours de mon passage à la DGSE, je n'ai connu ni graves conflits intérieurs, ni tempêtes cérébrales.

Hors ce « droit de mort », et d'une manière plus générale, il est dans la fonction des services d'assumer un certain nombre de tâches en marge de la légalité formelle. Il serait un peu trop simple que des États ou des groupes se livrent à des actes criminels contre nos nations sans que celles-ci puissent y répondre autrement que dans le cadre des lois qui fondent la vie interne des démocraties. Cette fonction, bien sûr, ne peut être assumée que par des hommes opérant de manière secrète, sous des identités protégées, et dans le respect de règles, secrètes sans doute, mais néanmoins extrêmement rigoureuses. Ils accomplissent alors des actes dont le pouvoir officiel peut, à tout moment, se désolidariser.

Il va de soi que ces actions ne devraient jamais émaner d'agents visibles des organes institutionnels du pouvoir, opérant à visage découvert : ministres, membres de cabinet, conseillers ou responsables d'administration. À cet égard, comment ne pas souligner la dérive qui s'est installée en France depuis de très nombreuses années, où, par goût personnel, illusion d'une plus grande efficacité et soif de médiatisation, certains hommes du pouvoir officiel se sont engagés – et ont engagé l'État – dans des dialogues, des négociations avec des terroristes, des mercenaires... ? Quels que soient les résultats immédiats ainsi obtenus, l'opinion (qui accepte l'existence et l'action en marge de la légalité des Services spéciaux) retient de ce genre d'aventures, que l'État est amoral, sinon immoral, et que les politiques et les hauts fonctionnaires qui le dirigent se tiennent au-dessus des lois.

Leurs « interlocuteurs », terroristes ou chefs de bande, qui ont intérêt à compromettre le pouvoir politique, court-circuitent évidemment à l'envi les réseaux spécialisés des Services spéciaux et cherchent à faire des politiques leurs partenaires privilégiés. C'est ainsi qu'on a vu apparaître dans notre pays, cas unique dans les démocraties, des « conseillers barbouzes », presque toujours anciens du Service, qui entourent des ministres : chargés de missions secrètes et de négociations obscures, ils travaillent pour la gloire de leurs maîtres. Les agents des Services spéciaux les rencontrent ici et là, au point que l'une de leurs missions est de rendre systématiquement compte à la Centrale des actions de ces hommes : ils ont abondé ces vingt dernières années au Moyen-Orient et en Afrique. On les a vus ensuite apparaître en Europe centrale et de l'Est... Ainsi, par une ironie de la (petite) histoire, le « patron » des Services spéciaux est-il amené en France à espionner des agents de membres du gouvernement... Tel n'est pas le cas dans les autres grandes démocraties, où l'on ne se prive pourtant pas de négocier avec les terroristes : comment ne pas évoquer à cet égard les « contrats » passés entre services et groupes terroristes, par exemple celui conclu avec Abou Nidal par une nation amie autorisant ce dernier à vivre librement dans le pays à condition de n'y point sévir ? Politique dite du sanctuaire, mais négociée par les services.

La négociation avec les terroristes est une règle pour tous les États et tous les régimes : chacun sait que c'est avec ses ennemis qu'il faut discuter pour faire la paix. Paradoxalement, la polémique sur ce sujet est née en France au moment où a été négociée la remise d'un terroriste, Carlos, par un État terroriste, le Soudan... Mais le débat n'a pas porté principalement sur ce qui constituait les deux questions fondamentales : quel prix doit-on payer et, surtout, qui doit discuter ? Car il est clair que la République officielle ne devait pas négocier sur un tel sujet avec un pays qui est devenu l'un des supports essentiels du terrorisme (ce n'est tout de même pas un hasard si Carlos s'y était réfugié !). Pays qui mène de plus, depuis des années et au nom de la *charia*, seule loi reconnue du pays, une guerre d'extermination contre les populations animistes et chrétiennes du Sud. Les Services sont faits pour cela, qui peuvent dîner avec le diable sans avoir toujours besoin d'une cuillère à long manche...

Si en matière de contre-espionnage et de contre-terrorisme le renseignement n'est qu'un moyen destiné à permettre l'action, il est une fin pour le Service dans le secteur d'activité qui mobilise l'essentiel de ses moyens : celui du renseignement à usage extérieur qui, fourni au pouvoir exécutif, doit lui permettre de mieux connaître la situation dans le monde et donc d'éclairer ses choix de politique étrangère. Les différentes catégories de renseignement sont en ce domaine complètement imbriquées : ce qui est militaire devient vite stratégique, ce qui est stratégique se mue en politique, le politique contient de l'économique. Ainsi l'analyse de la situation politique en Algérie exige-t-elle d'évoquer les aventures du dinar algérien, l'accaparement massif des richesses nationales par la classe dirigeante, la dérive de l'argent public. S'agit-il de renseignement économique ou de renseignement politique ? Il en va de même avec le renseignement militaire, part essentielle du renseignement politique et du renseignement économique dans de nombreux pays. Lorsqu'un État est dirigé par des militaires et par une structure militaire suivant un mode de culture militaire, ce qui est le cas par exemple de presque tout le Maghreb à l'exception notable du Maroc, le Service est contraint de faire du renseignement militaire. Il ne s'agit pas de dresser un ordre de bataille, mais d'appréhender le fonctionnement du système, les rapports de ces militaires entre eux, de savoir quels hommes seront appelés à exercer le pouvoir politique, quelle peut être demain la relation entre la machine politique et l'appareil strictement militaire, etc.

L'un des grands problèmes traditionnels des services, la DGSE ne faisant pas exception à la règle, est de définir les cibles de sa recherche. Il s'agit fatalement des lieux où les informations qui devraient transiter par les canaux habituels parviennent difficilement et lentement, brouillées ou faussées. Dans les grandes démocraties, on sait ce qui se passe. Ainsi l'espionnage politique visant la France a-t-il pratiquement disparu, car le système français est transparent, preuve d'ailleurs de la vitalité de la vie démocratique. À transparence absolue, démocratie absolue. Quelles missions concernant la politique française, Boris Eltsine, John Major ou Bill Clinton pourraient-ils confier au SVR, au MI6, à la CIA ? Dans une démocratie, les choses se passent en temps réel, en rapports de force entre les pouvoirs et, sauf exception, sous les yeux de la presse et des citoyens. Sur un problème quelconque de politique étrangère, sur la négociation du GATT en France par exemple, François Mitterrand, Édouard Balladur et Alain Juppé ont affiché des positions différentes. Chacun a nourri personnellement la sienne avec le cercle qui l'entoure, à la fois politique et technique. Quelques mois, quelques semaines et quelques jours encore avant la session conclusive, des gens se sont réunis autour de la table pour réfléchir et débattre. Des positions communes, des points de divergence se sont fait jour. Et puis le problème a mûri, les parties prenantes du dossier se sont retrouvées, se sont appelées, ont échangé des notes, etc. Et lors des négociations finales, la délégation française est arrivée avec une position commune qui venait tout juste d'être définie, fruit de multiples compromis. Elle est celle d'un pays démocratique où a été pensée, pesée, élaborée et concertée une position. Il n'y a eu, à aucun moment, une vérité cachée soigneusement, camouflée et cadenassée dans un coffre, qui aurait pu être découverte comme par miracle au bon moment... par exemple par les agents d'une puissance étrangère !

On ne prétendra pas bien sûr que le renseignement politique est complètement inexistant dans les démocraties. Mais il est rare, car la décision y est le fruit d'un parcours que tout le monde connaît et peut suivre. Les journalistes, les diplomates y suffisent. Et il est plus important de savoir qui est, à un moment donné, en position de force dans le système pour imposer son point de vue sur tel ou tel sujet que d'essayer de prévoir quelle synthèse pourra s'élaborer en bout de course. L'un des « succès de librairie » de la DGSE s'inscrit dans ce cadre : il s'agit des portraits originaux des personnalités qui ont une chance de parvenir au pouvoir, ou du parachèvement de ceux qui y sont tout juste parvenus. Il arrive que certaines de ces biographies soient très bonnes, et dans ce cas elles passionnent nos destinataires. C'est une quête sans fin que de les parfaire. Le Service ne leur consacre sans doute pas autant de moyens que la CIA, où une équipe de psychologues participe activement à leur définition : elles font, paraît-il, le régal des présidents des États-Unis, qui ne manquent jamais de les relire avant leurs entretiens avec les leaders étrangers et avant toute décision importante. Pour que l'exercice soit pertinent, il convient évidemment que l'outil de renseignement ait apporté des matériaux en nombre suffisant et de qualité indéniable : n'est-ce pas précisément sur une erreur d'appréciation de ce type que la politique américaine vis-à-vis du président Jean-Bertrand Aristide, tenu pour un malade mental par la CIA, a conduit Haïti au fond du gouffre ?

Parmi tous les pays qui intéressent le Service, ceux qui connaissent les plus fortes tensions et dont le lien avec la France est le plus étroit sont les plus sensibles. C'est pourquoi la prévision puis le suivi des conflits et des crises sont une des missions essentielles de la DGSE.

Il existe en fait plusieurs types bien distincts de situations que la France, donc le Service, suit avec une acuité particulière. Il y a d'abord les « chaudières » du monde, là où les situations conflictuelles, à la fois permanentes et débordant leur cadre d'origine, touchent ou peuvent toucher notre vie nationale, soit directement, soit indirectement, sans même que nous y soyons intervenus. De cette catégorie relèvent les conflits du Moyen-Orient, du Cachemire, de Chypre, de l'ex-Yougoslavie, etc.

Ensuite viennent les « incendies » qui portent leurs feux jusqu'à nos frontières, mais n'entreront en interférence directe avec notre système que si, pour une raison ou une autre, notre pays décide d'y jouer un rôle : il s'agit des conflits qui traversent l'ex-Union soviétique, la Corée, le Tibet, le Sahara occidental, Haïti, le Cambodge, l'Afghanistan, le Rwanda, etc.

Enfin, il y a ce qu'on appelle les « feux de brousse », limités dans l'espace et dans le temps (même s'ils durent parfois longtemps), et qui ne touchent nos intérêts que de manière ponctuelle et légère, modulée en fonction de notre politique du moment. Tels sont la plupart des brasiers qui enflamment le continent africain, là où la France n'entretient pas de liens historiques : Somalie, Mozambique, Soudan, Angola, Liberia, etc. L'Amérique latine : Salvador, Guatemala, Pérou, etc. L'Asie et l'Océanie : Timor, Papouasie, Birmanie, Sri Lanka, Philippines, etc.

Chaudières, incendies ou feux de brousse, c'est en fonction de leur proximité avec la France que nous les classons. Non de leur intensité, ni des dégâts humains et matériels dont ils sont responsables. Pas plus que de l'idée que s'en font nos concitoyens. Existe-t-il actuellement au monde beaucoup de conflits plus féroces que celui du Sri Lanka, pays que la majorité des Français seraient bien incapables de situer sur une carte ? Et y a-t-il beaucoup de situations aussi susceptibles de dégénérer en guerre nucléaire que celle du Cachemire, ignorée par la plupart de nos concitoyens ? Si le conflit palestinien a entraîné la mort d'environ 200 Israéliens et 2 000 Palestiniens en sept ans d'« intifada », la seule prise par Jonas Sawimbi de la ville de Huambo en Angola au début de 1994 a accru de 12 000 le nombre de victimes de la guerre civile qui dure depuis plus de vingt années dans ce pays. Qui le sait, alors que les médias ont consacré mille fois plus de place à l'un qu'à l'autre ?

Certains conflits peuvent changer de catégories : ainsi la chute de l'empire soviétique a-t-elle fait basculer la nature du brasier afghan, qui n'intéresse plus grand monde, alors que depuis trois ans la guerre civile y fait rage et a causé sans doute la mort de plus de 10 000 personnes... Avec certains experts, reconnaissons que le critère « géomédiatique » est la clé du degré d'intérêt que portent l'opinion et parfois l'État aux conflits en cours. Mais le travail du Service n'est pas celui d'une chaîne de télévision, qui choisit un sujet aujourd'hui pour l'abandonner demain : ce n'est pas l'actualité médiatique qui commande son action, mais le futur en gestation. L'investissement nécessité par une nouvelle cible exige que soient oubliés les effets de mode : ainsi la DGSE a-t-elle refusé de s'intéresser à la Somalie, où notre pays n'a ni passé ni avenir, ni responsabilité morale ni intérêts. Et que cette attitude ne soit pas prise pour une manifestation d'indifférence, quand il s'agit uniquement de réalisme : si le Service a fait valoir l'inopportunité d'une intervention de la France, ce fut pour rappeler aussitôt que l'Italie et les États-Unis, pour des raisons d'histoire ancienne et récente, étaient au premier chef concernés... Sa position sur le Rwanda n'a guère été différente au départ, même si, contraint et forcé par les événements et par un engagement croissant de la France auquel il n'était pas partie, il n'a pu la maintenir.

Le renseignement de crise se range facilement dans la catégorie « renseignement politique ». Inclassable est en revanche celui qui intéresse la prolifération nucléaire : il appartient tout à la fois aux domaines politique, militaire, scientifique et technologique. Or, l'arme nucléaire a ceci de spécifique et de redoutable qu'elle est à même de transformer un jour n'importe quel conflit régional en déflagration mondiale, pour peu que l'un des belligérants au moins s'en soit assuré la maîtrise. Que serait devenue la guerre irano-irakienne si l'un des deux États concernés, ou les deux, avaient disposé de l'arme nucléaire que chacun construisait ? Depuis 1976, la DGSE a suivi sans faillir les efforts des deux protagonistes pour s'en doter : repérage des sites, des filières d'approvisionnement en matériels, matières et techniques, surveillance de la mise au point des procédés. La guerre du Golfe n'a d'ailleurs pas mis fin au danger de voir l'Irak accéder au statut de puissance nucléaire, sa capacité à produire un tel armement étant acquise de manière irréversible : le pays dispose tout à la fois des personnels qualifiés et de la capacité à développer un programme en autarcie, comme l'a montré l'affaire des calutrons. Faisant appel à une technique sans doute dépassée aujourd'hui, ses équipes avaient suffisamment progressé pour être très proches de la mise au point d'un feu nucléaire, certes modeste mais bien réel. Si l'on ajoute à tout cela un savoir-faire exceptionnel en matière de clandestinité, le compte est bon !

La prolifération nucléaire, bactériologique et chimique, ainsi que ses vecteurs, sont depuis plusieurs années un sujet majeur de préoccupation de l'ensemble des services occidentaux. Au point que c'est sans doute sur ce sujet que la collaboration entre eux est la plus étroite et la plus féconde. La plus nécessaire aussi, tant est complexe l'enchevêtrement des fournisseurs auxquels font appel les pays proliférants : plusieurs centaines, appartenant à une vingtaine de pays différents, en ce qui concerne l'Irak. L'intérêt porté à cet égard à l'Irak et à l'Iran n'est pas exclusif de celui que l'on accorde à bien d'autres États, signataires ou non des accords de non-prolifération. Plus de vingt nations sont, à ce titre, sous observation : cette surveillance n'est pas simple, car la plupart des technologies en question sont « duales » ; ainsi les substances utilisées pour les armes chimiques sont-elles les mêmes que celles qui servent à fabriquer certains plastiques et pesticides... Et comment distinguer un programme pacifique de conquête de l'espace de celui, agressif, de missiles balistiques ? La Corée du Nord, qui a mis au point un armement nucléaire – limité certes, mais doté de vecteurs performants –, représente un danger considérable en Asie où plusieurs nations possèdent les capacités technologiques, industrielles et financières nécessaires pour produire elles aussi un arsenal nucléaire : rien ne serait plus désastreux sur ce continent que l'ouverture d'une course dans ce domaine. La Corée du Nord est déjà le fournisseur attitré de l'Iran, qui s'est lancé, depuis la fin de sa guerre contre l'Irak, dans un effort militaire sans précédent, même si la composante fondamentaliste du système occulte la montée en puissance particulièrement inquiétante de son appareil militaire. Le Service a acquis dans le domaine de la prolifération une grande compétence, et son excellence est reconnue.

Au chapitre des « nouvelles peurs », la drogue figure en bonne place, et le Service s'est longuement demandé s'il devait s'engager dans la répression de son trafic.

C'est dans le cadre de cette réflexion qu'au début de 1991 je me suis rendu en Bolivie, où le trafic de la drogue représente environ un tiers du produit national brut et fait vivre plus d'un million d'habitants. Je suis rentré perplexe devant l'activité déployée par les services américains, en l'occurrence la Drug Enforcement Administration (DEA) et la CIA, qui tentent d'imposer au gouvernement bolivien l'éradication de la culture du coca, dont le pays est le deuxième producteur mondial. La consommation de coca sous forme de feuilles est en effet une donnée immémoriale de la culture indienne, tandis que toutes les productions de substitution proposées sont des cultures tropicales aux cours erratiques. Pour le paysan andin, le revenu à l'hectare de coca est aujourd'hui sept fois plus élevé que celui du cacao, et c'est pourquoi dans les vingt dernières années sa production aurait été multipliée par huit. Alors qu'ils accentuent leur pression sur le pouvoir local, les États-Unis sont suspectés par l'opinion bolivienne, en agissant en dehors de leur territoire national et sans s'attaquer aux problèmes économiques, sociaux et culturels de leur pays, premier marché de la drogue du monde, de vouloir à peu de frais se mettre en règle avec leur conscience et leur opinion publique, tandis que pour réduire l'alcoolisme, remarque-t-on, ils s'abstiennent de « napalmiser » les champs d'orge du Middle West... C'est d'ailleurs cette politique qui a débouché en Amérique latine sur le rapprochement entre les paysans, l'extrême gauche et les narco-trafiquants. De fait, la politique américaine a « oublié » dans cette affaire la règle d'or du fonctionnement de son système économique, à savoir que le marché est créé et contrôlé par le consommateur : le véritable point d'attaque de ses problèmes de drogue se trouve bien davantage au cœur de la société nord-américaine que dans les montagnes andines. Le Service en a conclu que cette cible, par ailleurs très éloignée de ses champs d'action traditionnels et qui aurait exigé des moyens nouveaux importants, ne devait pas constituer pour lui une nouvelle frontière.

Les menaces que représentent la drogue, le fondamentalisme islamique, le terrorisme, la prolifération touchent aussi bien l'Europe que l'Asie et le Moyen-Orient. Mais, comme si la réalité ne suffisait pas, nous nous sommes inventé d'autres fléaux. La « menace du Sud » est le dernier avatar de cette recherche à tout prix d'un ennemi identifiable, né de l'effroi que suscitent la perspective fantasmatique d'une invasion de hordes de crève-la-faim et le prosélytisme des intégrismes islamiques. Lequel ferait planer au-dessus de nos têtes la menace de missiles à tête chimique ou nucléaire, tout en pervertissant cette partie minoritaire de notre population dont le Coran est le livre saint.

En fait, et quoi qu'en pensent les Cassandre, la démocratie française n'est pas fondamentalement menacée par les mollahs ou les ayatollahs, ni par Bassi Madani dans sa réclusion algérienne, ni par les pauvres Burkinabés qui s'accrochent aux trains d'atterrissage des avions et arrivent au compte-gouttes sur notre territoire. Ni, à la limite, par les milliards dépensés par les uns et les autres à se surarmer. Pour l'Europe en général, et pour la France en particulier, le discours xénophobe, plus ou moins enveloppé dans cette argumentation, relève souvent de la démagogie qui juge opportun, pour maintenir la cohésion de la nation, d'agiter le drapeau vert. L'opinion n'est pas vraiment dupe, qui a tenu l'affaire d'Irak, en 1991-1992, pour ce qu'elle était, tout au moins aux États-Unis où elle a renvoyé dans ses foyers le vainqueur de la guerre, George Bush, lui préférant Bill Clinton, ancien militant de la paix au Viêt-nam...

L'opinion est cependant moins clairvoyante envers ce qui constitue à l'heure actuelle, aux yeux du Service, un danger majeur pour les démocraties. Elle ne fait que commencer aujourd'hui à percevoir ce qui nous est apparu rapidement comme la menace essentielle, celle de l'argent que l'on peut qualifier de « sauvage ». Dans ce domaine, le Service a décidé d'ouvrir en 1991 un nouveau champ d'investigation où il rencontre, comme nous l'avons vu précédemment, de grandes difficultés à remplir la mission qu'il s'est assignée.

14

La guerre froide est bien finie

Le SVR dans nos murs. – Leçons de l'affaire Ames. – Pas de grands traîtres en France. – Singularité française. – Des « révélations » à manier prudemment. – « Stay Behind » ou la vraie histoire de Gladio.

Il est 9 heures quand cinq voitures noires pénètrent dans la cour et s'arrêtent face au perron de la direction générale. Nous sommes en 1992, et ce jour-là, derrière chaque fenêtre des bâtiments de Mortier, dans chaque bureau, des curieux s'agglutinent pour ne rien manquer d'une scène inimaginable quelques mois plus tôt.

Pierre blanche dans l'histoire des Services : le contre-espionnage de la DGSE rencontre ses adversaires d'hier, Evgueni Primakov, patron du tout nouveau SVR russe, et ses plus proches collaborateurs. C'est l'aboutissement d'une démarche du KGB, alors encore dirigé par Vladimir Krioutchkov, qui, dès l'été 1991, a jeté les premières passerelles vers la DGSE. Primakov, bien sûr, n'est pas un espion de longue tradition. La nouvelle démocratie russe a choisi, à son tour, de rompre avec le passé en plaçant à la tête de son service de renseignement extérieur un homme susceptible d'y faire souffler un vent nouveau.

Evgueni Primakov n'est pas n'importe qui. Ce natif de Kiev (Ukraine), fin et cultivé, est l'un des meilleurs spécialistes à l'Est des problèmes de l'Islam et du Moyen-Orient. C'est notamment lui qui fit des aller et retour incessants entre Moscou et Bagdad, à la demande de Mikhaïl Gorbatchev, pour tenter d'enrayer le processus qui devait conduire à la guerre du Golfe. Pendant son séjour à Paris, le courant passera si bien entre nous qu'un peu plus tard, alors que j'aurai quitté depuis de longs mois la direction du Service, nous nous reverrons : je ferai, à son invitation, le voyage à Moscou projeté pour juin 1993... et annulé par le Conseil des ministres qui mit fin à mes fonctions. C'est en homme libre de toutes préoccupations et obligations que je franchirai la porte de l'ex-KGB. La fille d'Evgueni Primakov sera l'hôtesse du repas d'amis que, ce soir-là, je partagerai avec celui qui assuma avec finesse, intelligence et beaucoup de sensibilité l'entrée de l'ex-KGB dans la grande fratrie des services.

Si Evgueni Primakov n'était pas au départ un homme du métier, il l'est devenu. Et lorsqu'il vient visiter la DGSE, de vrais KGBistes l'accompagnent.

Ils sont une demi-douzaine, tous des pros qui travaillaient au KGB depuis dix, vingt, trente ans quand il a changé d'intitulé. Bien sûr, le Service les connaît de nom et de réputation. Chez les spécialistes de la DGSE, aucune antipathie à leur égard. Mais une curiosité incommensurable, dépourvue de toute rancœur ou rancune. Oserai-je écrire que durant ces journées j'ai même cru sentir un certain bonheur dans la Maison, semblable à celui qui préside parfois à des repas de famille auxquels sont venus des parents perdus de vue parce que fâchés depuis longtemps ? Une certaine nostalgie aussi dans cette atmosphère de fin d'époque. Un vieux et vrai combat qui s'achève. Un moment où l'on oublie les sueurs glacées descendant le long de l'échine et le sang qui a coulé...

Pendant quarante-huit heures, nos conversations avec nos collègues russes nous permettent de faire connaissance et de nouer des rapports personnels. Mais nous restons sur notre faim sur maints sujets, et notamment sur deux points controversés à propos desquels on écrivit à l'époque tout et son contraire : le putsch de 1991 et le contrôle de l'armement nucléaire.

L'absurdité du déroulement du putsch à Moscou avait conduit le Service à émettre, parmi plusieurs hypothèses possibles, celle selon laquelle les « conservateurs » avaient été poussés au passage à l'acte par les nouveaux « démocrates ». Ils auraient ainsi signé leur propre perte, piégés par ceux qui détenaient et savaient détenir la réalité du pouvoir. Ce scénario, avions-nous exposé à l'époque aux dirigeants français, signifiait que Mikhaïl Gorbatchev s'était éloigné volontairement ; et, de fait, n'ayant été ni séquestré ni coupé de l'extérieur, il aurait bien pu jouer sur les deux tableaux. Son maintien provisoire à la tête du pouvoir central serait alors apparu, aux yeux des nouveaux démocrates, comme opportun vis-à-vis des Occidentaux et nécessaire pour la mise en liquidation de l'URSS. Nos tout nouveaux amis n'éclaireront pas nos lanternes, et la pertinence de cette analyse demeurera sujette à caution.

Quant au second sujet, celui du contrôle de l'armement nucléaire, rien n'a jamais permis d'étayer ce que l'on a pu, à l'époque, lire et entendre ici ou là. Et si nos interlocuteurs sont prolixes sur la question, ils ne sont pas toujours entièrement convaincants. Ils affirment en effet que les autorités n'ont en fait jamais perdu le contrôle du feu nucléaire, tout au moins de celui qui relève du domaine stratégique qui, comme dans les pays occidentaux, ne peut être mis en œuvre que par l'utilisation conjointe d'un certain nombre de clés, trois au minimum. Celles-ci n'ont, selon eux, jamais été « égarées ». Nos récents amis ne se montrent toutefois pas aussi affirmatifs pour l'armement nucléaire qui relève du domaine tactique (Frog-7 Luna, SS-1 Scud, SS-21 Scarab, etc.) dont le mode d'emploi est beaucoup plus déconcentré, moyen de feu parmi d'autres, mais tout de même menace considérable puisque nous évaluons leur nombre à plus de 20 000. Ils affirment que jamais pourtant, même pour ce qui les concerne, le double verrou – politique et militaire – n'a sauté. Ils sont cependant plus réservés sur la fiabilité des dispositifs qui bouclent les composants nucléaires, notamment les matières nucléaires elles-mêmes, dont le plutonium. Mais nous convenons ensemble qu'à cette date rien ne permet d'imputer aux autorités de l'Est quelque laxisme que ce soit, toutes les affaires de trafic auxquelles le Service s'est intéressé jusque-là ayant débouché sur des histoires d'escroquerie. Au total, nos interlocuteurs nous confirment qu'à ce jour, contrairement à ce qu'on peut lire ou entendre, et conformément aux renseignements que nous avons pu recouper ces derniers temps, la politique engagée par le gouvernement central de Moscou est en bonne voie. Qu'il s'agisse du regroupement de l'armement nucléaire stratégique sur le territoire russe ou de son contrôle par l'appareil de l'État. Il n'est pas toujours facile alors pour le Service de faire entendre ce constat au milieu du fatras sensationnaliste des experts médiatiques.

La grande raison d'être des services occidentaux, pendant les quatre décennies qui ont suivi la dernière guerre mondiale, fut le partage en deux de l'Europe et de l'*imperium* sur le monde. L'empire soviétique, la guerre froide étaient alors au cœur de leur action. La hantise de l'espionnage et de la subversion les marquera à tel point que, à l'extérieur comme à l'intérieur, ce combat constituera la justification même de leur existence et imprégnera tellement leur culture qu'elle deviendra sa marque quasi exclusive. Le SDECE, devenu plus tard DGSE, n'y échappera pas. Très vite, cette préoccupation sera considérée par de nombreux intellectuels, certains politiques et une partie de l'opinion comme l'expression d'une dangereuse paranoïa. En fait, ce qui – vu de l'extérieur – a pu parfois paraître en relever en était souvent fort éloigné. Souvenons-nous que lorsqu'en 1993 certains spécialistes affirmèrent qu'une taupe soviétique sévissait à un niveau élevé de la hiérarchie de la CIA, l'opinion publique cria à l'obsession. Pourtant, les Américains avaient perdu des « sources ». Quand on en perd une, il n'y a pas toujours de raison de s'alarmer. Deux, même, peuvent disparaître sans qu'on doive *a priori* s'inquiéter outre mesure : tout praticien de l'espionnage sait que les séries noires existent et qu'il ne faut pas céder à l'affolement. Mais quand on apprit dans la communauté du renseignement qu'il n'était pas question de deux ou trois sources seulement, mais beaucoup plus, même sans savoir qu'il y en avait plusieurs dizaines avec lesquelles la CIA avait perdu tout contact, nous avons pensé qu'il ne s'agissait pas d'accidents et qu'il fallait prendre à nouveau en considération les dires d'un défecteur qui avait révélé, plusieurs années auparavant, qu'une taupe se trouvait à l'intérieur de la Compagnie. Mais la planète de l'espionnage tourne de telle sorte que ceux qui « débriefent » les transfuges ne peuvent s'ôter de l'esprit qu'ils en rajoutent, inventent, veulent faire plaisir à leurs interrogateurs et se valoriser.

Aldrich Ames, finalement confondu fin février 1994, a-t-il été, comme on l'a dit, régulièrement soumis au « détecteur de mensonges » ? Étonnant. D'autant qu'apprendre à résister à l'épreuve du *polygraph*, nom donné à cette machine, fait partie du programme élémentaire de formation des agents. Il n'est donc pas besoin d'aller chercher, comme on l'a parfois lu dans la presse américaine, la fourniture par le KGB d'une quelconque « drogue » qui aurait permis à leur source de mieux résister à cette épreuve.

La DGSE quant à elle, pendant ces dernières années tout au moins, n'a pas utilisé le détecteur de mensonges, ni contre ses personnels, ni contre ses « interlocuteurs ». Il serait possible d'écrire que c'est parce qu'un tel procédé est à mes yeux attentatoire à la liberté de l'individu, mais c'est un argument que je n'ai pas avancé au Service, car d'aucuns se seraient interrogés sur la naïveté du pur esprit envoyé pour les diriger. La principale raison, en réalité, tient au fait que ce système est inefficace, et même dangereux, car il incarne mieux que tout autre la fausse sécurité qu'offrent les machines. Par construction, un traître vit deux existences, et maîtrise donc mieux que quiconque ses sentiments et ses réactions ; or le procédé du *polygraph* repose sur des accroissements de tension, sur l'analyse des flux sanguins et de transpiration liés au passage de la vérité au mensonge, sur des mesures de stress... On imagine que lorsque l'homme passe du vrai au faux, son organisme réagit, épouvanté sans doute par la mauvaise action qu'il est en train de commettre ! Mais, pour un traître, le vrai et le faux sont intimement mêlés, et le faux peut être au cœur de sa personnalité. Le principe même de la machine est alors pris en défaut... Un homme comme Aldrich Ames trahissait depuis dix ans au moins. Il eut ainsi largement le temps de faire de sa double vie professionnelle une seconde nature.

Après la douche glacée, c'est la terreur rétrospective, l'épouvante qui saisit les services de sécurité interne chargés de mesurer précisément l'étendue des connaissances du traître. Il faut chercher quels sont ceux des agents et des sources qui ont pu être grillés, revoir tous les accidents des dernières années à la lumière de cette révélation, et notamment la disparition de certains des hommes du service, examiner les conséquences pour les services amis, et tout particulièrement britanniques en ce cas, qui sont intimement mêlés à la communauté américaine du renseignement... Un cauchemar ! Il faut reconstruire, plein d'effroi, des années et des années de contacts secrets, de connaissances et d'activités de l'intéressé dans les différentes fonctions exercées. Le fait qu'Ames ait été chargé pendant tout ce temps de la surveillance des agents russes laisse imaginer l'ampleur des dégâts.

Bien sûr, deux enquêtes furent menées en parallèle, comme cela se serait produit en France dans ces circonstances : une enquête interne de la CIA, une enquête du FBI pour le compte du département de la Justice. Cette dernière se compliquait du fait qu'il semblait bien que, parmi les « sources » vendues au KGB, certaines aient appartenu au FBI... Les enquêtes en question ne furent finalement que la suite de celles qui avaient été menées depuis 1986 à la suite de la disparition successive, durant des années, d'un certain nombre de « sources » soviétiques recrutées par la CIA et dont on connaît maintenant l'origine.

James Woolsey, le directeur de la CIA nommé par Bill Clinton, a bataillé de longs mois pour tenter d'expliquer à l'opinion publique américaine et aux parlementaires pourquoi cette affaire faisait en quelque sorte partie des risques du métier. Il ne parvint pas à convaincre, malgré ses efforts et le fait qu'il n'était pas comptable des événements survenus avant son entrée en charge ; les impitoyables justiciers médiatiques, particulièrement puissants à Washington, lui tinrent en outre rigueur de n'avoir pas sanctionné par des renvois de cadres de haut niveau cette trahison sans précédent. Logiquement, sentant qu'il avait perdu tous ses appuis, et donc toute possibilité d'agir, James Woolsey démissionna le 29 décembre 1994, laissant à William Studeman, le numéro deux de la CIA, le soin de gérer l'intérim[1].

Il est incontestable que certains épisodes de cette affaire demeurent mystérieux. Il paraît par exemple inconcevable que la CIA ait, comme elle l'a prétendu, laissé plusieurs mois Aldrich Ames en « observation » pour que ses collègues puissent repérer ses contacts, casser ses filières d'information, puis intoxiquer ses officiers traitants moscovites. On ne laisse pas un traître de cette envergure bien longtemps dans la nature, et certainement pas pendant des années, ni même des mois. S'ils avaient su qu'Ames trahissait, ils

1. Le 7 février 1995, le général Michael Carnes, en retraite de l'US Air Force, a été proposé comme directeur de la CIA par le président Clinton.

l'auraient sans aucun doute immédiatement arrêté. D'autant que l'intoxication/manipulation d'un de ses propres agents à l'intérieur d'un service est une opération extrêmement difficile. Qui ne peut être le fait que d'un minimum de personnes. Jamais la DGSE ne laisserait un agent de ce calibre évoluer plusieurs mois durant à l'intérieur de son dispositif. Quelques semaines oui, mais pas plus, ce laps de temps pouvant être mis à profit pour préciser l'étendue des dégâts. Car le risque est trop grand dans un milieu clos au sein duquel les gens vivent les uns sur les autres. Le responsable en charge du bloc russe, en déjeunant d'un steak-frites à la cafétéria, ou dans les couloirs du parking, va rencontrer celui qui s'occupe de l'Afrique ou de l'Asie. Ils vont parler, échanger des informations. En toute confiance. On ne peut pas dire à tout un chacun : « Attention, ce type est un traître. On le laisse s'enferrer pour le moment, mais tenez-le à bout de gaffe ! » À l'instant même où l'on acquiert la conviction qu'il y a trahison, on ramasse l'homme, on vide son appartement, on le prend pendant des jours en tête-à-tête, sa femme, ses gosses, sa maîtresse, tout ! Du jour au lendemain, on le sort du système.

Le traître est difficile à repérer, sauf s'il est lui-même trahi. Ce qui, heureusement, arrive assez fréquemment. En 1989, la grande époque de l'espionnage et de la pénétration communiste était déjà terminée. Je n'ai pas vécu la période dite « paranoïaque », et ne sais donc pas quelle aurait été, à cette époque, mon attitude. Aujourd'hui et malgré tout, des problèmes demeurent. Un appareil, tant qu'on ne l'arrête pas, continue à fonctionner, ne serait-ce qu'en vertu de la force d'inertie. Mais le temps n'est plus des grandes opérations d'infiltration, ni de l'espionnage et du contre-espionnage comme religion. Durant près d'un lustre, nous avons sur ce dernier point fait évoluer la Maison. Lentement, car les métiers du renseignement impliquent une fonction majeure de mémoire. Ainsi la lutte contre le communisme y a-t-elle marqué durablement les esprits, et filtré longuement d'homme en homme. La DGSE n'a pas encore entièrement délaissé cette culture. D'abord, parce que nombreux sont toujours ceux qui ont bien connu cette époque. De moins en moins, évidemment. Mais aussi parce que son fonctionnement en a été tout entier imprégné et que de tels héritages se transmettent au fil des générations. Le travail dans les services secrets suppose de longues périodes d'apprentissage. On n'y entre qu'avec un mince bagage professionnel, car ce sont des métiers qui ne s'apprennent guère à l'extérieur, dans des écoles ou dans des universités. Mais avec des maîtres, des compagnons, dans d'obscures officines. Et les apprentis qui s'y forment y reçoivent à la fois un savoir-faire et une culture.

Dans le Service même, il n'y a pas eu d'affaires de retournement pendant ces années. À quelques petites exceptions près, qui n'ont pas été connues du public et qu'il ne serait d'aucune utilité de révéler ici. Ce qui ne veut pas dire qu'il n'y a pas eu de soupçons sur des manquements plus graves. Mais, ni dans le Service ni à la DST, on n'a jamais trouvé de grands traîtres. Combien de fois certains de nos alliés s'en sont-ils étonnés ! Les dossiers de la STASI n'ont rien apporté de neuf sur ce point. À plusieurs reprises pourtant, la DGSE a envoyé des équipes d'experts en Allemagne. Mais ils n'ont rien découvert dans les archives qui puisse inquiéter sérieusement le Service.

Les trahisons peuvent être de natures très différentes. Très souvent, elles concernent des hommes ou des femmes qui évoluent dans la société « civile », exercent une profession des plus honorables, fréquentent des collègues et des amis, font du sport et partent en vacances en famille. Sans doute leur domaine d'activité professionnelle présente-t-il la particularité d'être proche de centres de recherche, ou des lieux de décision civils ou militaires. Souvent aussi, ils auront subi dans leur vie personnelle une quelconque fracture. Tous les services secrets connaissent ces personnages, qui constituent leurs cibles privilégiées. Le bon agent saura les contacter, établir avec eux une relation affective forte, apporter même des réponses à leur angoisse en leur offrant un soutien psychologique. Ce bon citoyen sera insensiblement passé dans le camp des traîtres. Pour une foule de raisons, par idéologie, pour de l'argent, ou par simple goût de l'aventure. Les services secrets n'étant que rarement des succursales d'associations philanthropiques, les sources potentielles peuvent aussi être contraintes à la trahison par le biais d'un chantage. Tous les pays ont connu ces traîtres, le dernier en date étant cet éminent journaliste du *Guardian* londonien dont on a appris en décembre 1994 qu'il avait travaillé des années durant pour le KGB. La révélation venant d'ailleurs d'un traître russe, Oleg Gordievski, qui a choisi de transformer sa défection en petit commerce[1].

Ces trahisons-là sont graves, au point de provoquer parfois des dégâts irréparables. Mais, toutes proportions gardées, elles n'ont jamais atteint, sur l'échelle des catastrophes, les sommets que représentent les trahisons au sein même des services secrets. De ce point de vue, l'exemple le plus fameux demeure celui des *« magnificent five »*, ces cinq Britanniques fort bien insérés dans l'appareil d'État qui, autour de l'agent du MI6 Kim Philby, choisirent de passer à l'Est dans les années soixante. C'est Kim Philby, réputé pour être le plus grand traître de l'histoire moderne, qui affirma que « pour trahir il faut d'abord appartenir ; je n'ai jamais appartenu ». En fait, il a appartenu plus qu'il ne l'avoue : non pas à l'*establishment* britannique dont il était issu, non plus qu'à la Grande-Bretagne dirigée par le « caniche de Reagan »

1. Lire à ce propos Christopher Andrew et Oleg Gordievski, *KGB, the Inside Story*, Londres, Hodder & Stoughton, 1990. Traduction française : *Le KGB dans le monde, 1917-1990*, Paris, Fayard, 1990.

(Madame Thatcher...) – ironisait-il peu avant de mourir à Moscou en 1988 –, mais à une certaine idée qu'il se faisait du monde et que le communisme et l'Union soviétique incarnaient seuls à ses yeux. Il leur livra ainsi pendant près de vingt-cinq ans les secrets les plus sensibles des services d'outre-Manche.

Aldrich Ames relève de cette même catégorie : le traître appartenait au service de la CIA dont la fonction consistait précisément à détecter les félons ! Dans ces cas, les pires, qui provoquent sueurs froides et cauchemars à la première évocation, il y a donc « pénétration » du service, problème tout à fait différent du précédent.

Quand on affirme qu'en France il n'y a jamais eu de traîtres, ce n'est pas tout à fait exact. Certains renégats ont vendu ou donné des informations à une puissance étrangère. Le plus fameux demeure Georges Pâques, chef du service de presse de l'OTAN – alors à Paris –, arrêté en 1963. Mais ce qu'on remarque, c'est qu'il n'y a pas de preuve qu'il ait exécuté un jour une pénétration conséquente de la DGSE ou de la DST.

Il serait très naïf de prendre cette absence d'affaires pour argent comptant et d'en déduire qu'aucun des deux services n'a jamais recelé de traîtres en son sein. Par définition, nous n'en savons rien. Mes réflexions me font pourtant pencher en faveur de l'absence de taupe dans les services français. J'y vois plusieurs raisons, et en premier lieu une question de culture : la France n'a pas mis, dans la lutte contre le monde communiste, autant d'énergie que les Anglo-Saxons.

En France, le communisme n'a jamais représenté le mal absolu comme en Grande-Bretagne et surtout aux États-Unis. Le communisme a été un modèle pour une part non négligeable de nos concitoyens ; par moments, la classe intellectuelle française y fut même majoritairement sensible. Avant-guerre, nombreux étaient déjà les Français qui se reconnaissaient dans cette idéologie. Et après la Libération, on ne peut que constater que, dans certains milieux, le communisme fut considéré comme une sorte de norme. L'Éducation nationale fut très largement concernée, de même que les cercles littéraires et artistiques. Dès la Libération, le général de Gaulle n'avait-il pas fait entrer des ministres communistes au gouvernement ? Lors des élections aux deux Constituantes de 1945 et 1946, le PC n'avait-il pas atteint 26 % des suffrages ? Sans doute les choses changèrent-elles par la suite, mais le PC ne cessa jamais d'avoir droit de cité dans notre pays. Pendant ce temps, aux États-Unis s'ouvrait (en février 1950) la funeste époque du maccarthysme, qui pourchassa les communistes ou prétendus tels, et les força souvent à quitter le pays ; cette « chasse aux sorcières » marqua profondément et durablement l'Amérique, au point que, dans les années quatre-vingt, le président ultra-conservateur Ronald Reagan – grand pourfendeur de communistes lorsqu'il était acteur à Hollywood – pouvait encore passer pour l'un des tenants de cette « chasse aux Rouges ». Il faut le souligner : même une institution aussi insulaire qu'un service secret ne peut manquer d'être influencée par l'esprit général régnant dans le pays. La DGSE a de ce fait été moins obnubilée que les Anglo-Saxons par la « pénétration » communiste, et il est évident que l'anticommunisme anglo-saxon a été beaucoup plus agressif que le sien. Si l'on ajoute enfin que le système communiste avait en France des alliés objectifs, le lecteur comprendra aisément pourquoi notre pays n'a jamais fait l'objet d'attentions aussi soutenues de la part des espions soviétiques que le système anglo-saxon.

Il est bien clair que la CIA et le FBI – singulièrement sous le règne d'Edgar Hoover – ont été idéologiquement marqués par la lutte anticommuniste. Ce climat politique a conduit les Américains à doter leurs services de moyens démesurés spécifiquement destinés à combattre le « péril rouge ». En France, le pouvoir politique n'a jamais mis, loin de là, à la disposition de ses services spéciaux les moyens dont bénéficiaient les Anglo-Saxons pour pénétrer le système communiste. Faudrait-il aujourd'hui l'en blâmer alors que les services n'ont jamais failli, sur ce point, à leur mission ?

La seconde raison que je vois à l'absence de traîtres en France est d'ordre technique : les Anglo-Saxons, États-Unis et Grande-Bretagne, ont toujours travaillé main dans la main. À cet égard, et en incidence, il serait vraiment étonnant que l'affaire Ames n'ait pas, ou n'ait pas eu, de répercussions chez nos amis britanniques. Le MI6 et la CIA ont mené tant d'opérations « partagées » à l'Est qu'il est permis d'écrire qu'ils opéraient conjointement sur ce terrain : en fait, ce sont les moyens conjugués des deux services qui, pendant quarante ans, ont espionné le système communiste. Même si c'était de moindre manière, il est clair qu'ils se sont également beaucoup intéressés au système français ! Nous retrouvons, en effet, cette alliance anglo-américaine dans la recherche permanente de renseignements sur la constitution par la France de son armement nucléaire et sur d'autres sujets plus politiques, comme l'avoue d'ailleurs Peter Wright, l'auteur de *Spy Catcher*[1]. Cet ancien agent du MI5 (le contre-espionnage britannique) ne raconte-t-il pas dans son sulfureux best-seller comment son service avait placé des micros dans l'ambassade de France à Londres ? La collaboration transatlantique entre la CIA et la NSA d'une part – les fameux « cousins » des romans de John Le Carré – et la communauté britannique du renseignement (MI5, MI6, GCHQ) de l'autre les conduisit, situation inchangée ce jour, à fonctionner comme une entité cohérente à laquelle il n'était nul besoin d'adjoindre un troisième larron français. On peut partager des secrets à deux, mais à trois cela devient beaucoup plus difficile. La langue, les méthodes de travail, la

1. Peter Wright, *Spy Catcher,* New York, Viking Penguin, 1987. Traduction française : *Spy Catcher,* Paris, Robert Laffont, 1987.

culture de renseignement communes aux Anglo-Saxons sont autant d'obstacles pratiquement insurmontables, auxquels s'ajoute une défiance historique à l'égard de notre pays.

Si l'on veut bien se représenter, en outre, l'état d'esprit qui régnait dans des services qui prenaient notre pays pour cible, on comprendra que nos amis des services en question n'aient jamais envisagé de choisir la DGSE comme partenaire privilégié. Les services américains, sinon britanniques, ont même fait courir le bruit que l'appareil politique français était, au plus haut niveau, pénétré par les services soviétiques. Et l'on se souvient que, lorsque la gauche s'apprêtait en 1981 à accéder au pouvoir en France, des responsables socialistes – en l'occurrence Pierre Mauroy et le très atlantiste Robert Pontillon – furent « convoqués » à l'ambassade des États-Unis pour être explicitement avertis de la désapprobation américaine quant à l'éventuelle entrée de ministres communistes au gouvernement.

En fait, les grandes pénétrations réussies par les services spéciaux de l'Est, à cette époque comme durant toute la guerre froide, l'ont été essentiellement en Grande-Bretagne et en Allemagne fédérale ; ce dernier cas étant un peu particulier et en quelque sorte explicable par la partition de l'Allemagne en deux. Il faut toutefois faire attention, dans ce domaine, aux histoires trop belles et trop simples. Que ce soit pour des raisons purement politiques, ou banalement mercantiles, des révélations fondées sur des documents divers sont aujourd'hui exhumées des archives secrètes des services secrets ex-soviétiques ou d'Europe de l'Est. Des « Mémoires » les complètent généralement et, depuis la désagrégation du bloc communiste, les témoignages s'appuyant sur ces sources naguère secrètes se sont multipliés : ainsi Pavel Soudoplatov, responsable des services de la sécurité d'État de 1936 à 1953 et organisateur à ce titre de l'assassinat de Trotski en 1940, n'hésite-t-il pas à « révéler » qu'en tant que chef du département S chargé de superviser l'espionnage nucléaire soviétique, il avait recruté les pères de la bombe A, Niels Bohr, Enrico Fermi, Leo Szilard et Robert Oppenheimer[1] ! Trop, c'est peut-être trop. C'est à se demander comment des services prétendument aussi performants ont pu perdre tant de batailles, et notamment la dernière, celle du pouvoir.

En guise de conclusion (provisoire) sur ce sujet, on voudra bien retenir que la notion de « traître » est essentiellement ambiguë. Celui qui l'est un jour ne le sera plus le lendemain ; si de vrais renégats ont délibérément porté atteinte aux intérêts de leur pays, pourquoi ne pas admettre que bien des réputations ont été détruites dans des contextes historiques et politiques très particuliers, qui dans d'autres circonstances n'auraient pas suscité les mêmes opprobres ? Souvenons-nous que le terme de « traître » fut généreusement utilisé pour qualifier, il n'y a pas si longtemps et par leurs États « légitimes » respectifs, à la fois les Français qui avaient rejoint la France Libre, les Allemands qui avaient comploté dans leur pays contre le nazisme et les transfuges russes du système soviétique : ils avaient pourtant tous permis à leur manière, et dans leur domaine de compétence, que prennent fin des régimes liberticides. Ces « traîtres » étaient en fait de vrais citoyens, qui surent, contrairement à d'autres, placer leur idéal au-dessus de leur appartenance nationale ou sociale.

La guerre froide, qui a pris fin au début des années quatre-vingt-dix et qu'on a déjà presque oubliée, a été le cadre dans lequel ont évolué les services secrets modernes pendant le dernier demi-siècle. L'agressivité soviétique permettait à des hommes de bonne foi de penser que Moscou préparait depuis

---

1. Pavel et Anatoli Soudoplatov, *Missions spéciales. Mémoires du maître-espion soviétique Pavel Soudoplatov*, Paris, Seuil, 1994.

1945 ses puissantes armées à une *Blitzkrieg*, qui pouvait laisser craindre un recours à l'armement nucléaire tactique. Les informations sérieuses récemment exhumées des archives démontrent d'ailleurs que cette hypothèse n'était pas purement imaginaire, même s'il faut la relativiser en sachant que les Soviétiques pensaient eux aussi que les États-Unis et leurs alliés mettaient sur pied une offensive symétrique. Cette crainte de l'invasion de l'Europe de l'Ouest par l'Armée rouge était si réelle qu'elle a quantitativement et qualitativement déterminé l'organisation des forces militaires de l'Alliance atlantique regroupées dans l'OTAN, à laquelle la France a participé jusqu'en 1966, date à laquelle le général de Gaulle en a retiré les forces françaises, pour cause d'indépendance nationale et de capacité nucléaire autonome. Une partie importante des responsables de notre pays ont, au moins durant les trois premières décennies de l'après-guerre, vécu avec la hantise d'une guerre contre l'Union soviétique et de la possible invasion de la France. Rien d'autre n'explique la participation des services secrets français à la mise sur pied d'un réseau auquel étaient associés tous les autres pays européens de l'Alliance atlantique, généralement connu aujourd'hui par l'opinion sous le nom qu'il avait pris en Italie : Gladio (le Glaive).

Nous, Français, ne connaissions ce dispositif que sous la dénomination « Stay Behind » (Rester derrière). La DGSE n'a d'ailleurs appris le terme de « Gladio » que lorsque l'existence de ce réseau a été révélée en novembre 1990, d'abord en Italie, puis en Belgique, provoquant dans ces deux pays un énorme scandale. Levons toute ambiguïté : le réseau « Stay Behind » n'était, pour ce qui concerne la France, qu'une structure « dormante » et non armée, destinée à maintenir en place un réseau logistique – essentiellement de communication et d'exfiltration – en cas d'occupation du territoire par des forces ennemies. En Belgique et en Italie, si l'on en croit le résultat d'enquêtes judiciaires dans ces deux pays, le réseau aurait pris de tout autres dimensions.

En Italie, en particulier, il semble bien que les services secrets militaires (SISMI) aient monté une organisation qui s'était pour une large part affranchie du contrôle de l'État. Des accusations gravissimes furent portées contre Gladio et le SISMI, soupçonnés d'avoir mis au service de causes criminelles des armes et des explosifs secrètement stockés. Lorsque ce scandale a éclaté en Italie, nous n'avons pas fait immédiatement le lien avec « Stay Behind », dont le dispositif était familier à la DGSE : elle y participait depuis le début des années cinquante aux côtés d'une dizaine de pays, et ne l'a, à ma connaissance, jamais connu que sous cet intitulé. Il ne fallait bien sûr pas s'attendre à ce que nos amis italiens du SISMI nous tiennent au courant de leurs déboires dans l'affaire Gladio. Et comme d'habitude, ils ont choisi de ne rien nous dire du tout. Cela valait d'ailleurs peut-être mieux, car lorsqu'ils parlent, ils provoquent généralement des cataclysmes : dans d'autres circonstances, la DGSE a dû démentir à plusieurs reprises des délires nés de l'imagination du SISMI ; ils concernaient par exemple la prétendue implication des services secrets français, glissée en confidence par le SISMI à une commission parlementaire italienne, dans la destruction en vol d'un DC 9 d'Alitalia, le 27 juin 1980. Selon le SISMI, la DGSE aurait détruit involontairement l'avion au moyen d'un missile, au large de la Sicile, en croyant atteindre un appareil transportant le colonel Kadhafi. Absurde, mais payant du point de vue de nos collègues italiens, car la pression qu'ils subissaient s'est alors relâchée pendant quelques semaines...

Ils ont été beaucoup plus discrets sur les ignominies prêtées au réseau Gladio. Celui-ci était alors affecté dans notre pays d'un degré de secret maximal, ce qui explique que notre agent à Rome n'ait pu discerner, lorsqu'elle a surgi, que l'affaire Gladio concernait la partie transalpine du réseau

« Stay Behind ». Pour la bonne et simple raison qu'il ne savait rien, lui, dudit « Stay Behind ». En vertu de règles de cloisonnement draconiennes, seuls deux ou trois hommes de la DGSE, ceux qui le géraient, connaissaient ce dossier à Paris.

C'est au point que je n'ai pris moi-même connaissance du dispositif « Stay Behind » que plusieurs mois après mon arrivée au Service. Très exactement le jour où le directeur des Opérations m'annonça tranquillement : « Je me rends au Comité principal du CCA (Central Committee Authority). » Il me révéla alors l'existence, dans de nombreux pays européens, de ce réseau unifié dont la tâche était d'organiser un minimum de points d'appui en cas d'invasion de l'Europe par les armées du pacte de Varsovie.

Voici le scénario. Les armées en question culbutent nos troupes et parviennent sur les rives de l'Atlantique. Derrière elles, *« staying behind them »* (« restant derrière elles »), un certain nombre d'hommes organisés en réseau, des agents dispersés sur le territoire national, continuent de vivre leur vie de tous les jours, tout en étant d'honorables correspondants, disposant d'un système de communication d'une extrême sophistication. Ce dernier leur permettant d'assurer la liaison entre la résistance intérieure et les autorités alliées. Répétons-le : la mission impartie à « Stay Behind » dans une France envahie, c'était la communication. Le réseau ne devait pas servir à recueillir du renseignement, ni à combattre militairement l'occupant, mais uniquement à faire transiter les informations transmises par d'autres canaux ; et éventuellement aussi à aider à sortir un certain nombre de gens du pays. « Stay Behind », c'était uniquement ça, en tout cas pour la France : une initiative anglo-saxonne de collaboration entre pays occidentaux de l'après-guerre, dans un cadre qui n'était pas strictement celui de l'OTAN. Je n'y vois rien, pour ma part, qui soit contestable sur le fond.

En Italie, manifestement, autre chose s'est produit. Par détournement d'objectif, il est probable que le réseau a été armé, ce qui ne fut pas le cas en France, puis utilisé à des fins de politique intérieure dans le cadre de ce qu'on a appelé la « stratégie de la tension », bien que la réalité de tout cela demeure encore environnée de larges zones d'obscurité. En France en tout cas, ce dispositif est resté tout à fait conforme à l'idée de départ. Un peu désuet et historiquement obsolète, on peut bien volontiers le concéder, il permettait cependant un contact régulier et des échanges techniques fort utiles avec nos homologues des services étrangers.

Cette affaire, secrètement, a provoqué des remous à Paris. Quand il a pris connaissance de l'existence de « Stay Behind », en novembre 1990, le président de la République n'a pas été franchement content. Il m'a convoqué et je lui ai expliqué le dispositif. À la critique un peu acerbe qu'il m'a faite pour ne pas lui en avoir parlé, je lui ai répondu en substance : « Ce qui m'a été demandé, c'est de diriger la DGSE, et je le fais depuis 1989. Il m'est impossible de savoir ce que le président de la République sait et ce qu'il ignore de la période précédant cette date. Je suis le sixième directeur général de la DGSE depuis 1981, et je peux penser que je ne suis pas en charge de l'informer sur un dispositif qui existe depuis plusieurs décennies et n'a posé aucun problème technique ni politique depuis que j'occupe ces fonctions. » La discussion fut un peu difficile. Sur le fond, j'affirme que, pour ce qui nous concerne, il s'agissait d'une entreprise banale, dénuée de la moindre ambiguïté.

L'accusation permanente de paranoïa, lancée à l'encontre du Service parce qu'il voyait à l'Est l'essentiel des menaces qui pesaient sur notre sécurité, est d'une rare injustice, je l'ai dit. Objectivement, les régimes d'Europe orientale ont lutté, entre la fin de la Seconde Guerre mondiale et 1990, contre les régimes démocratiques de l'Europe occidentale. Au sein de notre continent commun, ils ont œuvré pour un dessein politique cohérent, argumenté et constant : imposer la dictature du prolétariat, ou l'un quelconque de ses avatars, à des populations qui avaient démocratiquement opté pour un régime de liberté. Ce que l'on sait aujourd'hui des terroristes moyen-orientaux, qu'il s'agisse de Carlos ou d'Abou Nidal – pour ne citer qu'eux –, ne laisse pas de place au doute : ils ont bien été, comme les services occidentaux l'ont tant dit et écrit au cours des décennies soixante-dix et quatre-vingt, soutenus, encouragés, hébergés et financés par la République démocratique allemande, la Hongrie, la Roumanie, la Pologne ou la Tchécoslovaquie. Aucun des services de ces pays n'agissait de manière autonome et ils étaient tous, au contraire, complètement imbriqués dans l'appareil des services spéciaux soviétiques, devenus experts dans l'art de la déstabilisation.

Il serait sans doute temps de réhabiliter l'image de la DGSE de cette époque, ainsi que la mémoire de certains de ses hommes qui se sont retirés amers de n'avoir jamais été entendus, d'avoir été si souvent moqués. J'avoue m'être fréquemment posé une question : d'où provient cette singulière indulgence de l'opinion pour ceux qui se sont trompés et qui l'ont trompée pendant des décennies sur ce qui se passait à l'Est – les politiques, les intellectuels, les artistes qui, bandeaux sur les yeux, se sont rendus durant tant d'années à Moscou ? Est-ce pour que notre société puisse continuer à se sentir « innocente » ? Et pourquoi cette absence de réhabilitation de ceux qui ont vu et dit plus juste ? Est-ce parce que ceux qui se sont trompés et ont trompé sont ceux-là mêmes qui font l'opinion ?

15

Le monde arabe

L'Irak, la guerre du Golfe et la DGSE. – Maintenir Saddam. – DGSE exclue. – L'Algérie.

La guerre du Golfe a-t-elle éclaté en quelque sorte par accident, Saddam Hussein n'ayant pas eu au départ le projet d'envahir le Koweït ? C'est là une question et, en l'absence de preuve absolue, en aucun cas une conviction. Car on ne peut pratiquer ce métier pendant des années sans faire du doute systématique une forme même du système de pensée. Nul ne peut imaginer en effet la somme d'indices concordants que doit recueillir le Service avant de se sentir le droit d'avancer une hypothèse. En l'espèce, l'idée étayée de la DGSE est la suivante : l'escalade à laquelle Saddam Hussein s'est livré à l'égard du Koweït au mois de juillet 1990, avant de l'envahir le 1er août, et compte tenu des enjeux que représentaient pour lui le prix du pétrole et l'accès à la mer, a probablement conduit à un dérapage à partir du moment où le Koweït a refusé de céder au chantage du vainqueur de la guerre contre l'Iran. Dans un accès de colère, alors que le maître de Bagdad avait massé ses troupes à la frontière pour faire monter la pression, il ordonna : « Eh bien, puisque c'est comme ça, allez-y ! » Sans préméditation. Qu'observe-t-on en effet ? Dans la nuit du 1er au 2 août, les troupes irakiennes franchissent la frontière, puis atteignent rapidement Koweït City. Alors, successivement et dans l'improvisation la plus totale, Saddam Hussein invente la « république de Koweït », met à sa tête un Premier ministre (chiite) et un gouvernement de neuf inconnus... dont un certain nombre d'Irakiens ! Montage qui dure trois jours, le temps de réfléchir aux conséquences à tirer de son coup de colère et de poker, et de décréter la « fusion totale et irréversible » des deux pays. Il a ainsi inventé au fur et à mesure, et mis sur pied à chaud, ce qui aurait dû être programmé de longue date si sa démarche avait procédé dès le début d'une logique de conquête et d'annexion. Quand on observe la façon dont les troupes se sont déployées et dont elles sont arrivées à Koweït City, quand on examine la manière dont a été politiquement gérée l'affaire à Koweït City, la conclusion s'impose : tout a été complètement improvisé. Et son coup de bluff l'a entraîné bien au-delà de ce qu'il avait voulu au départ.

Il se trouve que, quelques semaines après le déclenchement de la guerre du Golfe, je rends visite au roi du Maroc qui avait tenté de jouer les bons offices au Moyen-Orient et rencontré Saddam Hussein quelques mois auparavant. Et, avant même que je dise quoi que ce soit, il me lance : « C'est un coup de folie, un coup de tête de Saddam, qui ne voulait pas envahir le Koweït. D'ailleurs, j'avais son engagement là-dessus. »

Mon sentiment, c'est qu'il s'agit d'un accident et que Saddam Hussein s'est piégé lui-même. Peut-être aussi est-il simplement tombé dans un piège que d'autres lui avaient tendu. Car il reste bien des zones d'ombre dans cette affaire. Et particulièrement celle-ci : les États-Unis n'ont-ils pas poussé Saddam Hussein à la faute, notamment en dissuadant l'émir Jaber al-Sabah de lui faire quelque concession que ce soit ? Dans un document d'analyse du Service adressé le surlendemain de l'invasion, alors que se pose encore le problème de la nature de la riposte au coup de force, la question est clairement énoncée : les États-Unis, et Israël surtout, considéraient depuis de nombreux mois que le danger numéro un au Moyen-Orient était l'Irak ; ne convenait-il pas de purger cet abcès jugé « évolutif » et de saisir une occasion qui ne se représenterait peut-être plus jamais sous d'aussi bonnes conditions techniques et politiques ? Quelle serait, en effet, l'issue d'un combat déclenché quelques années plus tard contre un Irak doté d'une forte capacité balistique et de l'arme nucléaire ? Le moment est donc propice pour en finir avec celui qu'aux États-Unis et en Israël on appelle depuis un certain temps déjà le « petit Hitler ».

Un mois avant l'invasion du Koweït, Israël accueille le chef de la DGSE. Avec mes collègues du Mossad, nous nous envolons en hélicoptère de Tel-Aviv vers le Golan. Du poste militaire avancé où nous déjeunons, nous apercevons le simple fil barbelé qui sépare Israéliens et Syriens... « Il nous faut être vigilants, mais en fait nous n'avons pas eu un seul incident sur la frontière depuis des années. » J'ai entendu le même langage, quelques mois auparavant, à Langley. William Webster, patron de la CIA, avait alors développé devant nous la subtile distinction que font les Américains entre l'Iran et la Syrie, entre la méchante *sponsoring nation* qui commandite, finance, aide et apporte un soutien politique intense aux poseurs de bombes, et l'accommodante *supporting nation* qui, angéliquement et un peu malgré elle, se contenterait de ne pas refuser un droit de stationnement aux terroristes sur ses terres. Vision pour le moins partielle, mais totalement dénuée d'ingénuité, car liée à une politique d'équilibre des forces moyen-orientales qui doit, selon Washington, exclure Téhéran et s'appuyer sur Damas.

L'opération psychologique visant à focaliser l'attention des alliés sur l'unique menace irakienne est en marche depuis quelque temps, car mon interlocuteur du Mossad martèle alors : « Le seul danger au Moyen-Orient, c'est l'Irak. Il possède aujourd'hui le troisième arsenal d'armes chimiques au monde. Que la France lui livre des centrales inertielles[1] qui permettent de guider les missiles, et il aura

1. Ces systèmes embarqués et de faible volume, bâtis autour d'un gyroscope, autorisent un avion à connaître très exactement sa position, de manière autonome.

alors les vecteurs qui les rendront opérationnels. » Il est vrai que depuis un certain temps, 1987 au moins, l'Irak est en discussion avec des entreprises françaises pour de très importants marchés de centrales inertielles, destinées en principe à ses avions de combat. En 1988 et 1989, l'Irak est suspecté de vouloir équiper ses nouveaux missiles de ces centrales. Mais durant la guerre du Golfe, le Service, qui s'était opposé en CIEEMG[1] à la vente des centrales inertielles en question à l'Irak, sera assez heureux de constater qu'il avait eu auparavant une bonne appréciation des capacités NBC (nucléaire, biologique, chimique) de ce pays en affirmant son incapacité technique à recourir dans l'immédiat à l'arme nucléaire (ce qui n'était pas évident à l'époque !) et en se montrant plus que sceptique sur sa possibilité d'équiper de têtes chimiques ses missiles balistiques opérationnels.

En janvier 1991, la DGSE prend des risques importants lorsqu'elle rend compte de la rencontre entre James Baker et Tarek el-Aziz à Genève, où ce dernier a juré de la fiabilité de ses missiles et de son armement nucléaire : nous réaffirmons alors qu'il s'agit d'un bluff. Quoi qu'il en soit, Moshe Arens, ministre israélien de la Défense, me tient le lendemain de mon escapade dans le Golan le même langage que le ministre des Affaires étrangères iranien, faisant mine de penser, et affirmant haut et fort, que la France est le meilleur allié de l'Irak et son plus important fournisseur d'armes. Ce que nous nions formellement, et que démentiront plus tard les enquêtes menées par l'ONU après la guerre du Golfe, lesquelles démontreront que, parmi les sociétés étrangères impliquées dans la vente à l'Irak de matériel à usage mili-

---

Une telle centrale peut permettre à un missile d'atteindre sa cible avec une grande précision.

1. Commission interministérielle pour l'étude des exportations de matériels de guerre. Cette commission, présidée par le SGDN (secrétaire général de la Défense nationale), agit sous l'autorité directe du Premier ministre.

taire, les entreprises de la RFA arrivent en tête, suivies de celles de l'Autriche, des États-Unis et de la Grande-Bretagne !

Il ne faut pas se méprendre : jusqu'à ce jour où les chars irakiens ont traversé la frontière du Koweït, l'Irak était considéré par l'Occident comme un pays modéré, pièce essentielle à l'équilibre dans la zone. Et il n'était donc pas condamnable de l'aider militairement. D'autant que, grâce à lui, nous avions pu mesurer les limites de la puissance de l'Iran, considéré comme vaincu lors de l'affrontement qui avait opposé les deux nations. Ce n'est que lorsqu'il est sorti de son rôle de rempart des valeurs de progrès et de laïcité face au prosélytisme du régime des mollahs, qu'il a été puni.

Pourtant, avant, pendant et après, le régime obéit aux mêmes normes : celles d'une dictature affublée en France, avant la guerre, du qualificatif non usurpé de « dictature de progrès ». Son peuple est alors le plus instruit du monde arabe, l'État y est laïque et l'indépendance nationale élevée au rang de mythe...

Pendant longtemps, sa dimension impérialiste et belliqueuse n'apparaît pas. Le Service écrit toutefois dans une note datée de début juin 1990 que jamais le danger de déflagration n'a été aussi grand au Moyen-Orient, que l'Irak, vainqueur d'une guerre difficile avec l'Iran, entend établir définitivement son hégémonie sur l'ensemble du monde arabe, et que Saddam Hussein emploiera tous les moyens pour cela, y compris les plus immoraux : les armes chimiques et le terrorisme. Il faut dire que les Israéliens et nous-mêmes avions été très impressionnés par l'utilisation de l'arme chimique sur le front de la guerre irako-iranienne, et que le chimique apparaît, d'une certaine manière, encore plus terrible que le nucléaire : parce qu'au fond, nucléaire signifie avant tout « dissuasion » et qu'il est presque admis qu'il ne servira jamais...

Or, de ces deux moyens, le Service se trompe, aucun ne sera utilisé ! Car il est probable que Saddam Hussein savait que leur emploi conduirait à une riposte foudroyante, alors que jusqu'au dernier moment il a jugé – mal jugé – que les Occidentaux ne seraient pas assez motivés pour engager une épreuve de force contre une armée usant des seuls moyens conventionnels.

Il est très intéressant à cet égard de noter que l'Irak avait investi des milliards de francs, en pure perte, dans des systèmes d'armes dont il ne pouvait pas user dans cette guerre. Pourtant, l'arme chimique avait servi contre l'Iran, alors que les troupes de Khomeiny étaient sur le point d'enfoncer les lignes irakiennes ; mais Saddam Hussein savait que, contre un tel ennemi, elle ne lui était pas interdite...

Le maître de Bagdad n'est pas aussi insensé que certains l'ont dit. Comment, en examinant le déroulement de ces épisodes dramatiques de la guerre contre l'Iran, ne pas penser que sa supposée folie n'est qu'un leurre de plus ? Le recours à l'arme chimique lui permet en effet de se faire passer pour un paranoïaque capable de déclencher l'apocalypse. Il a certes agi sur un coup de tête lors de l'invasion du Koweït quelque temps plus tard, mais il ne faut pas oublier que pétrole et accès à la mer sont pour lui des enjeux considérables, et les risques qu'il a pris avaient été calculés. Avec quelques erreurs d'addition qui le perdront, car il n'avait pas compris que les raisons mêmes pour lesquelles on l'avait laissé sortir à son avantage du conflit avec l'Iran étaient celles pour lesquelles il serait chassé du Koweït : la stabilité des frontières et des équilibres au Moyen-Orient, et notamment de celui qui permet à Israël de perdurer. Les autres préoccupations – pétrole, morale internationale – étant secondaires par rapport à celles-ci.

Les mêmes raisons qui font qu'il est toujours en place aujourd'hui sont celles qui lui ont donné, au moment de l'invasion du Koweït, le sentiment que son pari était gagnable. Il ne saurait en effet être question pour les Occidentaux d'envahir l'Irak, de chasser Saddam Hussein et de se retrouver confrontés à deux revendications impossibles à satisfaire : celle de la création d'un État kurde et celle de la scission de la partie sud du pays où vit une population chiite travaillée par l'Iran. Car enclencher ce double processus conduirait à la formation d'un Irak sunnite, baasiste et surtout amoindri au point d'être incapable d'équilibrer la puissance iranienne. Or, tout le monde souhaite un Irak fort.

C'est très difficile de gagner une guerre et de faire en sorte que son ennemi reste fort. Il existe cependant un précédent. Fameux, bien que peu sinon pas du tout évoqué à cette occasion : le Japon qui, à l'issue de la Seconde Guerre mondiale, s'est vu conforté dans son intégrité et sa puissance économique, ne subissant les conséquences de sa défaite que par l'annihilation de sa capacité belligérante. Différence de taille avec l'Irak : le vainqueur s'installa dans la capitale et imposa la démocratie.

Saddam Hussein lui-même a traversé l'orage, en dépit des manœuvres de déstabilisation entreprises par nos amis anglo-saxons, programme auquel la DGSE a refusé de se joindre en l'absence d'alternative politique raisonnable. Car l'essentiel, encore une fois, c'est que l'Irak occupe toute sa place face à l'Iran. Qu'il conserve sa partie kurde, pour ne pas déstabiliser la Turquie : celle-ci est un allié fidèle et elle rencontre déjà suffisamment de problèmes avec ses propres Kurdes pour ne pas être confrontée à ses frontières à un Kurdistan indépendant qui porterait inévitablement la guerre en son sein même.

Aujourd'hui, la situation au Moyen-Orient est stabilisée, et on « matraquera » quand il faudra pour que cela demeure, si Saddam Hussein ou un autre devait d'aventure relever la tête. Ce n'est pas la démocratie que l'on cherche à installer au Moyen-Orient, à supposer que cela soit possible. Le seul objectif, c'est la stabilité.

La DGSE s'est naturellement beaucoup activée pendant cette période. Mais la guerre du Golfe a fourni une excellente illustration de l'échec majeur enregistré dans notre entreprise qui visait à faire participer le Service aux instances décisionnelles de la République. Il est vrai qu'il n'existe pas d'instance collective de conseil ou de décision en matière de politique extérieure où pourrait être discutée la position que doit prendre la France dans les crises et les conflits qui déchirent le monde. Es qualités, j'ai participé à la première réunion *ad hoc* qui s'est tenue à l'Élysée le lendemain de l'invasion du Koweït, le 1er août 1990. Réunion au cours de laquelle je découvre la vigueur combative du président... Ce sera la première et la dernière, puisque ensuite « on » s'est arrangé pour que ces réunions se tiennent en conseil de Défense dont la DGSE n'est pas membre ! Ainsi a été exclue de la concertation la seule institution qui avait eu une vision un peu claire de l'« Orient compliqué » à l'aube des années quatre-vingt-dix...

Durant le conflit, ce qui intéresse plus que tout le Service, ce sont les positions des différents protagonistes, de *tous* les pays engagés, Américains compris. Quotidiennement, il en donne une analyse. Comment réagissent les Saoudiens ? Les Jordaniens ? Israël ? Quelles sont les incidences de ce conflit sur le pourtour ? Quel est le degré d'engagement de chacun dans l'un et l'autre camp ? Quant au champ de bataille, il est du domaine du renseignement militaire. Mais les informations de cette nature intéressent au plus haut point le Service, car elles déterminent à la fois les analyses particulières et le diagnostic d'ensemble. Or, si peu de choses parviendront du CERM, c'est essentiellement grâce aux services amis qu'il suivra le champ de bataille...

Nous ne disposions pas, dans l'entourage immédiat de Saddam Hussein, de « sonnette » susceptible de nous dire ce qu'il voulait ou allait faire. D'autres en disposaient-ils ? On peut en douter.

Il n'est en effet pas certain que des « sonnettes » puissent être placées à proximité de pouvoirs très personnalisés. À l'heure actuelle encore, Saddam Hussein ne partage ses pensées et ses projets avec personne. Il en va de même pour Hafez el-Assad, le Syrien. Plus un système de pouvoir est personnalisé, plus il est impénétrable. Nul ne sait autour d'Assad ce qu'il s'apprête à faire. Son fils, Bassel el-Assad, mort il y a quelques mois, faisait peut-être exception, mais rien n'est moins sûr. Le chef de l'État syrien dirige seul son pays : quand il se lève le matin, il ne fait part à personne de ses rêves de la nuit et ne confie à personne ses projets de la journée. Personne ! Ali Douba, le patron des services spéciaux syriens, donne l'impression qu'il vous cache tout ce qu'il sait lorsqu'on le rencontre. En fait, il ne sait rien sur l'essentiel ! Et pourtant tout le monde dit : « Ali Douba, c'est une des meilleures clés de connaissance de la politique syrienne. » Dans des régimes extrêmement personnalisés, il est techniquement impossible de construire un bon appareil de renseignement humain autour du Lider Maximo. La CIA s'en est bien aperçue, à quelques encablures de la côte des États-Unis et depuis plus de vingt-cinq ans, avec Fidel Castro, simplement parce que tout repose sur un homme qui, chaque matin, peut réinventer son monde. Et la chose est rendue d'autant plus difficile que ce type de personnage échappe rarement à une forme ou à une autre de paranoïa...

Après la guerre contre l'Irak, nous avons produit un recueil pour récapituler ce que nous avions écrit et diffusé avant et pendant la guerre du Golfe, afin de savoir où nous avions été bons, et où nous ne l'avions pas été.

Dans l'ensemble, et même si nous n'avions pas précisément prévu l'invasion du Koweït, nous avions bien vu venir la crise. Pierre Joxe me demande fin janvier 1991, en arrivant rue Saint-Dominique après la démission de Jean-Pierre Chevènement :

« La DGSE, qu'est-ce que c'est ?

– C'est beaucoup mieux que ce qu'on vous a dit. Mais enfin, vous verrez, vous vous ferez une opinion par vous-même.

– Vous n'avez rien vu sur la crise du Golfe.

– Ah, monsieur le Ministre, puisque vous en parlez ! »

J'ouvre ma serviette, je prends le bouquin et le mets sur le bureau. Il feuillette, et lit : « Ce qu'ils ont dit avant, pendant, après. » Je dis : « Pour le Service, ce qui est intéressant, c'est avant. Ouvrons le livre. » Avant, donc. Le renseignement militaire, dont c'est la mission de prévoir les menaces militaires et de guerre : rien. Les journalistes : en tout et pour tout, un article de Françoise Chipaux dans *Le Monde*, qui met en garde contre le bellicisme irakien. Les politiques : pas une seule déclaration d'homme politique, ni de la majorité, ni de l'opposition. La DGSE, pour sa part, avait produit quantité de notes sur l'Irak, en particulier au premier semestre de 1990, dont ses archives et celles de l'État conservent la trace : toutes évoquaient la menace représentée par l'Irak. Apparemment, nous sommes les seuls avec Françoise Chipaux à avoir vu dans l'Irak le vecteur d'une crise grave au Moyen-Orient... À aucun moment pourtant, je n'ai pu me tourner vers mes exploitants, vers ceux de nos agents qui étaient à Paris, en Irak, au Koweït, en Arabie Saoudite et ailleurs, pour leur dire : « Les gars, le gouvernement est content. Même s'il n'a pas prêté assez d'attention à ce qu'on a dit, il reconnaît qu'on l'a dit et qu'on a bien fait notre boulot. » Je ne l'ai jamais entendu. Jamais. Au contraire, les médias, les « experts » ont proclamé : « Personne n'avait vu, personne n'a rien dit et nos services sont nuls. » Il faut dire que pendant mes années de direction, aucun parlementaire, aucun ministre n'a eu connaissance de la totalité de la production et de l'action du Service. *A fortiori,* aucun média.

Il faut reconnaître aussi que, même si le pouvoir politique avait intégré ce que le Service avait écrit, les choses se seraient passées à peu près de la même manière. Quelles conséquences, en effet, la France aurait-elle tirées de l'information selon laquelle le Moyen-Orient était à la veille de l'embrasement du fait de l'Irak ?

Dans le monde arabe, l'Irak fut indiscutablement le perturbateur du début de la décennie quatre-vingt-dix. Mais aux yeux de la France, les préoccupations suscitées par le régime de Bagdad ne sont rien à côté de celles que fait naître en permanence, et depuis quelques années, la situation en Algérie. Il est, hélas ! passé le temps où l'on pouvait hésiter à faire figurer ce pays dans la problématique de l'Islam. Pour le Service, il est l'objet de soucis particuliers – et d'amertume également, car les liens tissés au-dessus de la Méditerranée par l'appareil gouvernemental français sont tels qu'ils rendent souvent aléatoire le travail formidable que la DGSE y effectue, chaque responsable de l'État se faisant sa propre idée des choses à partir de ses canaux personnels, jugés systématiquement les meilleurs de tous...

En 1959, je termine mes études et m'apprête à faire la guerre d'Algérie. Je vais bastonner au Boul'Mich contre les étudiants de la corpo de droit partisans de l'« Algérie française ». Certains étudiants de notre génération, opposés à cette guerre, se feront réformer. D'autres se feront porter pâles et seront affectés en Allemagne. D'autres encore, et c'est la majorité, feront un petit tour à Alger, de préférence dans les bureaux, et reviendront décorés de la croix de la « valeur militaire ».

Avec la quasi-totalité de ma promotion, je décide de ne rien faire pour ne pas partir en Algérie. Pour plusieurs raisons. D'abord, satisfaire ma curiosité. Ensuite, obtenir une réponse à une question essentielle : l'expérience de la réalité va-t-elle changer ma compréhension de ces événements et mes idées favorables à l'indépendance vont-elles résister à l'épreuve des faits, du feu ? Enfin, troisième raison que je garde tout au fond de moi : « Je vais être lieutenant, chef de

SAS quelque part, puisque tous les administrateurs de la France d'outre-mer sont officiers SAS pendant leur service militaire, et il y aura donc un coin où je pourrai essayer de mettre en pratique mes réflexions. Tout en faisant en sorte que les choses se passent aussi bien que possible, c'est-à-dire conformément à mes idées et à ma morale. »

Quand j'arrive sous-lieutenant en Algérie, je dois passer tout de même quelques mois de stage à Cherchell où officie un lieutenant intelligent, instructeur de ces types un peu incontrôlables que sont les anciens élèves des grandes écoles. Il s'appelle Jean Salvan. Il a notre âge, sort de Saint-Cyr, et a la tâche « impossible » de mener à bien notre instruction. Aux yeux de beaucoup d'entre nous, il aura été le meilleur officier rencontré pendant ces vingt-sept mois.

Jean Salvan est un officier républicain. Au moment où les choses se gâtent à Alger au début de 1960, quand une partie de l'armée bascule, un certain nombre d'entre nous allons le voir pour lui dire : « Nous, on est volontaires pour aller du côté de l'ordre républicain. » Il transmettra à ses supérieurs notre offre de combattre les militaires factieux à Alger, en cas de nécessité. Il fera par la suite ce qu'on appelle une belle carrière, et partira en 1989 sur un coup d'éclat[1].

Nous participons, à Oran, au CIPCG (Centre d'instruction et de préparation à la contre-guérilla), et là nous découvrons que l'on apprend à des centaines de milliers de jeunes Français que l'adversaire est un salopard. On ne dit pas : « les fellagha » ou « les djoundi », mais : « les salopards ». Or 80 à 90 % de l'effectif jugent que l'Algérie doit devenir indépendante et que le plus tôt sera le mieux. D'où le heurt avec les officiers qui, à 90 %, pensent exactement le contraire.

---

1. Le général Jean Salvan a démissionné de l'armée en septembre 1991, six mois avant son départ normal dans le cadre de réserve. Il avait auparavant été rappelé à l'ordre par sa hiérarchie pour avoir critiqué le budget de la Défense, trop faible à ses yeux.

Nommé comme prévu officier SAS, je pars dans le Sud, conformément à mes vœux. Dans le morceau de territoire que j'administre, j'entends que les choses se passent bien, et avec mon maghzen de cavaliers nous faisons notre possible pour amortir le choc des événements sur les populations. Petit à petit, je suis conduit à essayer d'empêcher l'armée de pénétrer sur le territoire. Lutte incessante doublée d'une autre : éviter que soient organisés des « camps de regroupement » sur le territoire de la SAS où seraient rassemblées, comme cela se fait partout, les populations nomades qui en dépendent. Deux ans d'âpres batailles avec les autorités militaires locales et avec les commandos X, Y ou Z qui débarquent en opérations héliportées. Pour me guérir de mon mauvais esprit, je suis alors muté dans l'extrême Sud, dans une SAS perdue, dans l'une des zones les plus difficiles d'Algérie, le djebel Amour. Ma femme sera expulsée de la zone d'Aflou sur ordre du commandement militaire, par mesure de rétorsion. C'est dire que, quand je quitterai l'Algérie après vingt-sept mois de service, mon estime pour le système militaire en aura pris un coup, bien que je comprenne parfaitement la situation impossible dans laquelle l'a placé la nation : remporter une guerre ingagnable. Ce qui est fâcheux.

Au moment où les choses se gâtent vraiment parce que l'indépendance se profile, on commence à dégager l'armée du Sud. Donc, au printemps 1961, comme tous les postes militaires autour de la SAS ont été supprimés et que nous sommes la seule force encore en place dans la zone, on m'envoie, malgré mon opposition, ce qu'on appelle un « groupe de sauvegarde », c'est-à-dire une section de trente métropolitains. Jusque-là, la SAS ne comptait pas d'appelés. Elle fonctionnait avec des hommes des tribus recrutés sur place et payés à la journée : tant pour le cheval, tant pour l'homme. Les nouveaux appelés, eux, sont des paysans – normands et bretons – provenant d'un régiment d'infanterie de marine. C'est en les voyant se conduire au quotidien, alors qu'ils avaient quelques mois seulement de présence en Algérie, que j'ai vraiment compris le prix que notre pays était en train de payer, le plus lourd de l'aventure algérienne. La guerre a mis tout à coup en situation de vivre sans barrière morale de jeunes Français qui n'avaient ni l'âge, ni l'armature psychologique pour affronter une telle expérience. Je sais que cela n'a pas duré bien longtemps pour chacun d'entre eux : six mois, un an, car il était rare à cette époque de faire tout son service militaire en Algérie. Mais les dégâts moraux furent tout de même considérables.

Pour la première fois, le renseignement entre dans mes préoccupations. De la pire manière : en Algérie, il n'y a pas de résultats opérationnels sans renseignement, ni de renseignement sans torture... Pour le comprendre, il faut être descendu à Tiaret ou à Oran pour tenter de sortir ses administrés des griffes du DOP (Détachement opérationnel de protection). Et auparavant, à l'issue de chaque opération de commando, être allé voir l'officier qui la commande en lui disant : « Je sais que vous avez arrêté Mohammed, Abdallah, Youssef... Je les ai en fiches. Je vous préviens, je prends note que c'est la patrouille X qui les a arrêtés : je les chercherai jusqu'à ce que je les retrouve. » Telle est la dérive dans laquelle la nation a conduit son armée pendant ces années qui étaient pourtant indispensables pour mûrir la conclusion de cette longue histoire de l'Algérie française.

Quoi qu'il en soit, l'Algérie, part intime de mon histoire personnelle, devient indépendante en 1962, quelques mois après mon départ. Et depuis lors, l'aveuglement du personnel politique français, ou plus exactement son entêtement à ne pas regarder les réalités algériennes en face, à ne pas vouloir les affronter, est frappant. Je n'y prends pas ma part, car je sais ce que j'ai pensé depuis cette époque et ce que le Service a écrit ces dernières années.

Il faut se souvenir qu'au moment de l'indépendance, la France avait laissé tout en place pour faciliter la construction d'un État. D'abord les hommes : administrateurs, médecins, ingénieurs, chercheurs, paysans et ouvriers. Mais également toutes les structures en état de marche. La machine était là, les hommes aussi : il n'y avait plus qu'à mettre le charbon dans le foyer pour la faire avancer. Or, elle ne bougera pas.

En 1957, quand j'étais élève-administrateur en Guinée, on « tenait » le pays avec quelques dizaines de garde-cercle et une trentaine d'administrateurs. Ce qui fait que, quand la France se retira, il ne restait presque plus de structures, et encore moins d'hommes aptes à les recréer et à les faire survivre. Les délires de Sékou Touré ne rencontrèrent donc aucun obstacle, et les tentatives françaises pour y mettre fin, malvenues et mal montées, ne feront qu'affermir son pouvoir et exacerber sa folie. La situation était tout à fait différente en Algérie, pays de surcroît d'une grande richesse agricole et industrielle : grenier à grains, vigne, agrumes... pétrole et gaz.

Arrivant à la DGSE, je suis surpris par les jugements que l'on porte à tous les niveaux du pouvoir politique français sur l'Algérie. Suivant de près son évolution, j'ai toujours eu la conviction que ses dirigeants la menaient à la catastrophe. Or, en 1989, tout le monde trouve que ces derniers sont tout à fait convenables, parfaitement fréquentables et qu'il faut les aider. Encore et toujours les aider. Demain probablement les accueillir sur le sol de notre pays pour qu'ils n'aient pas de comptes à rendre à leur peuple, mais puissent vivre tranquillement de l'argent de la prévarication.

Erreur d'appréciation qui n'est l'exclusivité d'aucune sensibilité politique, et qui culminera avec l'aval donné par la quasi-unanimité de la classe politique française à l'interruption du processus électoral qui frustrera le FIS de sa victoire, fixera les militaires au pouvoir où ils sont encore, et rendra chaque jour plus inéluctables la prise de pouvoir et surtout l'enracinement de l'intégrisme islamique. Il faudra attendre août 1994 (!) pour commencer à entendre quelques discours plus nuancés. Après l'assassinat de cinq Français par le FIS.

Or, l'intégrisme islamique n'est que la forme sous laquelle la volonté populaire entend reprendre le pouvoir à une caste d'accapareurs illégitimes, responsables de l'échec économique et social de plus de trois décennies d'indépendance, vécues sous le double signe de l'incompétence et de la corruption. La voix discordante de la DGSE n'a pas été entendue qui, en novembre 1991, notait qu'il était « plus que vraisemblable que le FIS participe aux élections... et les gagne », et préconisera ultérieurement une forte action de la France en faveur de la poursuite du processus électoral en pariant sur une arrivée du FIS au pouvoir à Alger en 1991, jugée préférable à celle qui ne manquerait pas de se produire de toute façon plusieurs années plus tard, mais dans un contexte infiniment plus favorable à son enracinement durable... Notre pays, dit le Service au tout début du mois de janvier 1992, « doit envisager avec lucidité l'arrivée du FIS aux commandes du pays. Et sans doute dès aujourd'hui, tout faire pour ne pas "diaboliser" le pouvoir islamique qui se mettrait ainsi en place, envisager les signes qui conviennent pour montrer sa volonté de collaborer étroitement avec l'Algérie quel que soit le choix démocratique de son peuple. » Quelques mois plus tard, au moment où le président Mohammed Boudiaf est assassiné, le 29 juin 1992, probablement par ceux-là mêmes qui l'avaient porté au pouvoir, il note : « Le chaos est proche, et les termes de l'alternative, pouvoir islamique ou dictature militaire... »

À Alger comme à Paris, on veut gagner du temps en pensant que les choses pourront être rattrapées... Et l'exemple de la dérive islamique de l'Iran obsède les esprits. On omet de dire que celui-ci est chiite et donc révolutionnaire par culture, par héritage. On ne pose même pas la question de savoir ce que pourrait être un fondamentalisme sunnite, et on oublie ou ignore que ce dernier a eu des précédents dans l'histoire ancienne, qui ont tous avorté...

Un pouvoir islamique à Alger se serait installé dans un contexte entièrement original : dans un pays imprégné de culture laïque et où la population kabyle joue un rôle capital. Sans oublier son intégration dans le Maghreb et sa population émigrée... française ! Il était donc raisonnable de parier sur un pouvoir islamiste modéré, qui serait peu à peu absorbé par une société ouverte aux valeurs démocratiques. Quoi qu'il en soit, tout valait mieux que le régime en place, responsable qui plus est de l'arabisation-islamisation de la société, gage donné sans contrepartie aux fondamentalistes depuis les années soixante, lorsque le président Houari Boumediene avait confié aux ulémas la direction de la politique d'éducation. Le sommet avait à cet égard été atteint sous Chadli, qui, dès 1980, avait livré la société algérienne à la religion : le nouveau « code de la famille », adopté en 1984, enterra en effet définitivement le principe de laïcité.

Ce sont ces régimes que nous avons soutenus et aidés, ces régimes qui bafouaient toutes les valeurs auxquelles se réfère notre démocratie. Et qui, pendant des années, firent de la France le bouc émissaire de leur incompétence : en février 1993, un document interne du ministère des Affaires étrangères algérien, obtenu par le Service, citait même la France parmi les cinq ennemis de l'Algérie !

Depuis l'indépendance, le régime algérien est de nature militaire. Et la faillite de la post-indépendance, c'est à la fois celle du parti unique et du système militaire. Cela est d'ailleurs vrai pour tous les pays de la façade méditerranéenne, comme la Tunisie et la Libye.

Au début de 1992, le Service écrit : « Ainsi qu'il était prévu, le couple "violence-répression" marque le paysage algérien : attentats, tortures, détention, l'Algérie est d'ores et déjà devenu un État policier, dépourvu de projet politique et économique. »

Mais lorsqu'en 1992 les Américains font savoir à la presse qu'ils ont découvert des installations nucléaires à fin militaire en Algérie, cela nous agace un peu. Car cette information est sujette à caution. Et lorsque le Premier ministre me demande ce que j'en pense, je réponds : « Que les Américains nous en apportent des preuves. » Les photos satellites, en effet, n'en constituent pas. Ce qui ne signifie pas, bien sûr, que l'Algérie n'a pas l'intention de se doter de la capacité nucléaire...

Quelques mois auparavant, une campagne assez similaire avait été menée contre la Libye à propos d'une usine chimique située dans la localité libyenne de Rabta. S'agissait-il, comme le disaient les Américains, d'une installation destinée à produire des armes chimiques ? Quelques mois après la polémique déclenchée par cette campagne, le ministre libyen des Affaires étrangères, Ibrahim Bichari, me propose de la visiter... Réponse négative, naturellement, car je sais très bien que j'aurais servi de caution et qu'on aurait dit : « Vous voyez, le chef des services français est venu. Il a visité Rabta et n'a rien vu de ce que vous dites. » En outre, il est évident qu'à partir du moment où j'aurais décidé de visiter, il n'y aurait plus rien eu à voir... Un incendie providentiel détruisit en mars 1990 l'essentiel des installations incriminées...

L'affaire de la centrale algérienne ne fut pas moins obscure. La campagne, en fait, était essentiellement dirigée contre la Chine et ne touchait l'Algérie que dans la mesure où les installations d'Aïn Oussera étaient le fruit d'un accord de coopération sino-algérien. Il est vrai que l'Algérie prêtait alors le flanc à la critique, puisqu'elle n'avait pas signé le TNP (Traité de non-prolifération nucléaire) et qu'elle attendra encore quelque temps avant de prendre l'engagement de soumettre l'installation en question au contrôle de l'AIEA (Agence internationale de l'énergie atomique). Notons cependant, à la décharge d'Alger sur ce point, que l'« américanisation » de l'agence de Vienne n'est pas de nature à inciter certains à entretenir avec elle des rapports de particulière intimité : l'outil viennois est en effet entièrement dépendant des États-Unis, de ses crédits, de ses moyens d'investigation, de ses experts...

Quoi qu'il en soit, l'Algérie est devenue, à compter de 1991, le sujet majeur de préoccupation du Service. L'échec de la mise en place de ses nouvelles installations techniques d'interception d'Arles[1] pèsera toutefois lourdement sur ses capacités de surveillance du « front » maghrébin. Nécessité faisant loi, un dispositif d'écoute d'urgence sera installé par la DGSE dès 1992, et des moyens de recherches de toute nature seront en outre considérablement renforcés.

À Noël 1994, le détournement à Alger de l'Airbus d'Air France est venu illustrer une fois de plus la gravité des tensions. Son issue justifie, et au-delà, les investissements lourds décidés par le Service et réalisés dès 1992, puisqu'il semble que c'est en partie grâce à eux et à la continuité de l'effort entrepris à cette époque que cet acte de terrorisme, le premier à toucher notre pays depuis 1989, n'a pas pas été plus coûteux en vies humaines.

1. Voir le chapitre 8.

16

L'exception européenne

Klaus Barbie, l'oubli et le pardon. – Savoir gérer les archives. – Le BND allemand, allié privilégié. – Droit du sol et droit du sang en ex-Yougoslavie. – Un vieux continent plus paisible.

Je n'oublierai pas de sitôt cette silhouette au fond de la carlingue d'un Hercules C 130 bolivien stationné très loin de l'aérogare et de la tour de contrôle de Cayenne-Rochambeau, sombre caverne vide qu'éclaire furtivement une simple lampe à pétrole. L'homme qui s'approche est comme porté par ceux qui l'encadrent, et son visage apparaît étonnamment émacié dans la pénombre, supporté par un corps qui se tient droit malgré la touffeur guyanaise. En le fixant, je lui annonce qu'il est en France et que, préfet de Guyane, je suis en charge de le conduire auprès du procureur qui l'inculpera au nom de la République française de crimes contre l'humanité. Klaus Barbie, car c'est lui, ne manifeste d'abord aucune émotion : comment pourrait-il se trouver en France après le si court voyage qui a suivi son départ de Bolivie ? En réalisant soudain l'évidence, son corps se casse. De ce moment-là, il ne parlera plus qu'allemand et me déclarera s'appeler Klaus Altman.

Lorsque ce 7 février 1983, vers 5 heures du matin, je quitte la piste de l'aéroport Rochambeau pour regagner Cayenne, la nuit est encore si noire qu'elle se perd dans la forêt amazonienne. Comme dans ces moments où l'on vit un petit moment de l'Histoire, seul l'essentiel de l'événement m'a saisi. Je n'ai pas prêté attention à ces deux hommes qui, dans l'avion bolivien, athlétiques et professionnels, étaient les seuls à parler français, fort peu d'ailleurs... et pas un instant je ne me suis douté que j'avais croisé pour la première fois des hommes du service Action de la DGSE que, quelques années plus tard, je serais amené à diriger. Pour l'heure, accompagnateurs du vieux nazi, ils règlent, anonymes et efficaces, les comptes de l'Histoire... Quant à moi, je ne me pose qu'une question : chacun de nous est-il sa vie durant condamné à assumer ce qu'il a vécu et fait ?

Sans doute cette interrogation tire-t-elle sa force de mes racines alsaciennes, de cette histoire rhénane sujette à tant de retournements. Quand le président Valéry Giscard d'Estaing supprime en 1975, sur l'autel de la réconciliation franco-allemande, le jour férié du 8 mai, le tollé est immense : le peuple des anciens combattants est révolté. Cette année-là, son congrès national se tient à Cannes, dans l'arrondissement dont je suis le sous-préfet. Le ministre de la Défense, celui des Anciens Combattants, le préfet lui-même préfèrent éviter la confrontation. Le sous-préfet, en bout de chaîne, est donc désigné volontaire. Ce jour-là, sous les huées, je monte à la tribune et, le calme revenu, j'explique : « Si aujourd'hui le sous-préfet de Grasse a été choisi pour représenter le gouvernement, ne croyez pas un instant que ce soit par le simple hasard d'empêchements successifs. C'est que, pour tenter de vous faire entendre la signification de la décision qui a été prise, le choix a été fait d'un représentant de l'État particulièrement concerné par les événements qui nous divisent aujourd'hui. Je vais vous en faire la confidence : mon père est né Allemand, tout aussi bien d'ailleurs que mon grand-père... » Le silence de plomb qui accueillit ces premiers mots montra alors ce que nous savons tous : de l'Histoire nous ne retenons que notre histoire. Qu'un Alsacien né au début du siècle ait été Allemand jusqu'à la fin de son adolescence en 1918 et le soit redevenu en 1940, que son père né après 1870 l'ait été quasiment jusqu'à la cinquantaine, ils ne l'avaient semble-t-il jamais imaginé.

C'est pourquoi sans doute, contre la mémoire sélective et restrictive, partielle et partiale, je choisis non pas le pardon toujours accompagné d'orgueil, mais l'oubli érigé au rang de vertu. Une telle profession de foi de la part d'un ancien directeur général des services de renseignement peut surprendre, tant la mémoire, et précisément celle touchant à nos rapports avec l'Allemagne, est consubstantielle à la fonction. Au point que si le Service devait être symbolisé, c'est par ses archives qu'il conviendrait de le faire.

D'ailleurs, la sauvegarde de ces dernières, dans les années de guerre froide, a été l'objet d'une préoccupation permanente du Service. Il avait prévu à cette fin un dispositif et un lieu d'accueil à l'extérieur de ses propres implantations. Aujourd'hui, une équipe conséquente les gère comme un bien de famille, et un travail considérable d'informatisation a été entrepris pour celles qui demeurent « vivantes », ce qui est souvent le cas dans les services !

On a beaucoup glosé sur les archives les plus anciennes de la DGSE, et notamment sur celles dites « allemandes ». En réalité, elles proviennent de l'Allemagne, de l'Autriche, de la France occupée. Datant de l'immédiat avant-guerre et de la guerre, elles ont été en partie récupérées au moment de l'effondrement du IIIe Reich. Elles ont été exploitées, contrairement à ce qu'on a pu dire ici ou là, essentiellement dans les années d'après-guerre, et aux fins de contre-espionnage pour certaines pendant bien plus longtemps. Dans les années soixante-dix, elles ont été triées, classées et intégrées pour la plupart dans les fonds d'archives du Service, celles qui ne présentaient aucun intérêt ayant été détruites. S'y ajoutent les archives du BCRA (Bureau central de renseignement et d'action) et de la DSM (Direction de la sécurité militaire) d'Alger, ancêtres du Service.

Les fonds qui ont quitté le Service ont été entreposés soit au SHAT (Service historique de l'armée de terre), soit aux Archives nationales où elles ont notamment servi au Comité d'histoire de la Seconde Guerre mondiale.

On a prétendu récemment que certains fonds auraient été purgés pendant la première cohabitation (1986-1988) de dossiers concernant des personnalités politiques vivantes, ou alors vivantes : cela ne m'a jamais été rapporté au Service. Quoi qu'il en soit, tout cela relève maintenant de l'Histoire, puisque plus aucun acteur de cette époque ne jouera, après mai 1995, quelque rôle que ce soit sur la scène politique. Trop jeunes, ceux qui parviennent aujourd'hui aux plus hautes responsabilités de l'État ne peuvent avoir vécu une guerre glorieuse ou honteuse, pseudo-honteuse ou pseudo-glorieuse : nous avons déjà basculé dans une autre époque, et c'est pourquoi les « précautions » telles que l'opération « Stay Behind » et la mise en sécurité des archives nous paraissent aujourd'hui si « lourdes »...

L'essentiel de notre histoire, tout au long du dernier siècle, a été marqué par notre rapport avec l'Allemagne. Comment ne pas y être aujourd'hui particulièrement attentif ? Les relations de la DGSE avec les services allemands concernent beaucoup plus le BND que le BFV, dont les missions sont proches de celles de la DST en France.

Le BND, c'est une DGSE qui assumerait aussi les missions de notre DRM. Les services allemands sont dirigés, en 1989, par Hans-Georg Wieck, avec qui je noue rapidement d'amicales relations. C'est un homme de grand talent, diplomate d'origine. La DGSE nourrit de longue date des rapports privilégiés avec les services allemands, mais nous les renforcerons encore pendant ces années afin qu'ils soient les plus denses de ceux que nous entretenons avec des services amis. Pourquoi ? Parce qu'en fait, ce pays est le plus proche du nôtre par la manière d'être, de faire, par l'idée que nous

nous faisons de la nation, de la société, de la culture. Cela m'est apparu comme une évidence de plus en plus forte au fil des années que j'ai passées dans le Service. Et je pense que nos interlocuteurs allemands ont le même sentiment. Comme je demandais un jour à H.-G. Wieck si la France est considérée par les Allemands comme un pays latin et méditerranéen ou comme un pays plutôt rattaché à l'Europe du Nord, il me répondit : « Pour quelqu'un comme moi et dans mon milieu, on ne considère pas la France comme un pays méditerranéen. »

J'ai acquis une conviction au cours de ces années : si notre pays est sûrement une terre de transition, avec ses multiples façades maritimes et terrestres, sa conception de la vie et ses structures politiques et sociales en font une nation continentale davantage tournée vers le nord que vers le sud. Mon regard est sans doute un peu particulier, puisque la moitié de ma famille plonge ses racines dans l'Europe du Nord et de l'Est – de Minsk à Strasbourg. Mais l'autre moitié est clairement et purement gasconne, ce qui me rend indiscutablement objectif !

Cette conviction ne m'a pas empêché d'entretenir avec les services britanniques, et notamment le MI6 et le GCHQ (Government Communication Headquarters), des rapports étroits et féconds que nous avons confortés tout au long de ces années. Mon homologue Colin MacColl est le type même du Britannique qu'apprécie le Français anglophile que je suis. Notre amicale complicité nous aurait sans aucun doute permis de collaborer plus étroitement sur le terrain si le passé avait été moins chargé, et moins lourds les services américains.

La DGSE a pu, avec les Allemands, mettre en œuvre une coopération structurelle, en dépit de la différence des systèmes politiques et de la « tutelle démocratique » que subissent les services allemands et à laquelle nous ne sommes pas soumis : davantage contrôlé par le pouvoir politique et parlementaire que la DGSE, le BND jouit en effet d'une moindre liberté d'action qu'elle. En revanche, il n'a pas à gérer un système bicéphale : il dépend directement du chancelier par l'intermédiaire d'un ministre délégué, Bernd Schmidbauer à l'heure où ces lignes sont écrites. Malgré ces contraintes, nous sommes donc parvenus à un degré très élevé de coopération ; il est, à ma connaissance, supérieur à celui qu'il entretient avec tout autre partenaire.

Nous sommes en outre très complémentaires. Le BND, durant les dernières décennies, s'était vu assigner comme tâche essentielle de savoir ce qui se passait à l'Est. À la suite de la chute du mur de Berlin, il s'est diversifié, et il agit aujourd'hui dans les zones d'influence traditionnelles de l'Allemagne : l'Europe centrale, les Balkans, les Détroits... Notre service, de son côté, a toujours eu deux points d'excellence : l'Afrique et le Moyen-Orient. La complémentarité entre nous allait de soi, et a constitué le socle de notre collaboration.

L'existence de la RDA a évidemment profondément pesé sur la vie du BND pendant des décennies. Car rien n'était plus facile pour un Allemand de l'Est que de passer pour un Allemand de l'Ouest, et *vice versa* ! En outre, une partie importante des Allemands de l'Ouest venaient de l'Est. Compte tenu du danger que tout cela représentait, on peut affirmer que ce dossier, quoi qu'on en ait dit ici ou là, a été remarquablement géré. Bien sûr, il y a eu de grandes affaires d'espionnage, celle de Günter Guillaume, proche collaborateur de Willy Brandt, étant la plus connue[1]. Et des problèmes inextricables dans lesquels beaucoup de démocraties auraient sombré. Nous n'avons pas cherché à rentrer dans ces affaires de famille, considérant que l'Allemagne de l'Est était le

1. Proche conseiller du chancelier Willy Brandt, Günter Guillaume se révéla être un espion est-allemand. Willy Brandt dut démissionner à la suite de cette découverte le 7 mai 1974.

domaine réservé de nos amis. Sauf lorsqu'elle servait de base arrière au terrorisme ou agissait pour le compte des services soviétiques.

Curieusement, le successeur de H.-G. Wieck fut un social-démocrate, député du SPD, Konrad Porzner. Il jouissait, je crois, de l'amitié de Helmut Kohl, et de la mienne aussi, accessoirement. Comme moi, il était convaincu que le pari européen était le seul qui vaille.

Le BND a-t-il prévu la chute du Mur ? Oui, certainement. Le moment où elle allait survenir ? C'est une autre question ! Seuls les papiers font foi. Lorsqu'on n'a pas écrit, on n'a pas le droit de dire : « J'ai pensé, j'ai vu, j'ai compris ça. » Il faut donc se livrer à un exercice indispensable : reprendre tout ce qu'on a pu écrire sur le sujet et le replacer en regard du calendrier des événements. C'est l'épreuve de vérité. J'ai voulu l'introduire à la DGSE, et nous l'avons pratiqué après la guerre du Golfe et au moment des événements qui déchirèrent l'ex-Yougoslavie. Mais je n'ai eu ni le temps ni les moyens en hommes de le faire de manière systématique, et je le regrette beaucoup. C'est un de mes échecs. Car cette fonction d'audit permanent est tout à fait capitale. Prévoir un événement ne veut pas dire grand-chose. La plupart du temps la difficulté ne réside pas là, mais dans le fait de dire quand et comment il doit survenir.

J'ai toujours pensé que le Mur tomberait. Bien avant d'entrer au Service ! Mon père, bien que calviniste, avait participé, quelques années avant sa mort, à un mouvement que les Français connaissent peu et ridiculisent donc souvent : les quakers. Pour la paix dans le monde et le rapprochement des hommes... Bien des années avant que le Mur ne tombe, il avait été hébergé chez des quakers en Allemagne de l'Est. Et quand ceux-ci voulaient parler tranquillement avec lui, ils l'emmenaient sur une voie de chemin de fer désaffectée. Pourquoi les voies de chemin de fer étaient-elles alors désaffectées en Allemagne de l'Est ? Parce que les Soviétiques avaient emporté les rails pour les installer chez eux ! Et ses hôtes disaient à mon père : « Voyez ! on a enfin un coin tranquille, c'est le désert russe ! Quand on sera réunifiés... » En Alsace, on a toujours dit, dès la fin de la guerre : « Quand “ils” seront réunifiés... » Ça n'a jamais fait de doute !

Il n'était donc pas nécessaire de travailler dans un service de renseignement durant ces années pour savoir que l'Allemagne serait réunifiée un jour. Mais si le Service avait été bon, si le BND l'avait été aussi, ils auraient écrit entre 1980 et 1985 : « En l'an de grâce 1989, le mur de Berlin tombera, l'Allemagne sera réunifiée. Et l'Armée russe aura quitté le sol allemand en 1994. »

Concernant la Yougoslavie, nous avons été nettement moins surpris que d'autres : nous avons même écrit assez tôt que le pays éclaterait.

Contrairement à ce que l'opinion pense trop souvent, la Yougoslavie n'est pas une mosaïque ethnique. Ce pays était l'un des plus homogènes en Europe : de la Macédoine aux frontières de l'Autriche, le même peuple (slave) parle la même langue (le serbo-croate).

On rencontre le même phénomène en Allemagne, puisque l'ensemble du peuplement allemand est d'extraction germanique, avec un fondement ethnique et linguistique homogène. C'est également le cas en Italie : de la Sicile à la Lombardie, on parle italien. Chacun, en revanche, sait que l'unité de la France s'est construite à partir d'une forte diversité ethnique et linguistique. Il est donc intéressant de noter que, en dépit de l'idée reçue, les pays qui ont le plus de mal à faire leur unité et à devenir des nations peuvent être ceux qui jouissent de la plus grande homogénéité ethnique et linguistique, des meilleures frontières « naturelles » en quelque sorte... Le cas de la Yougoslavie n'est donc pas exceptionnel, où les facteurs de division sont uniquement d'ordre historique et religieux.

Quand les premiers signes d'un éclatement possible sont apparus, j'ai compté parmi les partisans vigoureux d'une action forte en faveur du maintien de l'unité de la Yougoslavie. L'idée m'est étrangère selon laquelle on ne peut pas vivre ensemble parce qu'on a une autre histoire, ou qu'on ne prie pas le même dieu. Mais les notes du Service – qui ne prend jamais ses désirs pour des réalités – prévirent dès l'origine que l'éclatement était inéluctable. Au tout début de 1990, on lit : « ...Il faut, toute affaire cessante, réfléchir à ce que sera la nouvelle carte de la Yougoslavie. Et être conscient que celle-ci ne se fera pas sans transfert de population, dont il faut d'ores et déjà penser les modalités... »

Nous avons frôlé une crise très grave avec l'Allemagne dans cette affaire. Le président français et un certain nombre de gens l'ont perçu.

La situation yougoslave a en effet été l'occasion d'affrontements violents entre les conceptions opposées que l'on a de la citoyenneté de part et d'autre du Rhin. En reconnaissant la Croatie et la Slovénie, les Allemands ont, sans états d'âme, entériné l'idée que les catholiques pouvaient avoir le droit de vivre entre catholiques, les Serbes orthodoxes entre Serbes orthodoxes, et les Bosniaques musulmans entre Bosniaques musulmans. C'est une idée profondément opposée à la nôtre, puisque la nation française est fondée sur la libre adhésion d'individus de toutes origines à un ensemble pluriel : qui choisit de vivre en France devient Français, quelles que soient son origine ethnique, sa couleur de peau, sa religion. Vouloir que les hommes vivent en collectivités homogènes est un scandale pour l'esprit français. Or, dans un premier temps, ce sont les Serbes, qu'on le veuille ou non, qui ont défendu le principe de l'unité de la Yougoslavie. On objectera qu'ils avaient adopté cette position parce qu'ils étaient dominants dans le système, ce qui est possible mais reste tout de même à démontrer. Quoi qu'il en soit, la France a donc d'abord soutenu les Serbes pour tenter de préserver l'unité de la Yougoslavie et de ne pas ouvrir la boîte de Pandore : l'inimitié entre orthodoxes et catholiques, le problème du Kosovo, les minorités hongroises et celles de la Macédoine, les populations musulmanes, etc. Plus tard seulement est intervenu le « dérapage » serbe, sa folie, nés d'un nationalisme dévoyé qui a proliféré sur la tombe de l'unité nationale.

L'appréhension du problème national par les Allemands est très différente, puisqu'elle repose sur le droit du sang, opposé au droit du sol qui prévaut en France. Le droit du sang, qui aurait dû en l'occurrence être plutôt favorable au maintien de l'unité yougoslave, incita à la reconnaissance de l'« identité » slovène et croate au nom de l'homogénéité du peuplement.

C'est l'introduction de ces critères historiques et religieux qui a induit la convergence des politiques allemande et vaticane, le Saint-Siège étant parti depuis le début de la chute du communisme à la conquête des terres orthodoxes... En juillet 1991, le Service notait l'offensive du Saint-Siège en direction du monde orthodoxe, marquée par une vague sans précédent de nominations de prélats à la tête de diocèses dans les pays baltes et en Ukraine. Le Vatican profita à ce moment-là de la confusion régnant au sein de l'Église orthodoxe, le patriarche Alexis II ayant eu partie liée avec les hommes et les structures de l'ancien régime. L'Église catholique polonaise fut le fer de lance de cette croisade : combats catholique et polonais furent intimement mêlés, en Lituanie notamment. C'est pourquoi, en juin 1991, la commission synodale de l'Église orthodoxe recommanda de suspendre toute relation avec l'Église catholique, mettant ainsi fin au plus ancien dialogue noué entre deux Églises chrétiennes. En janvier 1992, au nom de la même politique, le Vatican reconnut le premier, la Croatie.

Une action concertée des grandes puissances aurait-elle pu empêcher l'éclatement de la Yougoslavie ? C'est naturellement impossible à dire. Mais la conjoncture historique n'était vraiment pas favorable : l'Europe était divisée sur ce sujet, la Russie affaiblie et François Mitterrand pensait que l'alliance franco-allemande était trop précieuse, la construction de l'Europe trop importante, pour les mettre en danger au nom d'un très hypothétique maintien de l'unité yougoslave. Aujourd'hui, plus aucun acteur extérieur ne peut prétendre peser sur le cours des événements dans cette partie de l'Europe.

En Yougoslavie communiste, la DGSE avait implanté un dispositif « normal ». Quand les problèmes sont apparus, le Service a été renforcé : c'est en 1990 qu'ont été mis en place des moyens conséquents en Yougoslavie. Techniquement, c'était tout à fait dans nos possibilités. Mais les financements ont fait défaut pour nous permettre de réaliser notre ambition : suivre de près l'ensemble des situations, au fil du développement des foyers de crise. Explicitement et implicitement, la DGSE et la DRM se sont partagé la tâche. La DRM a fait un très bon travail de renseignement militaire, et même un peu plus que militaire, tactique et stratégique à la fois. Et c'est en Croatie que le Service a pénétré le plus profondément dans le système de pouvoir, notamment militaire.

Au départ, nous connaissions mieux les Serbes. L'inconnue, c'était la Croatie. Qui sont les Croates ? Que font-ils ? Que veulent-ils ? Ils ont logiquement voulu nous convaincre de la justesse de leur point de vue. Et nous avons donc joué les intermédiaires entre eux et le pouvoir politique français, alors que le Service s'était prononcé pour le maintien de l'unité yougoslave et que les Croates comme les Slovènes étaient à cette époque-là séparatistes ! Toujours est-il que cette « proximité » avec les Croates a permis, au moment où le conflit serbo-croate était le plus intense, d'assurer un minimum de dialogue avec l'un des combattants et d'informer les forces d'interposition, et notamment le contingent français.

On peut se battre pour rien. Et mourir pour rien. Que faire contre l'absurde ? Pourquoi s'intéresser à la Yougoslavie plutôt qu'au Sri Lanka ? Parce qu'elle est là, à notre porte ? Politique de proximité qu'on ne peut rejeter davantage que la morale de proximité à laquelle elle est liée. L'Europe est paradoxalement plus calme et pacifique aujourd'hui, dans les années quatre-vingt-dix, que dans les années soixante ou soixante-dix. À cette époque, le rideau était baissé et on ne sentait pas les odeurs de cuisine...

L'opinion a pourtant la conviction que l'Europe, de l'Atlantique à l'Oural, est aujourd'hui dans une situation qui n'a jamais été aussi dramatique, et que le monde court à sa perte. Certains ont même la nostalgie du système soviétique, de sa poigne de fer, de son rideau qui arrêtait notre regard et satisfaisait notre conscience...

Or, on dit aujourd'hui qu'il y a eu 20, 30, 40, 50, certains disent 80 millions de morts à l'Est pendant ces années-là. (C'est à peu près au même chiffre que sont estimées les morts de « causes naturelles » dans la Chine de Mao...) Et l'on sait qu'une main de fer a tenu durant ces années les pays du bloc communiste, et que la manière dont y ont été réduites les oppositions a été sans pitié. Aujourd'hui, le rideau de fer est tombé, l'Allemagne divisée a cessé d'être un ferment de guerre, jamais les peuples européens n'ont vécu aussi libres et, pour la majeure partie d'entre eux, sans rancunes à assouvir vis-à-vis de leurs voisins, sans revendications à leur égard. Moment privilégié : jamais notre continent n'a connu une situation meilleure au regard de la paix, des droits de l'homme, des libertés et du niveau de vie. Ainsi s'est évanouie la menace d'un embrasement total auprès duquel la Seconde Guerre mondiale serait apparue comme un pur divertissement...

17

Demain, s'il est possible

L'avenir est indéchiffrable. – Le renseignement mal utilisé. – Brèves liaisons parlementaires. – Pour un Conseil de sécurité et de politique extérieure. – Deux appareils spécialisés. – Retour dans le giron de Matignon.

On ne saurait trop recommander un divertissement qui en vaut bien d'autres, et dont le coût est modéré, sinon nul : il consiste à feuilleter quelques numéros des hebdomadaires des années soixante, en privilégiant la signature des spécialistes et des experts qui faisaient à l'époque – et font parfois encore aujourd'hui – autorité. On apprend, entre autres, que le « petit roi » Hussein de Jordanie n'est plus sur son trône depuis vingt-cinq ans, que la population française est la plus vieille d'Europe, que la victoire du communisme sur l'Occident décadent est chose acquise, que le Brésil est la troisième puissance du monde depuis trois ou quatre ans...

Aussi stimulante est la lecture des livres de géopolitique qui ont marqué leur époque, avec une mention toute particulière pour tous ceux qui traitent des pays communistes d'Europe et d'Asie. Contentons-nous ici d'ouvrir le best-seller des années soixante paru sous le titre *Le Défi américain* : on apprend en effet que dans trente ans (nous y sommes), selon le Hudson Institute et le gourou de l'époque, M. Herman Kahn, « les lois du marché joueront un rôle inférieur à celui du secteur public » et que « dans cette société post-industrielle, l'écart entre les revenus élevés et les revenus bas sera inférieur à celui que nous connaissons aujourd'hui ».

Convenons-en, l'avenir est indéchiffrable, peut-être parce qu'il n'est, pour paraphraser le philosophe Alain, que le « hasard prolongé » de l'Histoire en train de se faire. Ou, pour paraître plus au fait de la pensée contemporaine, qu'il obéit à la loi du « chaos » et de la « bifurcation », chaque événement pouvant déboucher sur de multiples suites, toutes aussi « probables » ou « improbables » les unes que les autres... La fonction d'un service de renseignement ne consiste donc pas à s'égarer pour tenter de prévoir le long ou même le moyen terme. Elle est de protéger la nation, sa collectivité et ses individus des menaces extérieures. Elle est aussi de lui fournir, au jour le jour, un certain nombre de moyens spécifiques pour faire entendre sa voix. Bien sûr, cela suppose de nourrir une certaine vision de l'avenir et d'avoir une conscience nette de la place et du rôle que l'on souhaite voir tenir par son pays dans le monde. Ce qui signifie qu'un service de renseignement ne saurait se passer de spéculations à court terme : on ne cherche jamais au hasard, et tout agent, où qu'il soit dans le monde, agit en fonction de l'image d'un puzzle dont il est chargé de trouver les pièces. Celles qu'il découvre ne sont jamais celles qu'on attendait, bien entendu ! Mais l'image « imaginée » fournit le cadre de sa recherche ; et l'information obtenue la transforme régulièrement. Les analystes du Service qui préparent l'image du départ et l'actualisent en permanence ont donc nécessairement besoin d'avoir une vision de l'histoire en cours d'évolution.

À cet égard, notre époque semble avant tout marquée par le phénomène de mondialisation, la formation de ce « village planétaire » qu'évoquait en son temps Marshall McLuhan. L'argent, donc l'économie, sont déjà largement « globalisés », les flux financiers circulant librement sur la planète au gré des transferts informatiques et des spéculations transfrontières telles que celles, médiatisées, par le financier Georges Soros, devenu le symbole de ce nouveau monde.

La communication, dévoreuse de capitaux nécessaires aux investissements d'infrastructures et à la fabrication du produit « culturel », est, elle aussi, déjà concernée par le phénomène de mondialisation. Le corollaire de ces évolutions perceptibles depuis plusieurs années, mais qui s'accélèrent de plus en plus, ce sont les réactions qu'elles suscitent de la part d'individus, de groupes et de communautés cherchant à sauvegarder leur identité et à assurer la maîtrise de leur destin : la naissance de nouvelles nations, les résurgences ethniques et religieuses, les phénomènes de racisme eux-mêmes, procèdent de cette dialectique. Les religions également, auxquelles certains ont recours devant l'échec des idéologies, pensant qu'elles sont à même de proposer des modèles ; en oubliant que leurs royaumes ne sont pas de ce monde, car il n'existe ni solution catholique à la survie des chantiers navals de Gdansk, ni réponse islamique au chômage de la jeunesse algérienne. Image inversée du capitalisme, dont on veut parfois feindre d'oublier qu'il n'est qu'un système de production a-moral et non une idéologie, et qui se trouve donc naturellement sans réponse face aux questions morales, sociales et culturelles qui conditionnent la vie de nos sociétés.

Le couple mondialisation/parcellisation devrait ainsi caractériser les années à venir. Or, il est sans aucun doute porteur de désordres multiples. Et l'évolution du monde devient de plus en plus difficile à comprendre et à prévoir, aussi bien pour l'opinion que pour les gouvernants.

C'est à ce stade de la réflexion que se pose le problème de l'existence des services et de leur justification.

Depuis un siècle, ils ont été considérés comme des éléments essentiels de la sécurité des États, et de leur poids dans le monde. Les démocraties ne font pas exception à la règle : l'État de droit et les libertés individuelles et collectives qu'elles garantissent font plus que s'accommoder de l'existence des services spéciaux. Elles les jugent indispensables à la sauvegarde de ce qui fonde leur légitimité. Des personnels et des budgets importants leur sont consacrés, et leur conduite fait l'objet de réflexions attentives des dirigeants. Tel est en tout cas le discours, même si dans notre pays la réalité est un peu différente. Ainsi, en mars 1994, moins d'un an après leur prise de fonction, le Premier ministre Édouard Balladur et le ministre de la Défense François Léotard préfacent un *Livre blanc sur la Défense*, fruit du travail d'une commission dont la composition est intéressante à observer, parce que riche d'enseignements : auprès de la dizaine d'officiers généraux, de représentants éminents des divers ministères et de « personnalités choisies pour leur compétence », on ne trouve pas un seul nom de professionnel, ni même de connaisseur, du monde du renseignement, bien que ce dernier soit élevé, selon la lettre même du *Livre blanc*, à la dignité de « fonction essentielle de la stratégie de la Défense de la France » ! Cette absence, aussi inexplicable que malencontreuse, est peut-être le prix que paie la DGSE pour son humilité, ce qui devrait faire au moins plaisir à Michel Crozier auquel nous pouvons, à défaut de lui concéder un État globalement modeste, révéler l'absence d'*ubris* d'une de ses institutions.

Pratiquement, il n'y a qu'aux États-Unis que le débat sur l'utilité des services a été ouvert. La création au Congrès d'une commission de dix-sept membres, chargée de réfléchir sur la CIA et les onze autres agences de renseignement civiles et militaires, est à cet égard significative. Il faut dire que le budget de ces dernières, qui n'est pas camouflé comme dans les autres pays, est considérable : de l'ordre, semble-t-il, de 3 milliards de dollars par an pour la seule CIA, et de 29 milliards pour la communauté du renseignement tout entière. L'examen annuel de ce budget par le Congrès est l'occasion de remises en question, et en tout cas d'un dialogue entre la communauté du renseignement et les représentants de la nation. Dialogue en fait permanent : par exemple, la presse américaine a largement rendu compte, en janvier 1994, de l'audition de James Woolsey, alors directeur de la CIA, à l'occasion d'une « Public Session of the Senate Committee on Intelligence » et, un peu plus tard, de sa conférence de presse.

Mais, aux États-Unis comme en France et ailleurs, peu nombreux sont ceux qui jugent que les raisons mêmes qui avaient prévalu au moment de la création des services et de leur montée en puissance ont perdu de leur acuité : il est vraiment difficile de plaider que le monde dans lequel nous vivons est aujourd'hui moins chargé de menaces, même si nombre d'entre elles ont changé de nature. Il est encore plus ardu de soutenir que ce monde est devenu plus facile à déchiffrer, même si notre époque est marquée par un développement sans précédent des moyens de communication. Personne, demain, ne supprimera les services, et il faut donc réfléchir à en faire le meilleur usage. D'une part en les intégrant le mieux possible dans l'appareil d'État, ce qui implique de favoriser leur dialogue avec les institutions, et d'autre part en les associant au processus décisionnel du pouvoir exécutif.

Ainsi qu'il est apparu tout au long de ces pages, l'effort pour replonger la DGSE dans l'État a été permanent durant toutes ces dernières années. Nul besoin pour y parvenir de textes ou de nouvelle réforme : il suffit d'une volonté obstinée et durable pour que sa fonction soit reconnue dans tous les sens du mot. De son côté, il convient que la DGSE accepte de remettre en cause le secret total qui entoure ses fins et ses moyens ; ces derniers sont loin de l'exiger tous, et seule une démarche d'ouverture permettra de nouer le dialogue qui favorisera son intégration.

Aujourd'hui, le lien du Service avec le Parlement se réduit à des rencontres brèves et informelles avec les rapporteurs du budget général de la Défense, ce dernier intégrant la plus grande partie du budget de la DGSE. La qualité de l'échange ouvert en ces occasions autorise à penser qu'une approche plus hardie permettrait, tout en sauvegardant la part de secret nécessaire, de faire comprendre les fins poursuivies et les moyens qu'il convient d'y consacrer. Pourrait être évité ce faisant, et contrairement à ce que certains craignent souvent, de mettre le doigt dans l'engrenage d'un contrôle parlementaire des Services en veillant à ce que celui-ci ne puisse s'instaurer par ce biais, sous peine de limiter à la fois le pouvoir de l'exécutif et le champ du secret nécessaire à l'exercice de la mission des Services.

Plus complexe paraît être le problème de la participation du Service à la définition et à la conduite de la politique extérieure de la France. À cet égard, il faut dire une fois de plus que l'échec majeur de la réforme engagée à la DGSE depuis 1989 concerne l'intégration institutionnelle du renseignement extérieur dans le dispositif décisionnel de la nation. Il faut en chercher les raisons assez loin, au-delà en tout cas de la question du positionnement du Service lui-même dans les institutions. Les causes de cette absence se trouvent plutôt dans la manière dont est conduite et définie la politique étrangère de la France. Car le Service partage cette mise à l'écart avec le Parlement et, hormis les périodes de cohabitation, avec le gouvernement. Avec l'opinion également, qui cependant, à intervalles réguliers et dans le désordre, fait entendre sa voix, comme récemment à propos de la Bosnie ou du Rwanda. Or l'évolution actuelle, comme il a été noté à plusieurs reprises, restreint de plus en plus le champ du national au profit du transnational. Si la « démocratisation » de la politique extérieure de notre pays n'est pas organisée, c'est donc le champ de la démocratie qui se rétrécira chaque jour un peu plus.

Pour s'en tenir à notre sujet, celui de l'intégration du renseignement dans le processus de décision, il faut constater que parmi toutes les grandes nations démocratiques, c'est en France qu'elle s'effectue dans les plus mauvaises conditions. Cela tient à l'absence dans l'appareil d'État de toute structure d'aide à la décision en matière de sécurité, de réponses aux crises, de politique étrangère en général. La dyarchie de l'exécutif, entre autres inconvénients, présente celui de rendre cette problématique encore plus difficile. Car si la décision en ces matières appartient au président, sa mise en œuvre est du ressort du Premier ministre... Raison de plus, peut-on avancer, pour imaginer un organe restreint de réflexion qui permettrait au chef de l'État de disposer en permanence, avant tout choix en ces domaines, des moyens de connaître la palette des possibles et de leurs implications en politique intérieure et extérieure.

Cette fonction pourrait être assumée par un Conseil de sécurité et de politique extérieure, qui regrouperait notamment en son sein, et autour du président, le Premier ministre, les ministres des Affaires étrangères et de l'Intérieur, les responsables des organes de renseignement extérieur et intérieur, et le chef d'état-major des armées. Il devrait être doté d'une structure permanente. Ce rôle ne saurait être dévolu au SGDN, dont la finalité est de « défense » et qui remplit en ce domaine des missions indispensables : préparation des conseils de Défense, contrôle des exportations intéressant la défense nationale, coordination de la défense civile, sécurité des systèmes d'information... Cette fonction militaire et de défense est exclusive de toute autre. C'est en effet un schéma de pensée qu'il ne faut pas hésiter à qualifier d'archaïque, qui conduit encore certains à vouloir analyser le domaine international à la lumière essentielle de la situation militaire. L'indépendance des nations, leur poids dans le monde, leur sécurité même, sont aujourd'hui largement déconnectés de leur puissance militaire. La menace militaire n'est qu'une menace parmi d'autres, comme celles que projettent l'argent, les intégrismes, les migrations massives, l'environnement, etc. C'est pourquoi les appareils de renseignement et de politique étrangère doivent être totalement découplés de celui des armées. En revanche, le Centre d'analyse et de prévision (CAP), qui dépend aujourd'hui du Quai d'Orsay, pourrait, une fois revu et corrigé, être associé au travail du Conseil ; il serait à cette fin rattaché à l'Élysée et aurait pour fonction principale de proposer au Conseil, et donc au président, des scénarios alternatifs présentés par des rapporteurs spécialisés dans les diverses réponses possibles aux problèmes de sécurité et aux situations de crise dans le monde.

Ce Conseil assurerait ainsi de manière informelle, naturelle et quasi automatique la coordination en amont entre tous les organes représentés en son sein. Mais aussi celle, nécessaire en aval, à la mise en œuvre et à l'exécution des décisions prises. L'époque actuelle exige en effet que soient intégrées dans le processus de décision un nombre considérable de variables, qui rivalisent de mobilité entre elles : l'intelligence politique et l'intuition du décideur supposent un travail de synthèse et de réflexion en amont.

Reste à évoquer le problème des structures. Il est le plus fréquemment abordé par la communauté française du renseignement, mais, paradoxalement, c'est aussi celui pour lequel les réformes paraissent le moins nécessaires. Deux catégories de prosélytes prônent aujourd'hui la réorganisation du renseignement en France : les adeptes de la formule américaine et ceux de l'organisation britannique... Les uns et les autres parent leur modèle favori des plus grandes vertus. À Michel Rocard, dont le conseiller en matière de renseignement appartenait à l'« école britannique » et qui, en conséquence, se livrait devant moi à l'éloge de ce système, j'avais un jour rétorqué : « Demandez à Madame Thatcher de vous fournir les notes qu'a rédigées le MI6 sur le Moyen-Orient pendant l'année précédant la guerre du Golfe. Comparez-les à celles qu'a produites la DGSE pendant cette même période. Et alors, alors seulement, vous serez à même de juger du degré de performance respectif des deux services et des deux systèmes. Comment votre conseiller peut-il, un seul moment, affirmer l'excellence supérieure du service britannique alors que, pas davantage que moi, il n'a jamais vu un seul papier du MI6 destiné à son gouvernement ? »

Diriger un service spécial comme la DGSE, ou même un service de renseignement comme la DST, les RG ou la DRM, est une responsabilité politique majeure qui doit trouver sa traduction au sein de l'État. À aucun moment celle-ci ne doit être couverte par quiconque ou déléguée à un quelconque comité « coordonnateur » ou conseiller. Entre le responsable d'un grand service et le pouvoir politique, il ne doit s'intercaler aucun échelon. En fait, la coordination, telle que la rêvent ses promoteurs, aurait un grand mérite à leurs yeux : le recrutement de coordonnateurs, c'est-à-dire d'une catégorie d'individus sans responsabilité directe sur la machine et dont l'incompétence se paie le plus souvent de parasitisme, de lourdeur bureaucratique et de dépenses inutiles.

Ce sont les structures elles-mêmes qui doivent assurer la coordination : aux États-Unis, le « patron » de la CIA est le coordonnateur du renseignement puisque, outre la direction de la CIA, il est Director of Central Intelligence (DCI) et, à ce titre, responsable de la communauté du renseignement. Plusieurs fois par semaine, le directeur de la CIA quitte son bureau de Langley et en rejoint un autre à plusieurs kilomètres de là : il y retrouve quelques centaines de collaborateurs, dont le rôle est précisément d'assurer la coordination de la douzaine d'organismes participant à la mission de renseignement. Dans ses fonctions de directeur central du renseignement, il contrôle l'ensemble des services de tous les départements ministériels, qu'ils soient civils ou militaires. La coordination s'effectue pratiquement grâce à un comité qu'il préside, le National Foreign Intelligence Board. Très logiquement, cette tâche est ainsi remplie par le responsable de l'organisme de renseignement non pas le plus important en budget et en hommes (qui est la NSA), mais le plus « généraliste ».

Il faut absolument, à cet égard, rejeter l'idée récurrente selon laquelle on doit casser la chaîne recueil-exploitation-diffusion. Cela sous peine de démotiver et de déresponsabiliser ceux qui effectuent le travail de base, le recueil. Le rapport permanent que doivent entretenir ceux qui recueillent et ceux qui exploitent, le dialogue constant du Service avec ses « clients », rendent ineptes les projets qui ont été avancés pour placer le SGDN en bout de chaîne. C'est à une tentative de ce genre que l'on avait assisté lorsque, par un décret d'avril 1989, le comité interministériel du renseignement avait été réactivé et doté d'une structure permanente présidée par le directeur de cabinet du Premier ministre ainsi que d'un secrétariat assuré par le SGDN. Cette initiative aurait été parfaitement louable si elle n'avait pas constitué, dans l'esprit de certains de ses promoteurs, la première étape d'une démarche qui visait à confier au SGDN l'exploitation du renseignement recueilli par les soutiers des Services... Démarche toujours actuelle, puisque le rapporteur spécial de la commission des Finances de l'Assemblée nationale a demandé au Premier ministre, au mois de novembre 1994, d'« engager une réflexion interministérielle sur le rôle du SGDN dans la coordination du renseignement de façon à en accroître les prérogatives ». Cette persistance dans l'erreur justifie à elle seule l'effort entrepris ici : il faut absolument faire comprendre à un large public ce qu'est le renseignement et les contraintes auxquelles obéissent son recueil, son exploitation et sa diffusion.

En fait, s'il n'y a aucune raison de modifier profondément l'organisation qui existe aujourd'hui, c'est pour la bonne et simple raison que, malgré des moyens très inférieurs à ceux de ses homologues des grandes démocraties, elle fonctionne. Ce qui n'empêche pas bien sûr d'avancer des suggestions qui permettraient de tenir compte de certaines difficultés du système et de l'évolution du monde dans lequel il s'inscrit, marqué par l'amenuisement de la fonction d'espionnage et de contre-espionnage ainsi que par la réduction considérable du rôle du potentiel militaire en tant qu'élément de puissance des nations et de protection de leur sécurité.

On le sait, les services spéciaux ou de renseignement interviennent sur deux fronts : la vie nationale et les relations extérieures. À ces deux domaines d'activité pourraient correspondre deux appareils spécialisés, l'un intérieur qui appellerait le regroupement des RG avec la ST, l'autre extérieur qui entraînerait la fusion de la DRM avec la DGSE. Une telle opération garantirait toutefois la dualité des services de renseignement : c'est une nécessité politique et démocratique, car il ne doit pas exister de « patron » hégémonique du renseignement, ni au niveau politique ni à celui de la technostructure.

Le premier volet de cette réforme réglerait certaines difficultés de coordination, des redondances coûteuses, et offrirait une plus grande souplesse dans l'utilisation des moyens. On pense notamment à ceux de la DST, que ses domaines d'activité traditionnels – contre-espionnage et contre-terrorisme – ne permettent plus aujourd'hui d'employer au meilleur de ses possibilités, et aux appareils de renseignement technique de la DGSE et des armées, qui gagneraient à évoluer au sein d'une structure unifiée.

Quant à regrouper le renseignement militaire avec l'ensemble de l'appareil extérieur du renseignement national, c'est la logique même, tant sont mêlées et même imbriquées toutes les catégories de renseignement. L'exemple allemand est à méditer, où la branche militaire forte et puissante du BND assume les responsabilités du renseignement militaire en liaison avec l'appareil des armées qui possède, avec l'ANBW, un appareil de recherche de champ de bataille, technique et tactique, orienté par le BND.

Reste le problème du rattachement de ces deux services. Celui du renseignement intérieur ne se pose pas vraiment : son lien nécessaire avec l'appareil préfectoral et de maintien de l'ordre, mais aussi avec les services de la police urbaine et judiciaire, le désigne naturellement pour être une grande direction du ministère de l'Intérieur, autonome par rapport à la DGPN. Celui du renseignement extérieur est plus délicat, de nombreux ministères y étant parties : ceux des Affaires étrangères et de la Défense en particulier, mais aussi ceux de l'Intérieur et des Finances. En tout état de cause, il convient de mettre fin au rattachement du Service au ministère de la Défense : l'affaire Ben Barka s'est déroulée il y a bientôt trente ans, et l'on doit réparer aujourd'hui l'erreur technique faite à l'époque, car elle marginalise le Service. En effet, la mission de celui-ci n'est pas intégrable, on l'a vu, à celle des armées, et leurs cultures respectives sont difficilement conciliables. Ajoutons que ce rattachement conduit les armées à revendiquer la maîtrise de la DGSE, donc sa direction, ce qui, pour les raisons exposées plus haut, devrait être exclu. Pour un autre motif également, qui n'a pas été encore évoqué, mais dont l'histoire des dernières années offre de multiples exemples : la fidélité d'un officier vis-à-vis de l'armée est supérieure à toutes celles qu'il peut nourrir par ailleurs. C'est du reste l'un des motifs de fierté du corps, sur lequel nous n'avons pas à porter de jugement, positif ou négatif. Simple constat qui a pour conséquence que l'appareil de renseignement de la France ne saurait être confié à un officier général sous peine d'être soumis au premier chef aux intérêts des armées, alors que, précisément, l'évolution du monde appelle un mouvement inverse.

La solution la moins mauvaise serait, sur ce plan, le retour au *statu quo ante*, c'est-à-dire à la tutelle du Premier ministre. Le bicéphalisme du système institutionnel français pose évidemment problème à cet égard, mais seules les périodes de cohabitation seraient délicates à gérer, le service de renseignement extérieur participant cependant, au moins en ces moments-là, à la coordination nécessaire entre l'Élysée et Matignon en matière de politique extérieure !

Le dernier problème à évoquer est celui de l'avenir des services de renseignement dans l'Europe de demain. On est certes conduit, au vu du passé récent, à se montrer perplexe sur les chances de voir aboutir à court terme la politique extérieure et de sécurité commune (PESC). Même l'ambition mesurée de Maastricht ne paraît plus de mise à certains...

Les services spéciaux ne sauraient être précurseurs en la matière, bien qu'aujourd'hui aucun problème technique ni même psychologique ne paraît s'opposer à la création d'un service spécial commun au noyau franco-allemand, restreint dans un premier temps aux fonctions défensives de contre-espionnage et de contre-terrorisme, par exemple. Même en ce domaine pourtant, on peut toutefois prévoir les objections : notamment la nécessaire et préalable définition d'une attitude commune face aux nations « sponsorisant » ou « supportant » le terrorisme... et face aux terroristes eux-mêmes. L'histoire, les traditions, la culture, mais aussi, plus simplement, les divergences d'intérêt entre nations, rendent ainsi évident qu'on ne pourra mettre sur pied des services spéciaux européens tant que la PESC ne sera pas entrée en vigueur, et que sa fiabilité n'aura pas été démontrée.

Moins difficile à mettre en œuvre serait une collaboration plus étroite en matière de renseignement technique. Nous avons mentionné plus haut les raisons financières qui s'opposent à ce que notre pays mette seul en place un système fiable de satellites de renseignement. Dans ce domaine, un début de système européen pourrait voir le jour. Bien entendu, son édification devrait tenir compte du problème posé par l'avance qu'ont prise les Britanniques sur ce dossier et de l'étroitesse de leurs liens avec les États-Unis. Ici et encore, il appartiendrait au noyau franco-allemand d'ouvrir le chemin, puisque l'indépendance de l'Europe est en jeu, celle de son appareil de sécurité et de sa politique extérieure.

Comme cela a été noté plus haut, le renseignement technique fournit des faits bruts, objectifs, et s'obtient sans risque. Il ne suppose pas, au stade du recueil, que les partenaires associés se soient mis d'accord sur une politique extérieure commune. Confronté avec des renseignements obtenus par chacun des services avec d'autres sources, il serait, pour une période intermédiaire, « exploité » par chacun d'eux en toute indépendance. C'est sous cette dernière forme que, adressé au pouvoir politique, il constituerait une aide à la décision de politiques qui pourraient, dans un premier temps et en attendant la maturation de la PESC, être parfaitement indépendantes les unes des autres.

Rêvons un peu cependant : si Bonn et Paris avaient su au même moment, grâce à leur satellite commun, que les troupes de Saddam Hussein, en octobre 1994, ne nourrissaient aucune intention belliqueuse, les deux capitales auraient été en mesure, chacune de leur côté, de prendre une position mieux fondée sur la levée de l'embargo discutée à ce moment-là à l'ONU. Rêvons un peu plus : elles auraient pu se concerter, adopter une position commune... et mettre fin *de facto* au déploiement des forces américaines dans le Golfe, tout en plaidant à l'ONU pour qu'il soit procédé aux premiers adoucissements de l'embargo contre l'Irak.

Les services des deux nations n'attendent qu'une décision politique. Elle permettrait à l'Europe de cesser enfin d'être aveugle et sourde.

C'était une Toussaint comme toutes les autres dans ce village gersois où, dans ma maison familiale, nous écrivons les derniers chapitres de ce livre. Les feuilles dorées et rouille des vignes et des figuiers paraissaient figées dans la transparence exceptionnelle de l'air. N'était-ce pourtant pas en une semblable Toussaint qu'il y a quarante ans le vent s'était levé en tempête dans les Aurès ? Elle avait été précédée au mois de mai de la même année, à Diên Biên Phu, quelque part dans ce qu'on appelait encore le Tonkin, de la plus humiliante conclusion militaire qu'ait connue l'une de nos aventures d'outre-mer. Et le maelström de la décolonisation allait rapidement emporter le reste de ce qui avait été notre empire.

Alors que nous achevons la rédaction du manuscrit en ces premiers jours de 1995, le monde vu de France paraît bien plus en accord avec la douceur de ces coteaux qu'il ne l'était à cette époque et depuis bien longtemps. Aucune guerre ni même crise violente ne menace notre pays. Le mot « liberté » s'écrit aujourd'hui en espagnol, grec, portugais, tchèque, hongrois, polonais... Il s'épelle en presque toutes les langues européennes et en beaucoup plus de parlers d'Amérique, d'Afrique et d'Asie qu'à n'importe quel moment du siècle qui s'achève. Les murs se sont effondrés, les rideaux déchirés... Sans doute, de multiples foyers de guerre, de violence et de crises demeurent. Des peuples privés de liberté. La mort, la misère, la faim, la maladie. Mais jamais les impérialismes n'ont paru si modestes, et les dictatures aussi peu arrogantes.

Pourquoi, dans ces conditions, règne-t-il dans notre société comme un sentiment d'égarement et une inquiétude sourde sur l'état de la planète ? Probablement parce que nous voudrions trouver dans l'invocation de son désordre l'explication du mal-être qui nous envahit. Car nous ne nous sommes pas encore faits à l'idée d'affronter avec le seul recours de la raison le monde d'aujourd'hui, dont ni la religion, ni quelque idéologie que ce soit ne sauraient livrer les clés. Et nous n'avons pas admis non plus la nécessité de réinventer des solidarités au nom desquelles chacun accepterait de partager avec ceux qui, jusqu'ici, y ont été laissés pour compte.

Dans un tel contexte, la fonction du Service est celle d'un veilleur. Le calme n'est pas trompeur et il convient d'en jouir. Mais l'Histoire, jusqu'à présent tout au moins, nous enseigne qu'il n'est, pas plus que le trouble, un état pérenne. Le veilleur est donc en charge, et peut-être plus encore lorsque tout est paisible, de la sécurité de la nation et de ses citoyens. Mais sa tâche s'étend bien au-delà. Dans cet univers de plus en plus fragmenté et marqué chaque jour davantage par la mondialisation, déterminer les nouveaux centres de décision et percer leur opacité est sa nouvelle mission. S'ajoute ainsi à son rôle de veilleur celui de « visionneur » d'un monde où se recomposent les forces géopolitiques, se redéfinissent les acteurs économiques et sociaux, se redéploient les repères culturels.

Sous le soleil si pâle de l'hiver, sans doute n'est-il pas de plus bel arbre que le plaqueminier que nous appelons kaki en Gascogne. Ses jaunes vifs, ses pourpres mordorés éclatent et, en cette fin de journée, brouillent étrangement et finissent même par effacer les images d'oppression et de mort, symboles fixés dans la mémoire de ces dernières décennies : le mur de Berlin, le pont Allenby, les bancs de Pretoria réservés aux Blancs, les geôles de l'Argentine... Autant, pendant toutes ces années, de batailles gagnées pour la liberté.

Index

Index établi par Marc Le Cœur